Dieses Buch Recht in der Pflege besteht aus vier Teilen:

Teil A   Rechtsträger
Teil B   Das Pflegepersonal
Teil C   Der Leistungsempfänger
Teil D   Pflegerecht von A – Z, augewählte juristische Begriffe

Querverweise

[➔ Kap.]   Die Pfeile leiten zu Kapiteln, in denen nähere Ausführungen zu dem jeweiligen Thema zu finden sind.

➔   Ein einzelner Verweispfeil vor einem Wort ohne Kapitelangabe zeigt an, dass dieser Begriff im Teil D, im A – Z, erläutert wird.

Pflegioth**ek**

Recht
in der Pflege
für die Aus-, Fort- und
Weiterbildung

Peter Obermaier-van Deun

unter Mitarbeit

der Verlagsredaktion

Redaktion: Andrea Westphal
Außenredaktion: Martin Regenbrecht, Berlin
Illustration: Natascha Welz, Berlin
Umschlaggestaltung: Rosendahl Grafikdesign
Layout und technische Umsetzung: Renate Huth, Heimann und Schwantes

www.cornelsen.de

1. Auflage, 1. Druck 2012

Alle Drucke dieser Auflage sind inhaltlich unverändert
und können im Unterricht nebeneinander verwendet werden.

© 2012 Cornelsen Schulverlage GmbH, Berlin

Das Werk und seine Teile sind urheberrechtlich geschützt.
Jede Nutzung in anderen als den gesetzlich zugelassenen Fällen bedarf
der vorherigen schriftlichen Einwilligung des Verlages.
Hinweis zu den §§ 46, 52a UrhG: Weder das Werk noch seine Teile
dürfen ohne eine solche Einwilligung eingescannt und in ein Netzwerk eingestellt
oder sonst öffentlich zugänglich gemacht werden.
Dies gilt auch für Intranets von Schulen und sonstigen Bildungseinrichtungen.

Druck: Kösel, Krugzell
Bindung patentrechtlich geschützt. Kösel FD 351, Patent-Nr. 0748702

ISBN 978-3-06-455172-5

 Inhalt gedruckt auf säurefreiem Papier aus nachhaltiger Forstwirtschaft.

Inhalt

Vorwort 8

Teil A Rechtsträger

1	Die Rechtsordnung	10
1.1	Grundsätzliches	10
1.2	Die Ebene des Privatrechts	12
1.3	Die Ebene des öffentlichen Rechts	13
1.4	Folgen der Unterscheidung dieser Rechtsebenen	14
1.4.1	Rechtswege	14
1.4.2	Handlungsformen	15
2	Rechtsquellen	16
2.1	Gesetze	16
2.2	Rechtsverordnungen und Satzungen	17
3	Rechtsträgerschaften – Basis von Einrichtungen im Gesundheitswesen	18
3.1	Natürliche Personen	19
3.1.1	Rechtsfähigkeit	19
3.1.2	Geschäftsfähigkeit	19
3.1.3	Deliktsfähigkeit	21
3.2	Juristische Personen – Trägerschaften in der Pflege	22
3.2.1	Juristische Personen des öffentlichen Rechts	22
3.2.2	Juristische Personen des Privatrechts	24
3.2.3	Gemeinnützigkeit, Sponsoring und Spenden	32
3.3	Rechtsfolgen unterschiedlicher Trägerschaften	37
3.4	Haftung des Trägers	38
3.4.1	Vertragliche Haftung des Trägers	40
3.4.2	Deliktische Haftung des Trägers	41
3.5	Schema Trägerschaften im Bereich der Pflege	43

Teil B Das Pflegepersonal

4	Arbeitsrecht	44
4.1	Zustandekommen eines Arbeitsverhältnisses	45
4.1.1	Arbeitnehmerschaft	46
4.1.2	Bewerbungsgespräch	46
4.1.3	Bewerbungskosten	48
4.1.4	Besondere gesetzliche Regelungen bei der Einstellung	48
4.2	Der Arbeitsvertrag	49
4.2.1	Abschlussfreiheit	49
4.2.2	Vertragsabschluss	49
4.2.3	Vertragsinhalte	50
4.3	Beendigung des Arbeitsverhältnisses	57
4.3.1	Anfechtung	57
4.3.2	Aufhebungsvertrag	57
4.3.3	Ordentliche Kündigung des Arbeitsvertrages	57
4.3.4	Außerordentliche Kündigung	61
4.3.5	Beendigung durch Zeitablauf oder Bedingungseintritt – Befristete Arbeitsverträge	62
4.4	Geringfügige Beschäftigungen	67
4.4.1	Arbeitsrechtliche Aspekte	68
4.4.2	Steuerrechtliche Aspekte	72
4.4.3	Sozialversicherungsrechtliche Aspekte	72
4.5	Tendenzschutz	77
4.6	Mitbestimmung	79
4.7	Europäisches Arbeitsrecht	81
4.7.1	Freizügigkeit des Arbeitnehmers	81
4.7.2	Gleichbehandlung	83
4.7.3	Arbeitszeit, Teilzeitarbeit und befristete Arbeitsverträge	83
5	Tarif und Tarifanwendung	84
5.1	Der TVöD	85
5.1.1	Geltungsbereich	85
5.1.2	Gliederung/Aufbau des TVöD	85
5.2	Arbeitszeitregelungen	90
5.3	TVöD-ergänzende Tarifverträge	93
5.4	Arbeitsvertragsrichtlinien (AVR)	93
5.5	Anwendung von TVöD bzw AVR	93

Inhalt

6	Haftung	94
6.1	Vertragliche Haftung des AN aus Arbeitsvertrag	94
6.2	Deliktische Haftung	99
6.3	Haftung im Bereich öffentlich-rechtlicher Trägerschaften	101
6.4	Überblick über die Haftung des Trägers und des Pflegepersonals bei Dienstpflichtverletzung	102
7	Strafrecht	103
7.1	Strafbarkeitsvoraussetzungen	104
7.1.1	Tatbestandsmäßigkeit	104
7.1.2	Rechtswidrigkeit	112
7.1.3	Schuld	119
7.2	Relevante Einzeltatbestände in der Pflege	121
7.2.1	Die Grenzen der Persönlichkeitssphäre	121
7.2.2	Tötungsdelikte	139
7.2.3	Freiheitsentziehende Maßnahmen	141
7.2.4	Vermögensdelikte	142
8	Berufsrecht	144
8.1	Berufsausbildung und Aufgaben	144
8.2	Berufsausübung – Pflegekammern	145

Teil C Der Leistungsempfänger

9	Der Kern der Pflege: die Persönlichkeitsrechte	147
10	Einsichtnahme in die Pflegedokumentation und Datenschutz	151
10.1	Einsichtnahme in stationären und ambulanten Pflegeeinrichtungen	151
10.2	Vertragliche Rechte und Datenschutzrechte	153
11	Betreuungsrecht	154
11.1	Voraussetzungen der Bestellung eines Betreuungsverhältnisses	155
11.2	Aufgabenkreise	157
11.3	Betreuer	158
11.3.1	Personenkreis	158
11.3.2	Pflichten des Betreuers	159
11.4	Der Betreute	160
11.4.1	Rechtsstellung	160
11.4.2	Einwilligungsvorbehalt	160

11.5	Genehmigungsvorbehalte	161
11.5.1	Genehmigungsvorbehalte aus der Sicht der Pflegepraxis	162
11.5.2	Voraussetzungen für die Durchführung ärztlicherseits angeordneter Maßnahmen	163
11.5.3	Betreuungsrechtliche Fallbeispiele	165
11.6	Vermögensverwaltung im Rahmen der Betreuung	172
11.7	Kostenersatz	172
11.8	Beendigung der Betreuung	173
11.9	Verfahrensregelungen	173
11.10	Patientenverfügung und Vorsorgevollmacht	174
12	Patientenrechtegesetz	176
13	Erbrecht	178
13.1	Die gewillkürte Erbfolge in der Form des Testaments	179
13.1.1	Testierfreiheit	179
13.1.2	Testierfähigkeit	179
13.1.3	Testamentsformen	180
13.1.4	Inhalte des Testaments	181
13.2	Die gesetzliche Erbfolge	182
13.2.1	Gesetzliches Erbrecht der Verwandten	183
13.2.2	Gesetzliches Erbrecht des Ehegatten	185
13.2.3	Gesetzliches Erbrecht des Staates	185
13.3	Annahme und Ausschlagung der Erbschaft	187
13.4	Erbschein	187

Teil D   Pflegerecht von A–Z

Pflegerecht von A–Z, ausgewählte juristische Begriffe 190

Abkürzungen 192

Vorwort

Dieser Band der Pflegiothek hat zum Ziel, den in der Pflege Tätigen einschlägige rechtliche Regelungen zugänglich zu machen. Nun ist soziales Handeln – und damit auch das im Bereich der Pflege – ein zuwendendes, beziehungsorientiertes Handeln. Dies ist auf den ersten Blick nicht mit der Rechtswissenschaft kompatibel, die mit dem Fokus auf eine Ordnung von Staat und Gesellschaft nicht so sehr in Richtung Einzelbeziehung zu zielen scheint. Auch zeigen Erfahrungen aus der Praxis nicht selten eine Bestätigung dieser Annahme, wenn rechtliche Regelungen keine gesundheitsfördernden Folgen erwarten lassen, sondern eher Einzelschicksale verschlimmern.

So wird man näher hinsehen müssen, um zu erkennen, dass Recht durchaus auch den Blick auf die einzelne Person haben muss und hat. Dazu bedarf es allerdings eines intensiveren, das Rechtssystem als Ganzes erkennenden Einblickes. Letzteres ist schon wegen der Regelungsfülle schwierig, doch lassen sich auch bei Teilbetrachtungen, welche von rechtlichen Grundannahmen ausgehen, hier Erkenntniserfolge erzielen, die das Recht zumindest zu einem Vertrauten machen, der eine gewisse Handlungssicherheit geben kann. Auch lässt sich festhalten, dass sowohl die Rechtsordnung wie die Pflege ein gemeinsames Ziel haben, nämlich Menschwerdung im Sinne von menschenwürdigem Dasein in allen Lebensphasen. Genau das steht auf dem Wegweiser dieses Buches.

Es möchte aus verschiedenen Perspektiven des weiten Feldes Pflege eine erste Vertrautheit mit den dort bestehenden rechtlichen Rahmenbedingungen entwickeln. Geglückt wäre dies, wenn auf der Handlungsebene der Pflege zu den sie prägenden Rahmenbedingungen eine offene Beziehung entstünde. Dabei wird immer wieder der differenzierte rechtliche Diskurs hintan stehen müssen hinter einem Vertrauen gewinnenden Zugang der Pflegepraxis zu den Normen. Denn erst wenn Vertrauen gewachsen ist, kann Vertiefung erfolgen. Vertrauter Umgang sollte dabei auch immer angstfreier Umgang bedeuten. Ein solcher könnte sicher sehr dazu beitragen, dass sich die Pflegebeziehung entlastet und damit auch der Pflegeprozess Qualität hieraus zieht.

Vorwort

Im besten Fall würde sich sodann die Beziehung Pflege und Recht zu einem Musikstück entwickeln, in welchem Harmonisches und Kontrapunktisches zusammenklingen, ohne dass echte Disharmonien stören. Ein spannendes, entspannendes Sinnerlebnis.

Inhaltlich wurde bei diesem Band auf die Darstellung des Bereichs des Sozialrechts verzichtet, der eines eigenen Raumes bedürfte, welcher den Rahmen dieses Buches mehr als sprengen würde. Zum Zeitpunkt der Erstellung noch keine gesetzliche Umsetzung gefunden haben Themen wie das Patientenrechtegesetz und die Pflegekammer, welche aber aktuell intensiv in der Diskussion stehen und deshalb Eingang fanden. Recht ist nicht statisch, deshalb werden die Inhalte in Zukunft stets am aktuellen Rechtsstand zu messen sein.

Ein Grundverständnis, insbesondere in Bezug auf die Grund- und damit Patientenrechte, wird jedoch erhalten bleiben müssen, sich eher weiter zugunsten der betroffenen zu pflegenden Menschen entwickeln. Rechtliche Räume dafür sind noch vorhanden.

1 Die Rechtsordnung

1.1 Grundsätzliches

Jede Rechtsordnung hat zum Ziel, das Zusammenleben von Menschen innerhalb eines geografisch bestimmten Raumes zu regeln. Dabei findet sie ihre Wurzeln zumeist in einer Verfassung: Die Bundesrepublik Deutschland nennt diese Verfassung Grundgesetz. Dies ist historisch bedingt durch die Teilung Deutschlands nach dem Zweiten Weltkrieg. Damals erschien die Bezeichnung Verfassung im Hinblick auf eine angestrebte Wiedervereinigung zu endgültig und daher nicht angemessen. Nach der Wiedervereinigung im Jahr 1990 wurde die Bezeichnung Grundgesetz beibehalten, weil es sich als Basis des sozialen Zusammenlebens bewährt hatte.

Das Grundgesetz regelt wie jede andere Verfassung grundsätzliche Rechtspositionen, also die Grundrechte als Garantien für individuelles menschliches Leben sowie die Organisation des Zusammenlebens auf dem geografisch bestimmten Raum Deutschland. Zu dieser Organisation gehören vor allem

- der Föderalismus (Bund und Länder als interaktiv verschränkte Teile des Gesamtstaates),
- die →Gewaltenteilung,
- die Organisation des Bundes und seiner Organe,
- seine Gesetzgebung und Aufgaben.

Aus dieser Grundordnung ergibt sich die Notwendigkeit und die Ausrichtung der weiteren Regelungen. Sie ist Maßstab für die Gestaltung dieser Regelungen. Keine nachrangige Regelung darf ihr in irgendeiner Weise widersprechen.

Dem Sinn des Grundgesetzes kann zunächst u.a. eine Aufteilung dieser weiterführenden Regelungen in zwei Bereiche entnommen werden:
1. der Bereich, in welchem Konflikte der Staatsbürger untereinander einem Lösungsweg zugeführt werden sollen
2. der Bereich, in welchem staatliche Autorität Regelungen gegenüber dem Bürger erlässt, und zwar im Sinne ihrer Organisation und des von ihr vertretenen öffentlichen Interesses

1 Die Rechtsordnung

Aber warum regelt der Staat nicht alles auf der Ebene gegenüber dem Bürger, was die Aufteilung in diese zwei Bereiche entbehrlich machen würde? Die Antwort kann nur sein: Nach dem Grundgesetz ist jedem Individuum die Garantie seiner persönlichen Freiheit gegeben, soweit diese nicht andere in diesem Recht einschränkt (Art. 2 Abs. 1 GG [➔Kap. 9]). Somit hat die Rechtsordnung Raum vorzusehen, in welchem diese Freiheit sich entfalten kann. Dies ist der Bereich des Handelns der Bürger untereinander, etwa auf der Vertragsbasis.

Der 1. Bereich wird somit folgerichtig **privatrechtlicher** Bereich genannt [➔Kap. 1.2]. Demgegenüber steht der 2. Bereich, welcher sozusagen das Minimum dessen regelt, was zur Aufrechterhaltung der verfassungsmäßigen Ordnung als unentbehrlich angesehen wird und somit nicht „Verhandlungsmasse" der einzelnen Bürger untereinander sein darf. Diese zweite Regelungsebene wird als **öffentlich-rechtlicher** Bereich bezeichnet [➔Kap. 1.3].

Das Verständnis von diesem Regelungsminimum ist dem gesellschaftlichen Wandel unterworfen. So hat das ➔Subsidiaritätsprinzip (aus dem eine Verringerung staatlicher Einmischung folgt) gerade im Pflegebereich in jüngster Zeit einen starken Aufwind erhalten, während auf anderen Gebieten öffentlich-rechtlicher Normen, z. B. im Strafrecht oder im Ausländerrecht, eine Tendenz zur Regelintensivierung zu verzeichnen ist, da ein zunehmender Bedarf auf Grund gesellschaftlicher Entwicklungen angenommen wird.

> Berufsrelevante Rechtsvorschriften der Pflege sind sowohl im privatrechtlichen als auch im öffentlich-rechtlichen Bereich zu finden. Im privatrechtlichen Bereich deshalb, weil dort die Selbstbestimmung des Individuums bei gleichzeitigem Schutzerfordernis Ziel ist, im öffentlich-rechtlichen Bereich andererseits ein sozialstaatliches Interesse an der Absicherung altersbedingter Sondersituationen, wie etwa Pflegebedürftigkeit, besteht.

Nimmt man die grundgesetzlichen Regelungen ernst, dann lässt sich schon hier festhalten, dass die individuelle Selbstbestimmtheit auch und gerade bei Pflegebedürftigkeit absoluten Vorrang genießt. Alle Normen, seien sie privat- oder öffentlich-rechtlich, sollen dazu dienen, dies so weit wie möglich zu unterstützen und im erforderlichen Fall die einzelne Person, aber auch deren Mitmenschen im Umfeld in ihren Rechten zu schützen.

1.2 Die Ebene des Privatrechts

Ein erstes Merkmal des Privatrechts ist eine **Gleichberechtigung der Beteiligten** am rechtsrelevanten Vorgang. So schließen einen privatrechtlichen Vertrag – die wichtigste rechtliche Basis des Privatrechts – gleichberechtigte Partner ab, seien dies zwei Einzelpersonen, so genannte natürliche Personen [➔Kap. 3.1] oder so genannte juristische Personen [➔Kap. 3.2]. Jeder dieser Vertragspartner hat für die Vertragsverhandlungen die gleiche Ausgangsposition, keinem ist ein rechtlicher Vorrang eingeräumt dahin, dass er bestimmte Vertragsinhalte diktieren könnte.

Diese gleichberechtigte Ausgangsposition zum Vertragsschluss ist nicht zu verwechseln mit einer wirtschaftlichen Machtposition auf dem Markt. Eine solche wäre marktbedingt, nicht rechtsbedingt. Und selbst dafür gibt es Versuche einer rechtlichen Regulierung z.B. durch das Kartellrecht oder durch das Arbeitsrecht, das ungleiche Machtpositionen zwischen Arbeitgeber und Arbeitnehmer korrigiert.

Zweites Merkmal ist die so genannte **Privatautonomie**, eine Folge der grundrechtlichen Garantie persönlicher Freiheit, welche entsprechend auch juristischen Personen garantiert ist (Art. 19 Abs. 3 GG). Die Gestaltung des Privatrechtsverhältnisses ist inhaltlich der gegenseitigen Einigung der vereinbarenden Parteien überlassen. Von außen wird in der Regel keine Kontrolle darüber vorgenommen, was denn nun vereinbart wurde. Lediglich im Konfliktfall geben Privatrechtsnormen Hilfestellungen (z.B. §§ 320 ff. BGB) oder zeigen Grenzen der Privatautonomie auf (z.B. §§ 134, 138, 242 BGB).

Diese Grenzen werden schon verfassungsrechtlich deutlich. So ist der gesamte Bereich des Privatrechts zu verstehen als differenziertes Regelwerk zur Aufrechterhaltung und Ausgestaltung der Privatautonomie in ihren verfassungsmäßigen Grenzen.

Beispiele für privatrechtliche Regelungen sind
- das Bürgerliche Gesetzbuch (BGB) mit seinen Regelungen etwa zur Vertragsabwicklung, zum Schadensersatzrecht oder zur Betreuung Erwachsener,
- das Handelsgesetzbuch (HGB), u.a. mit Regelungen zu unterschiedlichen Gesellschaftsformen, oder
- das GmbH-Gesetz.

1 Die Rechtsordnung

1.3 Die Ebene des öffentlichen Rechts

Das öffentliche Recht regelt die Beziehungen der Bürger zu Staat, Gemeinden und anderen öffentlichen Rechtsträgern, wie z.B. Sozialversicherungsträgern, sowie die Beziehung der öffentlichen Rechtsträger untereinander.

Öffentliches Recht ist **zwingendes Recht**, d. h., seine Normen sind unbedingt einzuhalten. Sieht das Privatrecht häufig Regelungen vor, die bei gegenseitiger Einigung unbeachtet bleiben können, sind öffentlich-rechtliche Normen stets grundzulegen. Diese Eigenschaft stellt auch einen Schutz des Bürgers dar, da nicht nur er, sondern auch die staatliche Autorität an sie gebunden ist (Art. 1 Abs. 3 und Art 20 Abs. 3 GG). Dadurch entsteht für den Bürger in einem gewissen Grundumfang Berechenbarkeit staatlichen Handelns.

Öffentliches Recht ist weiterhin im Konfliktfall mit der Autorität staatlicher Rechtsträger **durchsetzbares Recht**. Deshalb kann hier nicht von einer durchgehend gleichberechtigten Ebene der Rechtsbeziehungen ausgegangen werden. Vielmehr berechtigt die Wahrnehmung des Gemeinwohls öffentliche Rechtsträger zur Durchsetzung dieser Rechtsposition gegenüber dem Bürger nötigenfalls mit der Macht staatlicher Autorität, die freilich ursprünglich von den Bürgern auf die staatlichen Institutionen übertragen ist.

Nicht selten geht allerdings das Bewusstsein bei Vertretern der Staatsinteressen verloren, dass sie im Bürgerauftrag handeln und der Staat kein Selbstzweck ist, sie dienen allen Bürgern und Bürgerinnen. So sind etwa sozialrechtliche Regelungen primär für die betroffenen Bürger vorgesehen, nicht als Normen der Verhinderung von Hilfestellung.

Damit ist auch schon ein wichtiger Bereich öffentlich-rechtlicher Regelungen angesprochen. Weitere Beispiele für öffentliches Recht sind

- Heimrecht,
- Baurecht,
- Verwaltungsverfahrensrecht,
- Strafrecht,
- Steuerrecht etc.

1.4 Folgen der Unterscheidung dieser Rechtsebenen

Aus der Unterscheidung in die Ebenen des Privatrechts und des öffentlichen Rechts ergeben sich weit reichende Folgen.

1.4.1 Rechtswege

Bestehende Rechtsnormen finden ihren Sinn neben einer generellen Darstellung zeitgemäßen Rechtsverständnisses in ihrer Überprüfbarkeit. Diese Aufgabe übernimmt die **Gerichtsbarkeit**. So finden sich alle Fragen zur Vereinbarkeit mit dem Grundgesetz letztlich beim Bundesverfassungsgericht zur Prüfung.

Da jedoch die meisten Konfliktfälle schon über die Vereinbarkeit mit den die Verfassung differenzierenden, verlängernden Normen (d. h., Gesetze etc.) überprüft und gelöst werden können, kennt die Gerichtsbarkeit ebenfalls eine Differenzierung der Gerichte und Rechtswege entsprechend den Bereichen Privatrecht und öffentliches Recht sowie entsprechend der differenzierenden, die Verfassung ausgestaltenden Normgebung.

Im Bereich des Privatrechts ist die Zivilgerichtsbarkeit und die Arbeitsgerichtsbarkeit angesiedelt. Für alles, was sich nicht als Streitigkeiten im Bereich eines Arbeitsverhältnisses darstellt (Arbeitsgerichte), sind die so genannten ordentlichen Gerichte zuständig (z. B. Amtsgerichte, Landgerichte, Oberlandesgerichte, Bundesgerichtshof), seien es z. B. Vertragsstreitigkeiten oder eine Schadensersatzforderung.

Im Bereich des öffentlichen Rechts besteht die Einteilung in Verwaltungsgerichtsbarkeit, Sozialgerichtsbarkeit und Finanzgerichtsbarkeit. Auch hier ist die Abgrenzung dahingehend getroffen, dass alles, was nicht als Streitigkeiten nach dem Sozialgerichtsgesetz (§ 51 SGG) oder Steuerstreitigkeiten definierbar ist, der Verwaltungsgerichtsbarkeit zur Überprüfung obliegt. Eine Besonderheit des öffentlichen Rechts ist das Vorverfahren (z. B. §§ 68 ff. Verwaltungsgerichtsordnung, §§ 78 ff. SGG). Es ist als eine Instanz der Überprüfung zwischen Bürger und Behörde eingerichtet. Hier können Rechtspositionen deutlich gemacht werden, ohne die zuständigen Gerichte zu befassen und vorgerichtlich einer Klärung zuzuführen.

1.4.2 Handlungsformen

Weitere konsequente Folge der Aufteilung in Privatrecht und öffentliches Recht ist die Unterschiedlichkeit der rechtlichen Handlungsformen. Steht im Privatrecht der **Vertrag** als Form rechtsrelevanten Handelns im Vordergrund, so kennt das öffentliche Recht zwar auch die Form des öffentlich-rechtlichen Vertrags, die Hauptform öffentlich-rechtlicher Rechtsgestaltung ist jedoch der **Verwaltungsakt**.

Ein Verwaltungsakt ist nach der Definition im Verwaltungsverfahrensrecht jede Verfügung, Entscheidung oder andere hoheitliche Maßnahme, die eine Behörde
1. zur Regelung eines Einzelfalles,
2. auf dem Gebiet des öffentlichen Rechts,
3. mit unmittelbarer Rechtswirkung nach außen

trifft. Diese Handlungsform entspricht der Ebene des Rechtverhältnisses zwischen öffentlich-rechtlicher Körperschaft (z. B. Bundesland) und Bürger oder zwischen juristischer Person und öffentlich-rechtlicher Körperschaft.

Privatrecht

öffentliches Recht

2 Rechtsquellen

2.1 Gesetze

Wichtigste Rechtsquellen der die verfassungsmäßige Grundordnung ausgestaltenden Normen sind die Gesetze. Sie haben Vorrang vor den anderen Formen geschriebenen Rechts [➔Kap. 2.2] und können nur durch Gesetze aufgehoben oder verändert werden. Nachrangiges geschriebenes Recht ist im Fall eines Widerspruchs zu Gesetzen rechtswidrig.

Gesetze sind geschriebene Normen, die von den gesetzgebenden Organen (der Bundestag und die jeweiligen Landesparlamente) in einem verfassungsrechtlich geregelten Verfahren und in der dort vorgeschriebenen Form erlassen worden sind. Wann der Bund und wann die Länder die so genannte Gesetzgebungskompetenz haben, ist im Grundgesetz festgelegt. Gegenwärtig lässt sich dies im Bereich der Pflege am Beispiel des Heimrechts deutlich machen. Dort ist die Gesetzgebungskompetenz nachträglich auf die Bundesländer übergegangen. Das vorher bereits als Bundesrecht erlassene HeimG und seine Verordnungen gelten somit für diejenigen Bundesländer weiter, welche von ihrer ihnen nachträglich eingeräumten Gesetzgebungskompetenz nicht bzw. noch nicht Gebrauch gemacht haben.

Nicht selten trifft der Bundesgesetzgeber nur grundsätzliche Regelungen und ermächtigt die Länder, darüber hinaus Differenzierungen in eigener Kompetenz zu regeln.

2.2 Rechtsverordnungen und Satzungen

Bundes- und Landesgesetzgeber können Verwaltungsbehörden (z.B. Ministerien) in Gesetzen zum Erlass von **Rechtsverordnungen** ermächtigen.

Die Problematik liegt dabei darin, dass zwar Verordnungen schnell beschlossen oder verändert werden können, somit den Gesellschaftsanforderungen in kürzerer Zeit angepasst werden können als Gesetze. Gleichzeitig jedoch liegt genau genommen darin eine Durchbrechung des Prinzips der →Gewaltenteilung, weil die Verwaltung normgebende Funktion erhält. (Eigentlich gehört die Verwaltung zur Exekutive, durch den Erlass von Verordnungen wird sie gewissermaßen zur Legislative.) Dem ist verfassungsgemäß eine Grenze zu setzen. Deshalb regelt Art. 80 GG, dass Verordnungen nicht nur über eine gesetzliche Ermächtigung für die konkrete Behörde erlassen werden dürfen, sondern die ermächtigenden Gesetze genaue Regelungen vorsehen müssen zu Inhalt, Zweck und Ausmaß der Verordnung. Damit wird erreicht, dass der jeweilige Gesetzgeber die Grenzen der Normsetzung für die Verwaltung bestimmt.

Satzungen sind demgegenüber Rechtsvorschriften, die von juristischen Personen des öffentlichen Rechts [→Kap. 3.2] mit Selbstverwaltungsrecht zur Regelung ihrer Aufgaben erlassen werden. Auch das autonome Satzungsrecht wird über Gesetz verliehen und kann nur im Rahmen des Aufgabenbereichs der jeweiligen juristischen Person wahrgenommen werden. So können Sozialversicherungsträger (z.B. Ortskrankenkassen) die Rechtsbeziehungen zu ihren Mitgliedern über Satzungen regeln, ebenso im privatrechtlichen Bereich Vereine oder Stiftungen des Privatrechts.

3 Rechtsträgerschaften – Basis von Einrichtungen im Gesundheitswesen

Pflege hat stets ihren Platz im Rahmen eines Gesundheitsbetriebes. Dieser wird getragen von einem Rechtsträger, also etwa einer GmbH oder einer Kommune. Die jeweilige Form einer solchen Trägerschaft hat auf vielen Ebenen Auswirkungen. Daher ist nicht für jedes solcher Unternehmen dieselbe Rechtsform passend.

Die Rechtsform der Trägerschaft hat unterschiedliche Auswirkungen auf die Rolle als Arbeitgeber, z. B. bei der Frage der Tarifbindung oder den jeweils einschlägigen Mitbestimmungsregelungen [➔Kap. 4.6]. Auch hinsichtlich der Möglichkeit einer Anerkennung als gemeinnützig [➔Kap. 3.2.3] mit den entsprechenden steuerrechtlichen Folgen spielt die Form einer Trägerschaft eine entscheidende Rolle. Bei rechtsrelevantem Handeln eines Rechtsträgers stellt sich die Frage nach der rechtlichen Handlungsebene, die wiederum den Rechtsweg zur Überprüfung dieses Handelns bestimmt.

Der folgende Überblick über Trägermodelle in der Pflege gibt Orientierung für die Praxis.

Es gibt **zwei Arten von Rechtsträgern**:
- die natürlichen Personen, also jede rechtsfähige Einzelperson [➔Kap. 3.1]
- die juristischen Personen, d. h., fiktive Rechtsträger (Personenvereinigungen oder Zweckvermögen mit vom Gesetz anerkannter rechtlicher Selbstständigkeit [➔Kap. 3.2]).

3 Rechtsträgerschaften

3.1 Natürliche Personen

Jedes Individuum ist Träger von Rechten und Pflichten. In Abgrenzung zu den juristischen Personen [➔Kap. 3.2] werden diese Rechtsträger als natürliche Personen bezeichnet.

3.1.1 Rechtsfähigkeit

Die Rechtsfähigkeit jeder natürlichen Person beginnt mit der Vollendung der Geburt des Menschen (§ 1 BGB), also mit dem vollständigen Austritt aus dem Mutterleib und dem Beginn der Atmung. Vorher besteht keine Rechtsfähigkeit. Ausnahmen davon bestehen für die Leibesfrucht im Falle der Erbfähigkeit (§ 1923 Abs. 2 BGB) [➔Kap. 11.1.2] oder als Träger von Schadensersatzansprüchen wegen Schädigung im Mutterleib.

3.1.2 Geschäftsfähigkeit

Die Rechtswissenschaft versteht unter Geschäftsfähigkeit die Fähigkeit, selbstständig rechtswirksame ➔**Willenserklärungen** (= private Willensäußerungen, die auf das Herbeiführen einer Rechtswirkung gerichtet sind) abgeben oder annehmen zu können. Im Bereich juristischer Personen geschieht dies durch die geschäftsfähigen natürlichen Personen, die die juristische Person nach außen vertreten (z. B. Vorstand, Geschäftsführer). Bei den natürlichen Personen unterscheidet man drei Phasen der Geschäftsfähigkeit:

1. Die Geschäftsunfähigkeit (§ 104 BGB)
Geschäftsunfähig sind Kinder unter sieben Jahren (§ 104 Nr. 1 BGB). Sie sind zwar rechtsfähig, können also Rechte und Pflichten haben, jedoch noch nicht rechtswirksam handeln. Dabei geht der Gesetzgeber davon aus, dass die Tragweite rechtsrelevanten Handelns in dieser Altersstufe noch nicht erfasst werden kann.

So ist es nur konsequent, als geschäftsunfähig auch all die Personen anzusehen, die dauerhaft an einer geistigen Störung leiden, welche die freie Willensbestimmung ausschließt (§ 104 Nr. 2 BGB). Der Begriff der Geschäftsunfähigkeit hat Schutzfunktion für den Betroffenen, muss deshalb den gesamten Personenkreis einschließen, von welchem angenommen wird, er könne die Tragweite rechtsrelevanten Handelns nicht erfassen.

Für geschäftsunfähige Kinder können nur deren gesetzliche Vertreter handeln. Für geschäftsunfähige Volljährige können Betreuer [➔Kap. 11] oder Bevollmächtigte tätig werden. ➔Willenserklärungen von Geschäftsunfähigen sind nichtig (§ 105 Abs. 1 BGB). Ausnahme hierzu ist § 105a BGB, der es im Sinne von weitestgehendem Autonomieerhalt bei gleichzeitigem Schutz der Person auch volljährigen Geschäftsunfähigen ermöglicht, Alltagsgeschäfte wirksam abzuschließen, wenn Person oder Vermögen dadurch nicht gefährdet sind. Geschäftsfähige wiederum, die vorübergehend (z.B. auf Grund von Drogen) an einer Störung der Geistestätigkeit leiden (§ 105 Abs. 2 BGB), können keine gültigen Willenserklärungen abgeben. Hier könnte man von einer situationsbedingten Geschäftsunfähigkeit sprechen.

2. Die beschränkte Geschäftsfähigkeit Minderjähriger (§ 106 BGB)
Minderjährige über sieben Jahre können Willenserklärungen abgeben und entgegennehmen, die wirksam sind, wenn dazu die Einwilligung (= vorherige Zustimmung) ihrer gesetzlichen Vertreter vorliegt. Dieser Einwilligung bedarf es dann, wenn die Willenserklärung dem beschränkt Geschäftsfähigen nicht lediglich einen rechtlichen Vorteil bringt (z.B. Annahme einer Schenkung). Ein Vertrag kann auch durch Genehmigung (= nachträgliche Zustimmung) der gesetzlichen Vertreter (§ 108 BGB) wirksam werden, wenn der beschränkt Geschäftsfähige die Willenserklärung ohne Einwilligung abgegeben hat. § 110 BGB regelt in diesem Zusammenhang, dass Mittel, welche beschränkt Geschäftsfähigen durch die Personensorgeberechtigten zur freien Verfügung überlassen worden sind (z. B. Taschengeld), zu Barkäufen verwendet werden können und die grundsätzliche Zustimmung zur freien Verwendung solche Barkäufe wirksam macht.

Da die beschränkte Geschäftsfähigkeit nur für Minderjährige gilt, hat sie im Bereich der Pflege vor allem im direkten Umgang mit Minderjährigen Bedeutung. Mittelbar ist die Kenntnis jedoch auch im Hinblick auf ältere Patienten oder Bewohner relevant [➔Kap. 11.4.2 und 11.6].

3. Die Geschäftsfähigkeit.
Die Geschäftsfähigkeit tritt ein mit Volljährigkeit (§ 2 BGB) der natürlichen Person und umfasst die uneingeschränkte Teilnahmefähigkeit am Rechtsverkehr, welche die Eigenverantwortlichkeit für alle Rechtsgeschäfte im eigenen Namen nach sich zieht. Lediglich eine bestehende Betreuung kann hierzu Variationen denkbar machen.

3.1.3 Deliktsfähigkeit

Die Fähigkeit, ein Delikt zu begehen, würde man wohl eher dem Strafrecht [➔Kap. 7] zuordnen. Das BGB regelt aber – und muss dies auch – nicht nur die Abwicklung von Verträgen, sondern u. a. die Frage, wer für einen Schaden einzustehen hat, der entstanden ist, ohne dass vorher ein Vertrag abgeschlossen wurde. Solche Fälle der Schädigung ohne bestehendes Vertragsverhältnis sind im Alltag, z. B. im Straßenverkehr, sehr häufig.

Bei der Deliktsfähigkeit nun geht es darum, wer sich sein deliktisches Handeln im Sinne des BGB zurechnen lassen muss [➔Kap. 6.2]. Ähnlich der Geschäftsfähigkeit wird dabei in drei Phasen unterschieden:

- die **Deliktsunfähigkeit:** Sie liegt nach § 828 Abs. 1 BGB vor bei Kindern unter sieben Jahren sowie bei Personen, die sich im Augenblick der Schadensverursachung im Zustand der Bewusstlosigkeit oder in einem die freie Willensbestimmung ausschließenden Zustand krankhafter Störung der Geistestätigkeit befunden haben, es sei denn, sie haben sich in diesen Zustand vorsätzlich oder fahrlässig selbst versetzt. Diese Deliktsunfähigkeit muss durch ärztliches Attest oder Sachverständigengutachten nachgewiesen werden.
- die **bedingte Deliktsfähigkeit:** Bedingt deliktsfähig sind Minderjährige über sieben Jahre bis zu ihrer Volljährigkeit (§ 828 Abs. 2 BGB). Sie sind für ihr Handeln nicht verantwortlich, wenn ihnen zum Zeitpunkt der Handlung die erforderliche Einsicht gefehlt hat, um ihre Verantwortlichkeit zu erkennen. Es wird somit nach dem Stand ihrer Entwicklung und ihrem Unrechtsbewusstsein gefragt. Die bedingte Deliktsfähigkeit bezieht sich ausschließlich auf Minderjährige, niemals auf Erwachsene.
- die **Deliktsfähigkeit**: Mit Volljährigkeit liegt die volle Deliktsfähigkeit vor. Einzige Ausnahme ist § 827 Abs. 1 BGB. Die Deliktsfähigkeit im BGB darf nicht mit Strafmündigkeit verwechselt werden. Strafrechtlich ist nicht verantwortlich, wer das 14. Lebensjahr noch nicht vollendet hat.

Nicht unerwähnt bleiben darf in diesem Zusammenhang das Prinzip der Billigkeitshaftung des § 829 BGB. Danach haften auch Deliktsunfähige, wenn der Geschädigte seinen Schaden nicht ersetzt bekommt, insbesondere nicht von aufsichtspflichtigen Dritten, dieses Ergebnis jedoch ungerecht erschiene, etwa deshalb, weil der Deliktsunfähige sehr vermögend ist, der Geschädigte sich jedoch, gerade durch Folgen der Schädigung, in einer sozialen Notlage befindet. In solchen Fällen muss eine Abwägung nach den individuellen Lebensumständen erfolgen.

3.2 Juristische Personen – Trägerschaften in der Pflege

Bei den juristischen Personen unterscheiden wir in solche des Privatrechts und solche des öffentlichen Rechts [➔Kap. 1.2, 1.3]. Da es sich bei den juristischen Personen um rechtsfähige Zusammenschlüsse mit gemeinsamem Zweck oder auf einem genau definierten Raum/Gebiet mit festen Personenmitgliedschaften handelt, so genannte personae fictae (lateinisch = juristisch geschaffene Personen), ist es ganz wesentlich, in welchem Rechtsbereich sie angesiedelt sind. Grundsätzlich handelt es sich bei den juristischen Personen um Rechtsträgerschaften etwa für Einrichtungen der Krankenpflege, Altenpflege, Arbeit mit behinderten Menschen, für Leistungsträger im Bereich der Sozialversicherungen oder für kommunale bzw. staatliche Instanzen.

Im Folgenden wird die Systematik der juristischen Personen dargestellt und sodann eine Gesamtübersicht über relevante Rechtsträgerschaften in der Pflege gegeben.

3.2.1 Juristische Personen des öffentlichen Rechts

Juristische Personen des öffentlichen Rechts sind
- Körperschaften des öffentlichen Rechts,
- Anstalten des öffentlichen Rechts und
- Stiftungen des öffentlichen Rechts.

Körperschaften des öffentlichen Rechts
Es werden Gebietskörperschaften und Zweckkörperschaften unterschieden. Zu den **Gebietskörperschaften** zählen die Bundesrepublik Deutschland, die Bundesländer, die Regierungsbezirke (soweit ein Bundesland diese rechtlich vorsieht), die Landkreise und die Gemeinden. Sie definieren sich somit über ihr jeweiliges geografisches Gebiet, das gesetzlich geregelt ist.

Demgegenüber bestimmen sich die **Zweckkörperschaften** aus ihrer Zielrichtung (z.B. Abwicklung der jeweiligen Sozialversicherungsaufgaben bei den Trägern der Sozialversicherung, Interessenvertretung eines Berufsstandes bei den Ärztekammern, Pflegekammern etc.). Die Mitglieder der Zweckkörperschaften ergeben sich aus einer gesetzlichen Zwangsmitgliedschaft im Zusammenhang mit dem Zweck (z.B. Mitglieder einer Sozialversicherung, zugelassene Ärzte oder Rechtsanwälte als Mitglieder ihrer Kammern).

3 Rechtsträgerschaften

Die wesentlichen Merkmale für Körperschaften des öffentlichen Rechts sind
- Organe der Willensbildung (z. B. Gemeinderat, Bundestag, Vertreterversammlungen der Sozialversicherungsträger),
- Mitglieder (Mitgliedschaft kraft Gesetzes),
- Verwaltung („Behörden").

Anstalten des öffentlichen Rechts

Die Anstalten des öffentlichen Rechts haben als Kennzeichen
1. Benutzer,
2. Gebietskörperschaften des öffentlichen Rechts als Träger und einen
3. bestimmten Verwaltungszweck.

Diese Kennzeichen lassen sich am Beispiel von Anstalten des öffentlichen Rechts veranschaulichen. Rundfunkanstalten, Sparkassen oder die Bundesagentur für Arbeit haben jeweils „Benutzer", auch wenn diese unterschiedliche Ziele mit ihrer „Benutzung" verfolgen. Die Trägerschaft liegt bei den Bundesländern, bei Landkreisen, kreisfreien Städten oder beim Bund. Der Zweck geht in unterschiedliche Richtungen, liegt aber in allen Fällen im öffentlichen Interesse.

Stiftungen des öffentlichen Rechts

Kennzeichen der Stiftung ist ein Stiftungsvermögen, das dem Stiftungszweck gewidmet ist. Entsprechend diesem Zweck gibt es „Nutznießer", so genannte Destinatäre, also Zielgruppen, auf die der Stiftungszweck und damit die Stiftungsmittel ausgerichtet sind.

Stiftungen haben zunehmend an Bedeutung gewonnen. In Zeiten der Knappheit öffentlicher Finanzmittel können Stiftungen dazu dienen, die Finanzierung wichtiger sozialer Aufgaben öffentlicher Träger (z. B. Aufgaben der Krankenversorgung oder Altenhilfe) über gewöhnliche Zeiträume der Haushaltsplanung hinaus sicherzustellen. Dazu werden von Gebietskörperschaften solche Stiftungen mit entsprechenden Stiftungszwecken ins Leben gerufen (zu Stiftungen des privaten Rechts [➔Kap. 3.1.2]). Hierdurch ist es auch möglich, dass Finanzmittel mehrerer Gebietskörperschaften für Stiftungszwecke im öffentlichen Interesse verflochten werden. Rechtsgrundlagen dazu finden sich in den entsprechenden Stiftungsgesetzen der Länder.

3.2.2 Juristische Personen des Privatrechts

Die juristischen Personen des Privatrechts haben ihren Ursprung in der Epoche, in welcher das wirtschaftliche Leben zunehmend aus den Familien in Zusammenschlüsse (engl. „company") zum Zwecke der Produktion oder des Handels verlagert wurde. Dazu wurden in der Rechtsordnung **Personengesellschaften** etabliert, wie etwa die offene Handelsgesellschaft (oHG) oder die Kommanditgesellschaft (KG), welche im Handelsgesetzbuch (HGB) ihre Regelungen finden und deren Kern durch die Personen bestimmt wird, welche Gesellschafter sind und als solche Haftung übernehmen.

Daneben sind **Kapitalgesellschaften** in der Rechtsordnung etabliert, deren Zweckverfolgung in erster Linie durch Kapital sichergestellt wird, weil die Gesellschafter bzw. Mitglieder im Regelfall nicht persönlich haften. Beispiele hierfür sind der Verein (§§ 21 ff. BGB) und die GmbH (GmbHG). Im Bereich sozialer Betätigung, also auch im Bereich von Krankenhäusern und Pflegeeinrichtungen, spielen vor allem die letztgenannten Trägerschaften eine wesentliche Rolle.

Zunehmende Bedeutung in diesem Sektor haben auch **Stiftungen des Privatrechts** (§§ 80 ff. BGB). Sie gehören nicht zu den Kapitalgesellschaften, obwohl das Stiftungsvermögen entscheidend ist für die Erreichung des Stiftungszweckes. Die Stiftung kennt aber keine Gesellschafter, welche den Zweck verfolgen, die Nutznießer partizipieren einzig am eingebrachten Vermögen. Die Stiftung selbst kann völlig unabhängig von ihrem Stifter ihren Stiftungszweck umsetzen.

Im Folgenden wird nur auf die Rechtsformen näher eingegangen, welche als Trägerschaften im Bereich der Pflege in der Praxis eine wichtige Rolle spielen.

3 Rechtsträgerschaften

Der eingetragene Verein (e.V.)

Wiewohl das Gesetz (§ 22 BGB) die wirtschaftliche Betätigung eines Vereins nicht von vorneherein ausgeschlossen hat, haben sich Vereine vor allem im Zusammenhang mit ideellen Zielrichtungen gegründet, wie z. B. des Sports, der Tierzucht, des Gartenbaus, der Musikpflege etc.

Von hoher Bedeutung ist die Trägerschaft des Vereins auch im sozialen Bereich. Alle großen Wohlfahrtsverbände (Caritas, Diakonie, DPWV etc.) sind bis heute zumindest in ihren Dachorganisationen als eingetragene Vereine gegründet. Ihr Vereinszweck ist dabei primär nicht ein wirtschaftliches Interesse, sondern soziale Hilfestellung an allen sozialen Brennpunkten, von der Elementarerziehung über die Kinder- und Jugendhilfe, die Behindertenhilfe, die Familienhilfe, die Erwachsenenbildung bis hin zur Arbeit mit alten Menschen.

Andere freie Träger in der Rechtsform des e.V. haben ihr Vereinsziel auf Ausschnitte dieser sozialen Arbeitsfelder beschränkt. Worin der individuelle Vereinszweck bestehen soll, muss in der Vereinssatzung festgelegt werden.

Bis ein Verein über die Eintragung im Vereinsregister des örtlich zuständigen Amtsgerichts seine Rechtsfähigkeit als juristische Person erlangt, sind folgende **Schritte einer Vereinsgründung** vorzunehmen:
1. Werbung von Mitgliedern: Die Gründung eines Vereins erfordert mindestens sieben Gründungsmitglieder (§§ 56, 59 Abs. 3 BGB).
2. Erarbeitung einer Satzung (§ 57 BGB): Die Satzung muss vor allem Aussagen zum Zweck, zum Namen und zum Sitz des Vereins enthalten. Des Weiteren sind Regelungen zum Vorstand und seiner gesetzlichen Vertretung (§ 26 BGB), zur Mitgliederversammlung (§ 32 BGB), zur Mitgliedschaft und zur Kompetenzabgrenzung von Vorstand und Mitgliederversammlung vorzusehen. Bei der Gestaltung der Satzung ist gleichzeitig zu beachten, dass Regelungen zur Gemeinnützigkeit [→Kap. 3.2.3] entsprechend den Erfordernissen der Abgabenordnung (AO) Eingang finden, wenn eine Gemeinnützigkeit des Vereins angestrebt wird. Ist dies der Fall, empfiehlt es sich weiterhin, schon in diesem Stadium der Vereinsgründung die Satzung dem zuständigen Finanzamt für Körperschaften vorzulegen mit dem Ziel, eine Anerkennung der Gemeinnützigkeit auf der Basis der Satzung zu erhalten. Wird dies versäumt, kann sich die Gründungsphase unnötig in die Länge ziehen, weil für jede nachträglich erforderliche Satzungsänderung eine weitere Mitgliederversammlung nötig ist.
3. Einberufung der Gründungsversammlung (§§ 32, 33 BGB): Die Gründungsversammlung muss mindestens zwei Tagesordnungspunkte enthalten, welche in der Einladung zu kennzeichnen sind:
   - der Beschluss der Satzung
   - die Wahl des Vorstands
4. Durchführung der Gründungsversammlung: Dort sind die Beschlüsse zur Satzung und die Vorstandswahl herbeizuführen und eine Niederschrift zu erstellen, welche die Bestellung des Vorstandes dokumentiert (§ 59 Abs. 2 Nr. 2 BGB).
5. Anmeldung der Eintragung durch den Vorstand (§ 59 BGB): Die Anmeldung beim zuständigen Amtsgericht (§ 55 BGB) erfolgt durch den Vorstand als gesetzlichen Vertreter über einen Notar (§ 77 BGB). Dieser Anmeldung sind die von den sieben Gründungsmitgliedern unterschriebene Satzung sowie die Niederschrift zur Bestellung des Vorstandes beizufügen.
6. Eintragung durch das Amtsgericht (§§ 64, 65 BGB): Mit der Eintragung in das Vereinsregister darf der Verein den Zusatz e.V. führen und ist rechtsfähig.

3 Rechtsträgerschaften

Nach abgeschlossener Vereinsgründung ist der Verein autonom entsprechend seinen Satzungsregelungen tätig. Der Verein als juristische Person haftet ab diesem Zeitpunkt mit seinem Vermögen für alle Schäden, die ein satzungsmäßig bestellter Vertreter oder auf Grund von Satzungsregelungen Beauftragter einem Dritten zufügt (§ 31 BGB).

Wichtig ist in diesem Zusammenhang, dass Mitglieder eines eingetragenen Vereins nicht persönlich haften. Eine **persönliche Haftung** tritt nur dann ein, wenn Vorstände oder andere Beauftragte nicht mit satzungsmäßiger Legitimierung handeln. Deutlich wird daraus, dass der e.V. sich über seine Satzung definiert und nach außen alles zu vertreten hat, was auf Grund der Satzung verwirklicht wurde. Deshalb ist die Satzung für die Öffentlichkeit im Vereinsregister einsehbar.

Vereine sind mit den Bereichen Vermögensverwaltung und wirtschaftlicher Geschäftsbetrieb **körperschaftssteuerpflichtig**, wobei der Bereich Vermögensverwaltung Einkünfte aus Kapitalvermögen, Vermietung und Verpachtung beinhaltet. Im Bereich wirtschaftlicher Geschäftsbetrieb handelt es sich vorwiegend um die Einkünfte aus Gewerbebetrieb. Liegen bei einem Verein die Voraussetzungen der Steuerbegünstigung vor (z.B. Verfolgung gemeinnütziger Zwecke, §§ 51 ff. AO) oder erfüllt ein Teilbereich diese Gegebenheiten, sind Einkünfte aus Tätigkeiten, welche zum Bereich der Vermögensverwaltung und der Zweckbetriebe gehören, von der Körperschaftssteuer befreit (§ 5 Abs. 1 Nr. 9 KStG). Die Steuerpflicht umfasst dann nur die eventuell vorhandenen wirtschaftlichen Geschäftsbetriebe. Ist der Verein Arbeitgeber, etwa als Träger einer Altenpflegeeinrichtung, ist er selbstverständlich auch im Bereich seiner Zweckbetriebe verpflichtet, für seine Arbeitnehmer den Steuerabzug vom Arbeitslohn vorzunehmen.

Die Gesellschaft mit beschränkter Haftung (GmbH)

Die GmbH ist eine Kapitalgesellschaft, die jedoch auch Züge einer Personengesellschaft trägt. Die Gesellschafter haften für die Verbindlichkeiten der - Gesellschaft nicht persönlich, sondern die GmbH haftet als juristische Person allein. Sie muss ein Stammkapital von mindestens 25 000 Euro aufweisen (§ 5 GmbHG).

Mittlerweile ist es hier auch möglich, eine Vorform einer GmbH, die so genannte Unternehmergesellschaft (§ 5a GmbHG) zu gründen, die mit einem Stammkapital ab einem Euro gegründet und später zur GmbH umgewandelt werden kann, wenn das Mindeststammkapital einer GmbH erreicht ist. Aber auch bei der UG ist die Haftungsbeschränkung wirksam.

Eine GmbH kann zu jedem gesetzlich zulässigen Zweck errichtet werden. Das können auch gemeinnützige Zwecke sein [→Kap. 3.2.3]. Diese Tatsache hat die GmbH vor allem in letzter Zeit als Träger von Einrichtungen mit sozialer Zielrichtung attraktiv gemacht. Zunehmend werden in diesem Bereich Trägerschaften mit dieser Rechtsform errichtet, so auch in der ambulanten oder stationären Altenpflege oder als Altenheimträger.

Die über öffentlich-rechtliche Normen entsprechend dem Subsidiaritätsprinzip angeregte Privatisierung sozialer Aufgaben hat auch bei öffentlichen Trägern bewirkt, solche Aufgaben in privatrechtlicher Trägerschaft zu organisieren. Hierbei spielt die GmbH ebenfalls eine zunehmend wichtige Rolle.

Die große **Stärke der GmbH** im Vergleich zum Verein liegt vor allem in ihrem organisatorischen Aufbau. Sie kann von wenigstens einem Gesellschafter ins Leben gerufen werden, bedarf somit keinesfalls zur Gründung der mindestens sieben Personen umfassenden Mitgliederversammlung des Vereins, welche häufig auf Grund der unterschiedlichen Interessen die Gründungsphase erschwert und verzögert sowie im weiteren Verlauf der Tätigkeit den Verein für Strukturänderungen träge macht.

In der GmbH engagieren sich von vorneherein nur die an ihrer Existenz Interessierten als Gesellschafter, die gleichzeitig zur Geschäftsführung berechtigt und je nach Gesellschaftsvertrag auch verpflichtet sind. Die Übertragung der Geschäftsführung auf andere Personen als die Gesellschafter ist zwar möglich, aber nicht erforderlich. Somit können Gesellschaftsgründer und Geschäftsführer als identische Personen eine Organisation der kurzen Wege bilden, während beim Verein die Mitgliederversammlung den Vorstand als gesetzliche Vertretung des Vereins wählen muss.

3 Rechtsträgerschaften

Ein **Nachteil der GmbH** ist die Notwendigkeit der Aufbringung des Mindeststammkapitals, bei Existenzgründungen von Privatpersonen häufig ein nicht überbrückbares Hindernis, bei Trägerschaftsumwandlung aus dem öffentlich-rechtlichen Bereich in der Regel kein Grund, eine solche Trägerform nicht zu wählen. Rechtsgrundlage für die GmbH ist das GmbH-Gesetz.

Zur Gründung einer solchen Rechtsträgerschaft sind folgende Schritte zu beachten:
1. Abschluss eines Gesellschaftsvertrages (§§ 1, 3 GmbHG): Der Gesellschaftsvertrag muss die Gesellschafter und den Gesellschaftszweck enthalten. Zudem sind Firmenname, Sitz, das Stammkapital und die Stammeinlagen zu bezeichnen (§ 3 GmbHG). Notarielle Form des Vertrags ist erforderlich (§ 2 GmbHG).
2. Bestellung eines oder mehrerer Geschäftsführer (§ 6 GmbHG): Geschäftsführer können einer oder mehrere Gesellschafter sein ebenso wie andere Personen. Ihre Bestellung kann über Gesellschaftvertrag erfolgen oder über Erteilung einer Vollmacht/Prokura.
3. Anmeldung der Gesellschaft (§ 7 GmbHG): Sie erfolgt beim örtlich zuständigen Amtsgericht im Handelsregister.

Für Verbindlichkeiten der GmbH haftet nur das Gesellschaftsvermögen (§ 13 Abs. 2 GmbHG). Die Gesellschaft gilt als Handelsgesellschaft im Sinne des Handelsgesetzbuches (§ 13 Abs. 3 GmbHG). Sie ist körperschaftssteuerpflichtig (§ 1 Abs. 1 Nr.1 KStG). Für eine gemeinnützige [➔Kap. 3.2.3] GmbH gilt im Wesentlichen das oben zum Verein Gesagte. Der Gewinn ist wieder in den Gesellschaftszweck zu investieren und nicht an die Gesellschafter auszuschütten.

Im Bereich sozialer Dienstleistungen steht eine persönliche Haftung der Gesellschafter als Gewähr für Gläubigersicherheit nicht im Vordergrund. Daher ist die GmbH als privatrechtliche Rechtsform auch aus der Sicht der Haftung für private Unternehmer attraktiv, ohne hier gleichzeitig zu große Unsicherheit für die Vertragspartner zu bieten.

Die Aktiengesellschaft (AG)

Die Aktiengesellschaft ist eine handelsrechtliche Gesellschaft, die ein in Aktien zerlegtes Grundkapital aufweist (§ 1 Aktiengesetz – AktG). Sie haftet gegenüber Gläubigern lediglich mit ihrem Gesellschaftsvermögen. Die AG ist von ihrem Mitgliederstand unabhängig und ist wie eine Körperschaft über ihre Satzung organisiert und insoweit einem Verein vergleichbar. Sie ist Kapitalgesellschaft und Handelsgesellschaft selbst dann, wenn Gegenstand des Unternehmens nicht der Betrieb eines Handelsgewerbes ist. Ihr Grundkapital sind wenigstens 50 000 Euro. Organe der AG sind Hauptversammlung, Aufsichtsrat und Vorstand.

Die Hauptversammlung wählt den Aufsichtsrat und dieser ernennt den Vorstand, wodurch eine Abhängigkeit der Organe voneinander gegeben ist.

Eine Trägerschaft von Betrieben der Pflege durch die Rechtsform der AG ist bisher nur in Einzelfällen gegeben und spielt deshalb für diesen Bereich noch eine untergeordnete Rolle. Sie sollte in diesem Zusammenhang aber nicht unerwähnt bleiben, da im Zuge der Globalisierung sich zunehmend Zusammenschlüsse von Trägerschaften bilden könnten, welche diese Rechtsform wählen. Sicherlich wird sie aber nur im Bereich großer Pflegeunternehmen eine Rolle spielen, so wie sie im Krankenhausbereich auch nur bei großen Häusern und Zusammenschlüssen Bedeutung erlangt hat.

Ob eine solche Entwicklung für den Bereich der Pflege wünschenswert ist, kann in Zweifel gezogen werden, sind doch große Unternehmungen stark vom Entfremdungseffekt geprägt, ein der Pflege nicht förderliches Phänomen. Letztlich wird diese Weiterentwicklung in der Pflege auch davon abhängen, ob in anderen Bereichen diese Tendenz nicht doch auch zu Nachteilen führt.

Die Gesellschaft bürgerlichen Rechts (GbR)

Nach § 11 Abs. 2 SGB XI können stationäre und ambulante Pflege von freigemeinnützigen und privaten Trägern angeboten werden. Somit ist als privater Träger auch die Gesellschaft bürgerlichen Rechts (GbR) denkbar.

Die gesetzlichen Regelungen zur GbR, die auch BGB-Gesellschaft genannt wird, finden sich in §§ 705 ff. BGB. Die oben genannten Handelsgesellschaften leiten sich von diesem Modell ab. Es handelt sich dabei um einen Zusammenschluss von Personen zu einem bestimmten Zweck, der sich durch einen Gesellschaftsvertrag konstituiert.

3 Rechtsträgerschaften

Die GbR ist eine **Personengesellschaft**. Insoweit hat sie keine eigene Rechtspersönlichkeit, denn Träger von Rechten und Pflichten sind Personen, nicht die Gesellschaft. Der Bundesgerichtshof hat jedoch 2001 in einer Grundlagenentscheidung festgestellt, dass die GbR als Außengesellschaft Rechtsfähigkeit besitzt, soweit sie durch Teilnahme am Rechtsverkehr eigene Rechte und Pflichten begründet. Insoweit ist sie im Zivilprozess aktiv und passiv parteifähig, kann also klagen und verklagt werden. Dies bedeutet faktisch, dass die GbR einer oHG und KG gleichgestellt ist, welche über § 124 Abs. 1 HGB als Firma rechtliche Selbstständigkeit erhalten, die einer juristischen Person ähnlich ist.

Gleichzeitig sind Träger von Rechten und Pflichten substanziell die Personen, welche Gesellschafter sind. Dem entspricht, dass die GbR im Rechtsverkehr unter dem Namen aller Gesellschafter auftritt, die Gesellschafter als Gesamtschuldner mit ihrem **persönlichen Vermögen haften** und sich die Gesellschaft mit Tod oder Kündigung eines Gesellschafters auflöst, wenn der Gesellschaftsvertrag nichts anderes regelt. Insoweit liegt keine juristische Person vor.

Eine **Sonderform der GbR** ist die Partnerschaft nach dem PartGG (Partnerschaftsgesellschaftsgesetz). Angehörige freier Berufe (§ 18 EStG regelt, wer dies ist – ausschließlich natürliche Personen) können sich danach über einen schriftlichen Partnerschaftsvertrag zusammenschließen, zusammen deren Geschäftsführer sein und sich beim Registergericht ins Partnerschaftsregister eintragen lassen.

Die Rechtsform der GbR oder Partnerschaft bei Trägerschaften in der Pflege zu wählen hat den **Vorteil**, Vereinsstrukturen und damit Abhängigkeiten vermeiden zu können und bei der Gründung vom Erfordernis der Kapitaleinlagen für eine GmbH frei zu sein. Dem steht die persönliche Haftung der Gesellschafter/Partner als Nachteil gegenüber. Da beide Modelle zudem trotz vergleichbarer Rechtsstellung der Außengesellschaft keine juristischen Personen sind, ergibt sich keine Körperschaftssteuerpflicht. Die Gesellschafter müssen Gewinne persönlich versteuern. Damit entfällt die Möglichkeit der Anerkennung als gemeinnützig [➔Kap. 3.2.3] und somit Steuerbefreiung als juristische Person. Bei der Wahl eines Trägermodells müssen deshalb die Vor- und Nachteile genau abgewogen werden.

Weitere Formen juristischer Personen des Privatrechts
Das Privatrecht kennt weitere Formen juristischer Personen des Privatrechts, wie z. B. die offene Handelsgesellschaft (oHG), die Kommanditgesellschaft (KG) oder Kombinationen solcher Formen, wie die GmbH & Co KG oder die Kommanditgesellschaft auf Aktien etc. Diese haben jedoch im Bereich sozialer Dienstleistungsangebote so gut wie keine praktische Bedeutung. Der Grund dafür ist darin zu suchen, dass die beiden Grundformen, oHG und KG, Modelle juristischer Personen sind, bei denen Gesellschafter auch persönlich haften, entweder alle (bei der oHG) oder mindestens einer (bei der KG).

Die persönliche Haftung der Gesellschafter ist bei Anbietern sozialer Dienstleistungen auf Seiten der Träger nicht angestrebt, da soziales Engagement nicht auch noch mit dem Nachteil persönlicher Haftung belastet sein soll. Auf Seiten der Leistungsempfänger und anderer Vertragspartner ist die Sicherheit der persönlichen Haftung der Gesellschafter nicht in demselben Maße erforderlich wie bei anderen wirtschaftlichen Unternehmen, da die Finanzierung durch die Sozialleistungsträger bereits eine gewisse Sicherheit darstellt. Somit sind Trägerformen mit persönlicher Haftung der Gesellschafter im Bereich der Pflege so gut wie nicht existent und werden wohl auch künftig nicht angestrebt werden.

3.2.3 Gemeinnützigkeit, Sponsoring und Spenden

Gemeinnützigkeit
Das Stichwort der „Gemeinnützigkeit" ist rechtlich als ein Fall eines steuerrechtlich steuerbegünstigenden Zwecks (zusammen mit „mildtätig" und „kirchlich") zu verstehen. Ein solcher ist im Steuerrecht (z. B. § 5 Abs. 1 Nr. 9 KStG, § 3 Nr. 6 GewSG, § 4 Nr. 18 bzw. § 12 Abs. 2 Nr. 8 UstG) nur Körperschaften vorbehalten, die entsprechend ihrer Satzung und tatsächlichen Geschäftsführung ausschließlich und unmittelbar solche gemeinnützigen Zwecke verfolgen. Ist dieser vom zuständigen Finanzamt für Körperschaften durch Bescheid anerkannt, besteht Befreiung von Körperschaftsteuerpflicht, Gewerbesteuerpflicht und Umsatzsteuerpflicht bzw. Ermäßigung derselben.

Solche Anerkennung eines gemeinnützigen Zweckbetriebes kann nach den §§ 51 bis 68 Abgabenordnung (AO) für juristische Personen erfolgen. Im Bereich der Pflege sind dies Vereine, Kapitalgesellschaften (GmbH, AG), Stiftungen sowie Betriebe gewerblicher Art von juristischen Personen des öffentlichen Rechts.

3 Rechtsträgerschaften

Als gemeinnützige Betätigungen sind im § 52 Abs. 2 AO Altenhilfe und das öffentliche Gesundheitswesen als einschlägige Bereiche aufgeführt. Gemeinnütziges Handeln liegt dabei nur vor, wenn die begünstigten Tätigkeiten auf Förderung der Allgemeinheit ausgerichtet sind und nicht nur bestimmte Personen im Auge haben. Die Inanspruchnahme der Leistung der juristischen Person muss grundsätzlich jedem offenstehen.

Weitere **Grundsätze der Gemeinnützigkeit** sind
1. Selbstlosigkeit (§ 55 AO, kein primäres Eigeninteresse der juristischen Person),
2. Ausschließlichkeit (§ 56 AO, satzungsmäßig keine weiteren Zwecke),
3. Unmittelbarkeit (§ 57 AO, Zwecke werden selbst verwirklicht).

Diese Grundsätze müssen in der Satzung oder dem Gesellschaftsvertrag zu Grunde gelegt sein. Ausnahmen von diesen Grundsätzen sind nur im gesetzlich geregelten Rahmen (§ 58 AO) möglich. In der Praxis besonders wichtig ist dabei die Möglichkeit der Rücklagenbildung (§ 58 Nr.7 a) AO) und des Erwerbs von Gesellschaftsrechten (§ 58 Nr. 7 b) AO). Dies vor allem deshalb, weil über diese Regelungen freie Rücklagen ermöglicht werden, also im erlaubten Umfang eine unmittelbare Investition in die Zweckverwirklichung unterbleiben kann, um in Zukunft bisher unvorhergesehen anfallende Erfordernisse im Rahmen der Zweckverwirklichung finanzieren zu können. Zudem können aus diesen Rücklagen im Rahmen der Vermögensverwaltung Gesellschaftsanteile auch von wirtschaftlichen Körperschaften erworben werden. Dies ist insbesondere für eigene Trägergründungen mit wirtschaftlicher Orientierung als Tochtergesellschaften von Bedeutung.

Unterhält die juristische Person wirtschaftliche Geschäftsbetriebe (§ 14 AO) im Bereich ihres gemeinnützigen Zweckes, so bleibt die Steuervergünstigung erhalten, wenn die wirtschaftlichen Geschäftsbetriebe Zweckbetriebe sind (§ 64 Abs. 1 AO). Ein **Zweckbetrieb** liegt nach § 65 AO vor, wenn der wirtschaftliche Geschäftsbetrieb dazu dient, die steuerbegünstigten Zwecke zu realisieren und dies nur durch einen solchen Betrieb erreicht werden kann. Zudem darf der wirtschaftliche Geschäftsbetrieb nicht in größerem Umfang in Wettbewerb treten, als dies zur Erfüllung des Zwecks unbedingt erforderlich ist.

Betriebe der Pflege sind in der Regel wirtschaftliche Geschäftsbetriebe nach § 14 AO, da zur Erfüllung dieser Eigenschaft u. a. keine Gewinnerzielungsabsicht erforderlich ist. Allerdings liegen auch die Voraussetzungen für einen Zweckbetrieb mehrheitlich vor. Dies wird bestätigt durch § 66 AO, wonach eine Einrichtung der Wohlfahrtspflege Zweckbetrieb ist, wenn die Zielgruppe des Betriebes aus Personen besteht, die infolge ihres körperlichen, geistigen oder seelischen Zustandes auf Hilfe anderer angewiesen sind (§ 53 Nr. 1 AO). Träger von Einrichtungen der Pflege, deren Gemeinnützigkeit anerkannt ist, bleiben somit auch im Rahmen ihrer Zweckbetriebe steuerbefreit. Für Krankenhäuser regelt § 67 AO, wann diese Zweckbetriebe sind. Sind wirtschaftliche Geschäftsbetriebe nach diesen Bestimmungen keine Zweckbetriebe, werden sie dennoch wie solche behandelt, wenn ihr Gesamtjahresumsatz 35 000 Euro nicht übersteigt (§ 64 Abs. 3 AO).

Sponsoring und Spenden
Grundsätzlich ist Sponsoring von einer Spende zu unterscheiden. Während die **Spende** ohne Gegenleistung erfolgt und hierfür von als gemeinnützig anerkannten Trägern eine Zuwendungsbestätigung ausgestellt werden darf, welche der Spender steuerlich geltend machen kann, ist **Sponsoring** stets Leistung, die mit einer Gegenleistung verbunden ist. Die Gegenleistung ist dabei die im Sponsoringvertrag oder in einer entsprechenden Vereinbarung festzulegende Leistung des Gesponserten, in der Regel ein Hinweis auf den Sponsor auf Veranstaltungsplakaten, Flyern etc. aber auch in vielfältiger anderer Weise denkbar (Werbung mit der Förderung sozialer Zwecke oder sozialer Einrichtungen, Werbeauftritte bei Veranstaltungen etc.).

Da die Gegenleistungen vielfältig in ihrer Ausgestaltung, Quantität und Qualität sein können, ist es von entscheidender Bedeutung, im Sponsoringvertrag die Gegenleistung(en) differenziert zu regeln. Deren Umfang wird dabei im Regelfall vom Wert der Sponsoringleistung abhängen. Entscheidend ist hierfür, was tatsächlich vereinbart ist. Es empfiehlt sich deshalb, etwa auch die Größe von Hinweisen auf Sponsoren vorab zu vereinbaren, um nachträgliche Konflikte zu vermeiden.

3 Rechtsträgerschaften

Sollen Veranstaltungen – wie Sommerfeste, Tage der offenen Tür, Fortbildungsveranstaltungen etc. – gesponsert werden, muss die Leitung der Einrichtung mit dem jeweiligen Träger in Verbindung treten, der im Regelfall den **Sponsorenvertrag** mit dem Sponsor abschließt. Denkbar wäre hier, dass die Leitung zum Abschluss bevollmächtigt wird, nachdem vorher die grundsätzliche Möglichkeit des angestrebten Sponsorings mit dem Träger bzw. den vertretungsberechtigten Personen des Trägers (Vorstände, Geschäftsführer, Bürgermeister oder deren Bevollmächtigte etc.) abgesprochen wurde. Hierbei ist zu beachten, dass sich Sponsoreninteressen nicht immer mit den Trägerinteressen oder auch Trägerkonzepten decken.

Empfehlenswert ist hierzu auch, das Sponsoringprojekt vor Vertragsabschluss mit dem Personal abzusprechen, damit die Unterstützung der jeweiligen Veranstaltung oder der Einrichtung generell eine breite Basis der Zustimmung findet. Dies dürfte auch für die Sponsoren von Bedeutung sein, da etwa ein vom Träger unterstütztes Sponsoring, das im Übrigen auf Ablehnung stößt, möglicherweise nicht das Ziel des Sponsors erfüllt, seine Akzeptanz zu erhöhen.

Sponsorenzuwendungen werden in der Regel Geldmittel sein, können aber auch als Sachmittel geleistet werden, etwa in Form von Geräten, Werbegeschenken oder auch personeller Kompetenz wie Beratungsleistungen, Planung von Räumen, Gartengestaltung etc. Geldmittel sind in den Haushalt einzustellen, über ihre spezifische Verwendung ist mit dem Träger bei Vereinbarung des Sponsorenprojektes eine Regelung zu treffen. Sind die Mittel nicht zielgerichtet zu verwenden und ist über ihre **Verwendung** auch sonst nichts vereinbart, fließen sie als Einnahmen in den Haushalt der gesponserten Einrichtung ein und können allgemein zur Deckung der Ausgaben der Einrichtung verwendet werden. Es sind in jedem Fall Einnahmen, die außerhalb eines Zusammenhanges mit der Zweckerreichung von Zweckbetrieben der Einnahmegrenze des § 64 Abs. 3 AO unterliegen.

Da Sponsoring von Spendentätigkeit zu unterscheiden ist und deshalb für Sponsorenmittel keine Zuwendungsbescheinigung seitens des Sponsoringnehmers erstellt werden darf, muss der Sponsor seinen Vorteil dadurch geltend machen, dass er nachgewiesene Sponsorenausgaben vor dem Finanzamt als Werbungskosten ausweist. Insoweit besteht also auch für Sponsoring im sozialen Bereich ein steuerlicher Anreiz. Die Aufgabe der Einrichtungen und ihrer Träger ist es allerdings, Sponsoren unter nachdrücklicher Erläuterung ihrer inhaltlichen Ausrichtung für ein gutes Image des Sponsors anzuwerben. Das dürfte Einrichtungen der Pflege in vielen Fällen möglich sein.

Geldspenden sind zuwendungsbestätigungsfähig. Bei Sachspenden muss ein Nachweis über den Bezugspreis (Einkaufspreis, Selbstkostenpreis) der Sache vorliegen. Die **Zuwendungsbestätigungen** folgen in der Form amtlichen Mustern. Sie sind Voraussetzung für den steuerlichen Spendenabzug. Bis zu einem Betrag von 100 Euro reicht als Nachweis ein Bareinzahlungsbeleg oder eine Buchungsbestätigung.

Der Spender darf auf die Richtigkeit der Bestätigung vertrauen, wenn er selbst zutreffende Angaben gemacht hat oder die Unrichtigkeit nicht vorsätzlich oder grob fahrlässig [➔Kap. 6.1, 7.1.1] zu vertreten hat. Die juristische Person haftet für durch unrichtig ausgestellte Zuwendungsbestätigungen verursachte Steuermehrausgaben des Zuwenders.

3.3 Rechtsfolgen unterschiedlicher Trägerschaften

Zu den Rechtsfolgen unterschiedlicher Trägerschaften sei hier zuerst bezüglich
- der Rechtswege [➔Kap. 1.4.1] und
- der Handlungsformen [➔Kap. 1.4.2]

verwiesen.

Abgrenzung öffentlich-rechtlichen und privatrechtlichen Handelns
Insbesondere in Bezug auf die Frage der Rechtswegklärung ergibt sich Klärungserfordernis dazu, welche Handlungsebene vorliegt, die privatrechtliche oder die öffentlich-rechtliche. Die derzeit vorherrschende Auffassung folgt der so genannten Subjektstheorie, welche darauf abstellt, ob ein Träger des öffentlichen oder des privaten Rechts gehandelt hat. Öffentlich-rechtliches Handeln liegt immer dann vor, wenn ein öffentlich-rechtlicher Träger eine Handlung auf der Basis öffentlichen Rechts vornimmt. Ist sein Handeln im konkreten Fall nicht durch öffentlich-rechtliche Normen getragen, wird er privatrechtlich handeln.

So schließen Kostenträger mit privatrechtlich organisierten Anbietern Versorgungsverträge ab: Dies sind öffentlich-rechtliche Verträge, weil im SGB geregelt. Schließt hingegen ein städtisches Altenheim einen Vertrag zur Lieferung von Möbeln ab, ist dies ein privatrechtlicher Vertrag. Es handelt sich hier zwar um einen öffentlich-rechtlichen Träger, dessen Handeln stellt jedoch einen Kaufvertrag dar, also ein privatrechtliches organisiertes Vorgehen.

Arbeitsrechtliche Folgen
Für Arbeitsverhältnisse ergeben sich Folgen aus öffentlichen bzw. privaten Trägerschaften für das Arbeitsvertragsrecht (Tarifvertrag, AVR etc.), das Mitbestimmungsrecht (BetriebsverfassungsG, PersonalvertretungsG, MAVO) und hinsichtlich Tendenzschutz von Tendenzbetrieben (z. B. kirchliche Trägerschaften) [➔Kap. 4].

3.4 Haftung des Trägers

Die Haftung des Einrichtungsträgers beruht vergleichbar der des Personals [➜Kap. 6] auf den rechtlichen Grundlagen einer vertraglichen [➜Kap. 6.1] und einer deliktischen [➜Kap. 6.2] Haftung. Allerdings obliegen dem Träger auch Aufgaben, die ausschließlich in seiner Verantwortung liegen. Neben diesen sind solche durchzuführen, die er delegieren kann und auch muss, weil sie seine Vertretungsorgane (z. B. Vorstand) nicht selbst übernehmen können. Auch für diese Aufgaben kann sich eine Trägerhaftung ergeben, weil es eigentlich Trägerangelegenheiten sind, die allein aufgrund der Organisation und natürlicher Beschränkung von Kapazitäten nicht von der juristischen Person erledigt werden können. Hierin zeigt sich die grundsätzliche Problematik solcher fiktiver Rechtsträgerschaften, welche Verantwortungen für übernommene Aufgaben weitergeben müssen, da nur einzelne Personen tatsächliche Verantwortungsträger sein können, nicht eine juristische Fiktion (= gesetzlich geschaffenes Konstrukt).

Dieser wird zwar – z.B. in der Form eines e.V. – etwa über Haftung die Verantwortung zugerechnet, in der Realität der täglichen Leistungserbringung tragen die Verantwortung dafür wechselnde, für die jeweilige Trägerschaft handelnde Personen wie Vorstände, Geschäftsführer, Heimleitung, Pflegedienstleitung, Mitarbeiterinnen und Mitarbeiter in unterschiedlichen Funktionen. Diese Delegation von Verantwortung innerhalb eines Betriebes bringt die Gefahr schwindenden Verantwortungsbewusstseins mit sich, ein Phänomen, welches die Soziologen Entfremdung nennen, und dem etwa durch Führungsqualität und Personalentwicklungsqualität entgegengearbeitet werden muss. Diesem Aspekt hat auch die Trägerhaftung Rechnung zu tragen und letztlich – bei differenzierter Betrachtung – genau zu ermitteln, wem welche Verantwortungsdefizite zuzurechnen sind.

Am folgenden Fallbeispiel der Tagesordnung einer Vorstandssitzung eines Heimträgers soll deutlich werden, welches die trägereigenen Aufgaben sind und wo sich die Schnittpunkte zur Umsetzung in die alltägliche Pflegedienstleistung befinden.

3 Rechtsträgerschaften

Fallbeispiel 1 Im Februar findet die erste von zwei jährlichen Vorstandssitzungen des Trägers des Seniorenheims statt. Die Heimleiterin, Frau Huber, und die PDL, Herr Meier, werden dazu eingeladen.

Auf der Tagesordnung steht der Haushaltsentwurf für das laufende Geschäftsjahr, der Rechenschaftsbericht des Seniorenheimes, Arbeitsverträge, der Entwurf eines neuen Logos, Sponsoring, eine neue Homepage sowie die Feier des zehnjährigen Jubiläums des Seniorenheimes.

Als problematisch wird der Haushaltsentwurf mit etlichen Neuanschaffungen angesehen, andererseits werden verhältnismäßig geringfügige Einsparungen im Hilfskräftebereich vorgeschlagen.

Der Rechenschaftsbericht der PDL über die Situation im Seniorenheim ist für den Träger eher günstig. Es gibt lange Wartelisten, das Haus schreibt schwarze Zahlen. Allerdings lässt die Pflegequalität eher zu wünschen übrig. Der Personalschlüssel liegt bei 2,8 und kann bei der derzeitigen Haushaltslage nicht verbessert werden. So lässt sich z. B. die erforderliche Bereichspflege und notwendige Pflegeprozessqualität nicht umsetzen. Es wird die Aufgabe der PDL sein, den Vorstand von diesen und anderen zu entwickelnden Verbesserungen zu überzeugen. Zum Rechenschaftsbericht gehört auch eine notwendig gewordene Kündigung einer Pflegekraft. Die Treppeneingänge zum Heim sind durch Erosion uneben und stellen eine Gefahr dar, welche zu beseitigen ist.

Die Arbeitsverträge von Mitarbeitern und Mitarbeiterinnen im Pflegebereich sollen alle durch eine zusätzliche private Altersversorgung ergänzt werden.

Ein neues Logo will der Vorstand vor Genehmigung sehen, denn er ist der Meinung, das alte habe sich nicht bewährt. Die Homepage ist zu besprechen, da Beschwerden über die reißerische Aufmachung vorliegen.

Zur 10-Jahresfeier liegt ein Programmentwurf der Heimleitung vor.

3.4.1 Vertragliche Haftung des Trägers

Die vertragliche Haftung eines Trägers ist bestimmt durch ein vorherrschendes Merkmal: Alle Verträge zur Erbringung von Pflegeleistungen, Behandlungsverträge oder Heimverträge werden mit dem Rechtsträger der Einrichtung geschlossen, gleich ob dies ein e.V., eine GmbH, eine AG, eine kreisfreie Stadt, ein Bezirk etc. ist. Im Umfang der vertraglichen Haftung ist somit stets der Rechtsträger für Schäden verantwortlich, welche durch Schlechterfüllung des Pflege- oder des Heimvertrages entstehen. Er kann sich dabei auch nicht darauf berufen, dass seine Angestellten die Schlechterfüllung verursacht haben, denn § 278 BGB regelt, dass jeder Träger sich das Verschulden seiner Mitarbeiter in gleicher Weise zurechnen lassen muss wie eigenes Verschulden. Für die vertragliche Haftung eines jeden Trägers bedeutet dies somit, dass er immer auch für das Verschulden seiner Angestellten einzutreten hat (zur Frage des Rückgriffs [➔Kap. 6.1]).

Vertragshaftung umfasst nach der Regelung des § 253 BGB Abs. 2 auch immaterielle Schäden (Schmerzensgeld, [➔Kap. 6.1]). Aus der Sicht eines vertraglichen Einstehens für eine schlechte Leistung ist somit die Frage der Weitergabe von Verantwortung im internen Betriebsbereich klar dahingehend geregelt, dass der Vertragspartner (also z.B. ein Patient) dieses Risiko einer entfremdungsbedingten Schädigung nicht zu tragen hat. Wie an obigem Fallbeispiel zu erkennen ist, hat der Träger aber auch eigene Handlungsverpflichtungen, die er mit der erforderlichen Sorgfalt erfüllen muss, wie etwa die Haushalts- und Personalplanung oder die Verkehrssicherungspflicht für seine von ihm betrieblich genutzten Häuser und Grundstücke, die er freizuhalten hat von Gefahren für alle, die sich dort aufhalten. Mängel im Haushalts- (z.B. keine ausreichenden Mittel für das erforderliche Personal), Personal- (z.B. unqualifiziertes Personal durch Freistellung) oder Immobilienbereich (z.B. unsichere Treppengeländer, gefährliche Türkonstruktionen) muss der Träger eigeninitiativ beseitigen. Er muss auch alles Zumutbare dazu tun, dass ihm diese Mängel erkennbar sind, entweder durch Eigenvornahme (z.B. durch den Vorstand) oder durch Delegation und ➔Remonstrationsmöglichkeit über jeweils geeignete Personen (z.B. Geschäftsführer, Personal, Unternehmensberater etc.).

Je nach der dem Träger zugrundeliegenden Regelung (z.B. Satzung, Gesellschaftsvertrag) sind die Organe für die dort genannten Aufgaben zuständig. Bei einem e.V. ist der Vorstand in der Regel, wie im o.g. Fall, für Haushalt, Personal und Immobilen grundsatzverantwortlich. Wenn er sich mit all diesen Fragen in seiner Vorstandssitzung beschäftigt, so kommt er damit nur seinen Verpflichtungen nach, die selbstverständlich auch Fragen der Öffentlichkeitsarbeit (Homepage, Feierlichkeiten, Logo etc.) umfassen, wenn dafür keine eigene Person (z.B. Geschäftsführer, Öffentlichkeitsreferent) beauftragt ist.

Während die Fragen der Öffentlichkeitsarbeit mit der Präsentation des Trägers nach außen und damit mit seiner Identität zusammenhängen, werden sie auf die Qualität der Dienstleistungen und damit auf Haftungsfragen lediglich indirekten Einfluss haben. Diesbezüglicher Kernpunkt bleiben die Haushalts-, Personal- und Immobilienfragen. Im vorliegenden Beispiel wird sich der Vorstand vor allem damit auseinandersetzen müssen, wie die Qualität bei bestehender Haushaltslage verbessert werden kann. Er muss sich dabei nicht nur auf seine Leitungskräfte stützen, sondern darf und soll diesbezüglich auch selbst intervenieren, vor allem dann, wenn die Leitungspersonen keine ausreichenden Perspektiven entwickeln.

Das Vertretungsorgan muss im Sinne einer sorgfältigen Wahrnehmung seiner Aufgaben besonders eigene Passivität vermeiden. Es darf und soll Handlungsfreiräume für die Leitung einräumen, werden diese nicht genutzt, sind geeignete Initiativen zu ergreifen, die im besten Fall das Leitungspersonal noch nicht zu Unselbstständigkeit führen, aber gleichzeitig Verantwortung des Vertretungsorgans deutlich erkennen lassen. Von einer Verletzung der trägereigenen Pflichten wird jedenfalls immer dann gesprochen werden können, wenn das verantwortliche Vertretungsorgan untätig bleibt oder nur formale Organisationserfordernisse (wie eine Vorstandssitzung durchzuführen) erfüllt. Lassen sich Leistungsmängel auf solche Versäumnisse des Trägers zurückführen, ist er selbst dafür verantwortlich und haftet bei Nachweisbarkeit im vertraglichen Umfang.

3.4.2 Deliktische Haftung des Trägers

Bei der deliktischen Haftung des Trägers ist die Frage der Differenzierung zwischen eigenen Handlungsverpflichtungen des Trägers über sein Vertretungsorgan und dem Träger zurechenbares Handeln im Vergleich zur Vertragshaftung unterschiedlich geregelt. Während vertraglich der Träger bei schuldhaftem Handeln stets haftet, egal ob er selbst handlungsverpflichtet war oder seine Mitarbeiter, regelt die deliktische Haftung die Verantwortlichkeit anders.

In § 831 BGB wird zwar das Prinzip aus der Vertragshaftung bestätigt, dass der Träger für Handeln seiner Mitarbeiter haftet, jedoch sieht § 831 Abs. 1 S. 2 BGB für den Träger die Möglichkeit vor, nachzuweisen, dass ihn weder an der Auswahl des Personals noch an der Personalführung oder der Zurverfügungstellung der Sachausstattung ein Verschulden trifft. Kann er dies oder beweist er, dass der Schadensfall trotz der gebotenen Sorgfalt eingetreten wäre, haftet er deliktisch nicht für sein Personal. Trifft den Träger nachweisbar somit kein Organisationsverschulden, hat er nur dort Schadenersatz zu leisten, wo er selbst über sein Vertretungsorgan handlungsverpflichtet ist und schuldhaft dieser Verpflichtung nicht oder nicht ausreichend nachgekommen ist.

Gibt es also etwa in unserem Beispielfall Möglichkeiten, den Zusammenhang zwischen Haushalt und Qualität der Pflege zugunsten einer Steigerung der Pflegequalität zu lösen, unterlässt dies der Vorstand jedoch fahrlässig, etwa weil er sich um diese Frage nicht kümmert, und entsteht dadurch bei einer zu pflegenden Person ein Schaden, so hat der Träger diesen bei Beweisbarkeit des Herganges zu ersetzen. Genauso verhält es sich im Fall der Kenntnis von der Renovierungsbedürftigkeit eines Gebäudes oder Gerätes, der durch den Vorstand nicht nachgekommen wird, weder durch eigenes Handeln noch durch Delegation. Kommt dadurch etwa ein Besucher der Einrichtung zu Schaden, besteht Ersatzpflicht durch den Träger selbst.

Erwähnt werden muss hier auch noch der § 831 Abs. 2 BGB vor allem für große Einrichtungen, in welchen etwa die Personaleinstellung nicht durch den Träger erfolgt, sondern durch beauftragte Personen wie die Heimleitung, PDL oder einen diesbezüglich bevollmächtigten Geschäftsführer. Je nach Umfang ihrer Beauftragung gilt für diese Personen die Regelung des § 831 Abs. 1 S. 1 und 2 BGB, also die Haftung für Organisationsverschulden im Umfang ihres Organisationsauftrages mit der Möglichkeit ihrer Exkulpation (= Nachweis der Sorgfalt oder des Schadenseintritts trotz erforderlicher Sorgfalt). Der Träger hat sich sodann nur Organisationsverschulden bezüglich der Beauftragung dieser Personen zurechnen zu lassen.

Für öffentlich-rechtliche Trägerschaften gilt das auch bei der Haftung des Personals [➜Kap. 6] mit der Folge des Eintritts des jeweiligen Trägers für jegliche schuldhafte Schadensverursachung (§ 839 BGB i.V.m. Art. 34 GG) seiner Dienstverpflichteten oder -beauftragten im Bereich öffentlich-rechtlichen Handelns mit einer Rückgriffsmöglichkeit bei grober Fahrlässigkeit der Angestellten. Im Bereich privatrechtlichen Handelns, also etwa eines Heim- oder Behandlungsvertrages, ist die Haftung vergleichbar privatrechtlich organisierten Trägern abzuwickeln, also entsprechend dem oben Gesagten zu vertraglicher und deliktischer Haftung.

Generell bei der Haftung zu beachten ist, dass die Rechtsprechung bei groben Behandlungs- oder auch Dokumentationsfehlern – das sind solche, die bei objektiver Betrachtung unverständlich sind – eine Beweislastumkehr zugunsten des Betroffenen annimmt. Insoweit sind dann auch Handlungen von Mitarbeitern nach den oben dargestellten Regelungen den Einrichtungsträgern zuzurechnen.

3 Rechtsträgerschaften

3.5 Schema Trägerschaften im Bereich der Pflege

Die folgende schematische Darstellung zeigt auf der Basis des sozialrechtlichen Dreiecksverhältnisses beispielhaft Formen privatrechtlicher und öffentlich-rechtlicher Trägerschaften auf sowie wesentliche relevante Handlungsformen.

Öffentlich-rechtliche Träger
- z. B. Krankenkassen/Pflegekassen als Träger der Kranken-/Pflegeversicherung
- Landkreise, kreisfreie Städte als Träger der Sozialhilfe

Privatrechtliche Träger
- z. B. e.V. als Träger eines Pflegeheimes, KKH, Rehaklinik
- GmbH als Träger eines ambulanten Pflegebetriebs
- AG als Träger eines Verbundes von Pflegeeinrichtungen

Handlungsform
Verwaltungsakt
(z. B. bei Leistungsgewährung)

Handlungsform
privatrechtliche Verträge
(z. B. Heimvertrag, Pflegevertrag)

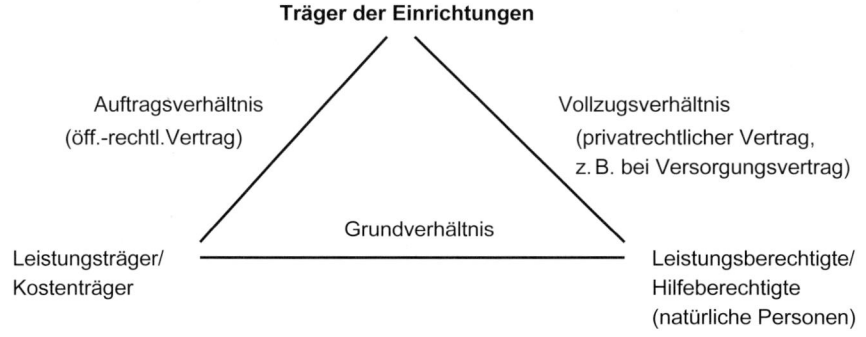

4 Arbeitsrecht

Nach zeitgemäßem Verständnis soll das Arbeitsrecht im sozialstaatlichen Sinne die ungleichen Kräfteverhältnisse zwischen Arbeitgeber und Arbeitnehmer ausgleichen. Das Arbeitsrecht hat das Arbeitsverhältnis im Auge, nicht jegliche geleistete Arbeit. Es betrifft somit weder Beamte (öffentlich-rechtliches Dienstverhältnis mit besonderen rechtlichen Grundlagen) noch Selbstständige (die gerade nicht jener Wechselbeziehung Arbeitnehmer – Arbeitgeber unterliegen, sondern deren Rechtsverhältnis zu ihrem Auftraggeber jeweils auf die Erfüllung eines konkreten Werkes beschränkt ist).

Im Mittelpunkt des Arbeitsverhältnisses steht die Arbeitskraft, die für gewisse Zeit in die Organisation des Arbeitgebers eingebracht wird. Sie unterliegt somit einer gewissen Abhängigkeit und ist personenbezogen. Demgegenüber besteht beim Werk des Selbstständigen ein Sachbezug, das Werk wird als Leistung beurteilt, völlig unabhängig davon, wie es durch den Selbstständigen realisiert wird (siehe auch §7 Abs. 1 SGB IV, Kriterien für nichtselbstständige Arbeit sind Weisungsgebundenheit und Eingliederung in den Betrieb).

Die Personenbezogenheit im Arbeitsverhältnis bedarf eines besonderen sozialen Schutzes bei im Übrigen bestehender Privatautonomie, also dem Grundsatz der Vertragsfreiheit [➔Kap. 1.2]. Das Arbeitsrecht beinhaltet folglich auch die diesem sozialen Schutz entsprechenden Zusammenschlüsse (Arbeitnehmer(AN)-Vereinigungen = Gewerkschaften und Arbeitgeber (AG)-Zusammenschlüsse = Arbeitgeberverbände).

So unterscheiden wir im Arbeitsrecht drei Kategorien:
- Individualarbeitsrecht
   (= die individuellen Vertragsbeziehungen AN – AG)
- kollektives Arbeitsrecht
   (= Vereinbarungen der Zusammenschlüsse)
- Arbeitsschutzrecht
   (= nicht vertraglich disponible Schutzregelungen wie Betriebs- und Gefahrenschutz, Arbeitsschutz und Schutz von Arbeitsgruppen, z.B. Jugendliche, Frauen, Schwerbehinderte).

4 Arbeitsrecht

4.1 Zustandekommen eines Arbeitsverhältnisses

Zum Einstieg betrachten wir folgendes Fallbeispiel:

> **Fallbeispiel M.** Herr Meier (M.) bewirbt sich um eine Stelle als Pflegedienstleiter und stellvertretender Heimleiter in einem Wohn- und Pflegeheim.
>
> Während des Vorstellungsgesprächs mit dem Vorstand der Heimträgerin wird er gefragt, ob er vorhat, diese Stelle für längere Zeit auszufüllen oder als Sprungbrett für seine weitere Karriere zu benutzen. Herr M. ist 31 Jahre alt, hat Familie mit drei Kindern und plant zumindest für die nächsten fünf Jahre keine weitere berufliche Veränderung, sollte er diese Stelle bekommen. Herr M. ist Altenpfleger, war viele Jahre voll berufstätig, hat dann am Abendgymnasium sein Abitur nachgeholt und die letzten vier Jahre Pflegemanagement an einer Fachhochschule studiert. Jetzt ist er Dipl.-Pflegewirt (FH).
>
> Das weiß natürlich der Vorstand, soweit es sich aus den Bewerbungsunterlagen ergibt, will aber den Bewerber selbst dazu hören. Selbstverständlich schließt Herr M. nicht aus, eines Tages die Heimleitung zu übernehmen. Der Heimleitung obliegen hauptsächlich die Vertretung der Einrichtung nach außen, Teilnahme an den Pflegesatzverhandlungen zusammen mit der Trägerin, Einstellung von Personal sowie tägliche Führungs- und Leitungsaufgaben.
>
> Im Aufgabenbereich der Pflegedienstleitung liegen die gesamten Angelegenheiten zur Führung des Pflegepersonals und der Organisation der Pflege. Sie vertritt die Heimleitung im Verhinderungsfall.
>
> Herr M. strebt den Abschluss eines Arbeitsverhältnisses an. Die in Frage stehende Tätigkeit (PDL und stellv. Heimleitung) ist nur durch Eingliederung in den Betrieb (Wohn- und Pflegeheim) auszufüllen. Der Betrieb wird getragen durch eine nicht näher differenzierte Institution (z.B. e.V. oder GmbH). Diese ist Arbeitgeberin. Ihr Vertreter (hier: „Vorstand") personifiziert somit die Arbeitgeberseite. In der angestrebten Tätigkeit besteht Weisungsgebundenheit, zum einen gegenüber der Heimleitung als vorgesetzter Dienststelle, zum anderen bezüglich der Betriebsorganisation, d.h., sollte M. angestellt werden, hat er mit seiner individuellen Arbeitskraft seine ihm zugewiesene Stelle im Organisations- oder Stellenplan des Betriebes auszufüllen und kann nicht nach Anstellung sich Tätigkeiten aussuchen, die ihm mehr zusagen.

4.1.1 Arbeitnehmerschaft

Eingliederung in den Betrieb und **Weisungsgebundenheit** sind die Kernkriterien von Arbeitnehmerschaft. Wo nicht deutlich ist, ob Arbeitnehmerschaft oder etwa Selbstständigkeit vorliegen, wird die Abgrenzung danach vorgenommen, ob diese Kriterien gegeben sind oder der Tätige im Rahmen seiner Mitwirkungspflicht Umstände darlegt, die seine Selbstständigkeit belegen (§ 7 Abs. 1 SGB IV). Bestehen Zweifel und wirkt der Tätige nicht derart mit, wird eine Arbeitnehmerschaft angenommen. Folge einer angenommenen Arbeitnehmerschaft ist die Sozialversicherungspflicht, welche für Selbstständige nicht gegeben ist.

„Outsourcing" in Betrieben, also Verrichtung von Tätigkeiten durch Fremdpersonen oder -unternehmer (wie etwa Reinigung, Buchhaltung oder andere Verwaltungstätigkeiten sowie medizinische oder psychologische Dienstleistungen), werfen in Einrichtungen der Pflege stets die Frage nach einer „**Scheinselbstständigkeit**" auf. Die Klärung ist wichtig, da eine unzutreffende Form der Beschäftigung mitunter schwer wiegende finanzielle Folgen haben kann, wenn Selbstständigkeit angenommen wurde, tatsächlich aber nicht selbstständige Tätigkeit vorliegt und als Folge u. a. Sozialversicherungsleistungen nachzuentrichten sind.

Eine Vorabklärung kann nach § 7a SGB IV herbeigeführt werden. Zuständige Stelle hierfür ist die deutsche Rentenversicherung Bund. M. könnte die Annahme einer Arbeitnehmerschaft nicht wiederlegen. Derart typische Tätigkeiten in Heimen sind nicht als selbstständige Tätigkeiten wahrzunehmen. M. geht somit ein Arbeitsverhältnis ein.

4.1.2 Bewerbungsgespräch

Über das Bewerbungsgespräch wird ein Arbeitsvertrag noch nicht abgeschlossen. Vielmehr dient das Gespräch dazu, einen solchen in der Zukunft abzuschließen. Durch die Aufnahme solcher Vertragsverhandlungen entsteht aber rechtlich bereits eine relevante Sonderverbindung mit beiderseitigen vorvertraglichen Schutz- und Obhutspflichten (s. u., § 311 Abs. 2 BGB). Solche Pflichten sind

- sorgfältiger Umgang mit Arbeitspapieren einschließlich Schweigepflicht zu diesen Inhalten,
- Unfall- und Gefahrenschutz sowie
- Informationspflicht bezüglich der Auswahlentscheidung.

4 Arbeitsrecht

Diese Informationspflicht beinhaltet auch Fragerechte. So wird M. hier befragt zu seiner Karriereplanung, zum Familienstand und zu seiner Ausbildung. Ist dies rechtmäßig?

Grundsätzlich trifft die Vertragspartner die Pflicht, sich über alle Gegebenheiten zu informieren, welche erkennbar für den Vertragsabschluss von Bedeutung sind. Dies sind hier in jedem Fall die Fragen zur Ausbildung und zum Familienstand (wegen seiner Befähigung für die Stelle sowie der vertraglichen Ausgestaltung, [➔Kap. 4.2]). Fragen zur Karriereplanung wird kaum jemand verbindlich beantworten können, wenn M. sich etwa innerhalb der Probezeit oder auch später doch anderweitig orientiert und kündigt. Von Interesse für den AG ist die Antwort aber sehr wohl, auch die Art und Weise, wie die Beantwortung ausfällt, weil er dadurch Wichtiges zur Person des Bewerbers erfahren kann.

Zulässigkeit von Fragen bei einem Bewerbungsgespräch:

Fähigkeiten	zulässig
Karriereplanung	zulässig
Gesundheit	zulässig, soweit durch Krankheiten Leistungsbeeinträchtigungen zu erwarten sind
HIV-Infekt	unzulässig, da keine Gefährdung bei Beachtung der allg. Hygiene (Ausnahmen denkbar)
AIDS-Erkrankung	zulässig, da Leistungsbeschränkung prognostizierbar
Schwerbehinderung	unzulässig, wenn keine Beeinträchtigung der Leistungsfähigkeit Folge ist
Schwangerschaft	unzulässig, es sei denn, die Tätigkeit wird objektiv unmöglich (z. B. Mannequin)
Vorstrafen	zulässig bei einschlägiger Vertrauensstellung
Partei-, Gewerkschafts-, Religionszugehörigkeit	zulässig nur bei Tendenzbetrieben wie Parteien oder Religionsgemeinschaften
Psychotests	zulässig nur mit Zustimmung des Bewerbers

Informiert der angehende Arbeitnehmer bei für den Vertragsschluss bedeutenden, zulässigen Fragen den AG nicht zutreffend, kommen eine Anfechtung des Arbeitsvertrages wegen arglistiger Täuschung (§ 123 BGB) und daraus sich ergebende Schadenersatzverpflichtung in Betracht. Auch eine Kündigung ist denkbar.

Bei unzulässigen Fragen darf der Bewerber auch lügen, da andernfalls der Schutz gegenüber unzulässigen Fragen meist nur theoretisch bestünde.

4.1.3 Bewerbungskosten

Hat M. zum Bewerbungsgespräch anreisen müssen, so fragt sich, wer seine Kosten dafür trägt. Ein Anspruch auf Kostenerstattung besteht nur dann nicht, wenn der einladende Betrieb vorab (bei der Einladung) deutlich gemacht hat, dass er keine Reisekosten übernimmt.

Die Erstattung erfolgt jedoch nur im üblichen Rahmen, d.h., wenn M. die Reise mit öffentlichen Verkehrsmitteln zumutbar war, werden diese Kosten erstattet. Bei Übernachtungskosten wird von ortsüblichen durchschnittlichen Kosten ausgegangen. Sinnvoll ist es, hier vorher mit dem künftigen AG Absprachen über Verkehrsmittel- und Übernachtungskategorien zu treffen.

4.1.4 Besondere gesetzliche Regelungen bei der Einstellung

Vor Vertragsschluss sind gesetzliche Bestimmungen zu beachten, deren Nichtbeachtung bei der Abwicklung des Arbeitsverhältnisses erhebliche Probleme hervorrufen kann. Dies sind vor allem

- Regelungen zur Mitbestimmung [➜Kap. 4.6] bei der Einstellung
  (z.B. Betriebsverfassungsgesetz) und
- Regelungen zur notwendigen Kompetenz der Mitarbeiter
  (z.B. §71 Abs. 2 und 3 SGB XI, §2 Heimpersonalverordnung).

M. muss als PDL die Voraussetzungen des §71 Abs. 2 und 3 SGB XI erfüllen, d.h., er muss eine ausgebildete Pflegefachkraft mit Berufserfahrung sein. Er erfüllt diese Voraussetzung nach §71 Abs. 3 SGB XI. Der §71 Abs. 3 SGB XI verlangt die Einbringung der erforderlichen Berufserfahrung von zwei Jahren innerhalb einer Achtjahresfrist. Die langjährige Berufserfahrung M.s als Altenpfleger liegt somit jedenfalls innerhalb der erforderlichen zwei Jahre auch dann, wenn ein Fachhochschulstudium dazwischenlag. Da M. Altenpfleger und Dipl.-Pflegewirt ist, der viele Jahre Berufstätigkeit in der Pflege nachweisen kann, erfüllt er die Voraussetzungen des §71 Abs. 3 SGB XI.

Auch §2 Heimpersonalverordnung ist eine Regelung, welche Eignungsvoraussetzungen – hier für die Heimleitung – vorsieht. Darin werden eine entsprechende Ausbildung und eine einschlägige hauptberufliche Leitungserfahrung von zweijähriger Dauer verlangt, jedoch ohne die Einschränkung des Zeitraums, in welchem sie abgeleistet wurde.

Ein Fachhochschulstudium im Bereich der Pflege fällt dabei unter die Fachkraftvoraussetzungen der §§ 2 Abs. 2 Nr. 1, 6 HeimpersV. § 2 Abs. 2 Nr. 2 HeimpersV wird hier im Zusammenhang mit Nr. 1 zu sehen sein, weshalb bei einem abgeschlossenen Studium, das für Leitungsfunktionen qualifiziert, hinsichtlich der zweijährigen beruflichen Tätigkeit nicht zwingend die Wahrnehmung von Leitungsaufgaben gefordert werden muss. Wenn M. vorher als PDL tätig ist, erfüllt er für eine eventuelle Nachfolge in der Heimleitung die Kriterien allemal.

4.2 Der Arbeitsvertrag
4.2.1 Abschlussfreiheit

Wird ein privatrechtlicher Arbeitsvertrag geschlossen, besteht Vertragsfreiheit für AN und AG. Ob M. nun tatsächlich eingestellt wird, steht dem Vorstand des Trägers des Wohn- und Pflegeheimes nach Beachtung der Mitbestimmungsrechte [→Kap. 4.6] frei.

Die gesetzlichen Regelungen zum Schutz vor geschlechtsbezogenen Diskriminierungen (Allgemeines Gleichbehandlungsgesetz, AGG) sehen hiervon keine Ausnahme vor, sondern lediglich Entschädigungsansprüche. Wenn also eine Mitbewerberin von M. die Stelle mit der Begründung nicht erhält, sie sei auch bestens geeignet, könne aber bald schwanger werden und ihr eine Leitungsfunktion zu übertragen sei deshalb nicht anzustreben, kann M. dennoch angestellt werden. Die Mitbewerberin hat höchstens Entschädigungsansprüche wegen Nichterhalts der Stelle (§ 15 AGG).

4.2.2 Vertragsabschluss

Ein Arbeitsverhältnis wird durch Arbeitsvertrag begründet. Vertragspartner sind AG (hier: der Träger) und Arbeitnehmer (M.), die über Vertrag ein dem Privatrecht [→Kap. 1.2] angehörendes Dauerschuldverhältnis eingehen. Über § 2 des Gesetzes über den Nachweis der für ein Arbeitsverhältnis geltenden wesentlichen Bedingungen (NachwG) sind die Inhalte des Arbeitsvertrages in der Regel (Ausnahme: zeitlich begrenzte Aushilfen) schriftlich vom AG zu bestätigen (spätestens einen Monat nach dem vereinbarten Beginn). Tarif- und AVR-Regelungen [→Kap. 5.4] sehen ebenfalls Schriftform als zwingend vor.

4.2.3 Vertragsinhalte

Jeder Arbeitsvertrag (§ 611 BGB-Dienstvertrag, in Abgrenzung zum Werkvertrag eines Selbstständigen [→Kap. 4.1.1]) beinhaltet Haupt- und Nebenpflichten.

Hauptpflichten sind
- beim AN die Erbringung seiner Arbeitsleistung und
- beim AG die Zahlung des Arbeitsentgeltes.

Nebenpflichten sind
- beim AN die Treuepflichten und
- beim AG die Fürsorgepflichten.

Ausgehend von diesem Grundsatz kann jeder Arbeitsvertrag diese Pflichten differenziert regeln. Dies ist insbesondere in Tarifverträgen oder so genannte Arbeitsvertragsrichtlinien (AVR) [→Kap. 5.4] der Fall.

Der einschlägige Tarifvertrag für den Pflegebereich ist der TVöD [→Kap. 5.1], Arbeitsvertragsrichtlinien haben sich vor allem die großen Wohlfahrtsverbände gegeben, um ihre Arbeitsverträge einheitlich zu regeln. TVöD und AVR können, auch wenn sie nicht direkt über Tarifpartner bzw. die entsprechenden Wohlfahrtsverbände Anwendung finden, ganz oder teilweise über Arbeitsvertrag analog angewendet werden. Dies muss dann entsprechend im jeweiligen individuellen Arbeitsvertrag geregelt sein.

Kommen TVöD oder AVR nicht zur Anwendung, werden die Haupt- und Nebenpflichten dennoch Inhalt des Arbeitsvertrages, der diesbezüglich je nach Differenziertheit seiner Regelung einer entsprechenden Auslegung bedarf.

Hauptpflichten von AN und AG
Die Erbringung der Arbeitsleistung durch den Arbeitnehmer konkretisiert sich durch den Arbeitsvertrag, genauer gesagt durch die dort konkret genannte oder durch Auslegung sich ergebende zugewiesene Tätigkeit oder Stelle. Hilfreich ist in diesem Zusammenhang eine Stellenbeschreibung als Teil oder Anlage des Arbeitsvertrages. Diesbezügliche Hinweise geben auch TVöD oder AVR über im Vertrag genannte Eingruppierungen. Wird M. als PDL eingestellt, schuldet er die Arbeitsleistung einer PDL, hier einschließlich der Aufgabe der Vertretung der Heimleitung.

4 Arbeitsrecht

Die Grenzen der Tätigkeit ergeben sich durch das **Direktions- und Weisungsrecht**, M. erhält Weisungen seiner Vorgesetzten, der Heimleiterin, und er selbst hat das Recht, seinen Mitarbeiterinnen und Mitarbeitern Dienstanweisungen zu erteilen. Diese können individuell ausgerichtet sein oder sich in Dienstplänen, Einsatzplänen etc. darstellen.

Rahmen des Direktions- und Weisungsrechts bleibt aber stets der individuelle Arbeitsvertrag. Das Direktions- und Weisungsrecht konkretisiert die geschuldete Dienstleistung, soweit sie im Arbeitsvertrag nicht näher konkretisiert ist (§ 106 GewO). Hieraus können sich somit auch **Weigerungsrechte** ergeben, wenn die vertragliche Arbeitsleistung durch eine Dienstanweisung unzulässig ausgeweitet wird, etwa weil einer Hilfskraft Tätigkeiten angewiesen werden, die sie überfordern, oder weil Mitarbeitern Arbeiten zur Erledigung angetragen werden, die ihrer vertraglichen Aufgabe nicht entsprechen (z. B. Reinigen der Zimmer durch Pflegekräfte). Sehen Dienstpläne regelmäßig die Beschäftigung einer Mitarbeiterin nicht vor, hat diese dennoch einen Anspruch auf Beschäftigung. Geschuldet wird von beiden Seiten, von AG und AN, die arbeitsvertragliche Arbeitszeit. **Überstunden** [→Kap. 4.4.1] sind deshalb nur auf Anordnung zu leisten und in Freizeitausgleich oder Bezahlung auszugleichen.

Der AG schuldet für die Arbeitsleistung Bezahlung entsprechend dem Arbeitsvertrag. Diese Verpflichtung ist als wechselseitige Abhängigkeit zu verstehen, d. h., Wesen des Arbeitsvertrages ist **Arbeitsleistung** gegen **Entgelt** und umgekehrt. Fehlt eine der beiden Hauptpflichten, liegt kein Arbeitsvertrag vor. M. hat im vorliegenden Fall somit die Arbeitsleistung einer PDL zu erbringen und die dafür angemessene Entlohnung zu erhalten. Angemessen ist eine für die entsprechende Tätigkeit in vergleichbaren Bereichen übliche Vergütung. Sie kann überschritten, jedoch nicht unterschritten werden.

Nebenpflichten von AN und AG

Die Nebenpflichten ergeben sich aus dem Gesamtzusammenhang arbeitsvertraglich begründeter vertrauensvoller Abhängigkeit von AN und AG. Sie wurden weitgehend präzisiert auf Grund der besonderen Bedeutung der Lebenswelt Arbeit für den individuellen Arbeitnehmer sowie der besonderen Abhängigkeit des AG von den AN bei der Erfüllung seiner Verpflichtungen im Produktions- und Dienstleistungsbereich.

Nebenpflichten des AN (Treuepflichten)

Als wichtige, dem Vertrauensverhältnis eines Dienstvertrages entwachsende Treuepflichten sind die folgenden einzustufen:

- **Verschwiegenheitspflicht**: Sie bezieht sich auf alle betriebsinternen Informationen, etwa im Zusammenhang mit dem Wettbewerb. Insoweit geht sie weiter als lediglich die Schweigepflicht bezüglich Patientendaten. Diese Pflicht entfällt im Ausnahmefall, wenn der AN ein berechtigtes Interesse an der Nichteinhaltung darlegen kann.
- Pflicht der **Nichtannahme von Geschenken**: Diese Pflicht besteht auch dann, wenn sich das Pflegepersonal dadurch nicht zur Bevorzugung des Schenkenden bestimmen lässt. Zuwendungen nach Abschluss der Pflegetätigkeit oder zu besonderen Anlässen (z. B. Weihnachten) in geringem Umfang sind davon ausgenommen. Es sollte jedoch eine Mitteilung darüber an die Vorgesetzten ergehen (s. a. TVöD [➔Kap. 5.1])
- **Nebentätigkeitenverbot**: Nebentätigkeiten sind in der Regel anzuzeigen und nur im genehmigten Umfang auszuüben. Dies ergibt sich aus der möglichen Beeinträchtigung der Arbeitsleistung durch Nebentätigkeiten. Eine solche Beeinträchtigung ist in jedem Fall zu vermeiden. Nebentätigkeiten, die in Wettbewerb mit dem AG treten, sind nicht gestattet.
- **Informationspflichten**: Der AN hat den AG von allem in Kenntnis zu setzen, was er in Ausübung seiner Arbeit erfährt und in Zusammenhang mit einer ordnungsgemäßen Führung des Betriebes von Bedeutung ist. Dazu gehört die Einhaltung der Verkehrssicherungspflicht (z. B. Kenntnisse über drohende Schädigungen etwa durch Geräte, defekte Gebäudeteile, Gefahrensituationen), die Krankmeldung, die Meldung der Lohnüberzahlung, Anzeige von kollegialem Fehlverhalten Untergebener (Mobbing) bzw. bei drohendem großem Schaden.

Folgen der Verletzung einer Treuepflicht können sein
- Abmahnung, Kündigung und außerordentliche Kündigung [➔Kap. 4.3] sowie
- Schadensersatzverpflichtung wegen Verletzung des Arbeitsvertrages.

4 Arbeitsrecht

Fallbeispiel M. M. kommt nach Abschluss seines Arbeitsvertrages mit der bestehenden Leitungsstruktur nicht zurecht. Schon sehr bald beginnt er, seine Vorstellungen von kooperativer Leitung in Form von freiberuflicher Beratung in anderen vergleichbaren Einrichtungen zu verwirklichen.

Außerdem lässt er ohne Rücksprache mit der Heimleitung die Schließphase der Lifttüren verlängern, weil einige Bewohner und Bewohnerinnen bereits eingeschlossen wurden.

Hier stellt sich die Frage nach der Verletzung seiner arbeitsvertraglichen Pflichten. Seine Beratungstätigkeit stellt wohl eine Vertragsverletzung dar, da sie den Wettbewerb von Einrichtungen in einunddemselben Arbeitsfeld betrifft. Dies gilt auch dann, wenn die Nebentätigkeit seine Arbeitsleistung für seinen AG nicht beeinträchtigt und er erfolglos versucht hat, mehr Kooperation zwischen ihm und der Heimleiterin auf den Weg zu bringen. Anders wäre der Fall zu beurteilen, hätte M. diese Problematik mit Vertretern seines AG besprochen und diese hätten ihm – etwa zur Erhaltung seiner hervorragenden Mitarbeit – zugesagt, diese Nebentätigkeiten durchführen zu dürfen. Dabei müsste M. allerdings darauf achten, dass es vertretungsberechtigte AG-Vertreter waren.

Auch wäre ihm wegen der Nachweisbarkeit zu raten, diese Zusage schriftlich zu fixieren (unter Umständen besteht sogar ein arbeitsvertragliches Erfordernis der schriftlichen Form von Nebenabreden). Im Fall einer Vertragsverletzung läge ein Kündigungsgrund, wohl sogar ein Grund zu außerordentlicher Kündigung vor [→Kap. 4.3.4], da der Träger bei Wettbewerbsschädigung das Vertrauen in seinen Mitarbeiter verloren hat, unterstützt dieser doch hinter seinem Rücken die Konkurrenz.

Daneben besteht auch Schadenersatzpflicht wegen Verletzung des Arbeitsvertrages, wobei der Umfang des Schadens hier sehr schwer zu ermitteln sein wird, weil selbst ein Rückgang der Belegzahlen im Heim bei Zunahme der Belegzahlen in anderen Einrichtungen nicht als (allein) durch die Beratungstätigkeit von M. verursacht nachweisbar sein wird.

Der Auftrag bezüglich der Lifttüren fällt dann in seinen Kompetenzbereich, wenn es sich um den Lift des Pflegeheimes handelt. Es stellt sich jedoch die Frage, ob er hier nur eine Informationspflicht an die Heimleitung hat, die sodann den Auftrag vergeben muss, oder ob die Vollmacht zur Auftragserteilung in seinem Verantwortungsbereich liegt. Wenn autonomes Handeln-Lassen seitens der Heimleitung auch bisher schon bedeutete, dass M. solche Aufträge erteilen durfte, dann ist auch in diesem Fall davon auszugehen, dass er stillschweigend dazu berechtigt ist. Allerdings wird in jedem Fall eine Informationspflicht dahingehend vorliegen, dass und warum der Auftrag erteilt wurde, denn Pflegesatzfragen und damit Haushaltsfragen liegen bei der Heimleitung, die zur Wahrnehmung ihrer Verantwortung wenigstens den Grund für die entstandenen Kosten kennen muss, auch um solche stillschweigenden Bevollmächtigungen beizubehalten oder bei fehlerhafter Verwendung aufzuheben.

Handelte es sich (auch) um den Lift des Wohnheims, muss M. seine Kenntnis von der Gefahrenquelle der Heimleitung mitteilen. Bezüglich des Wohnheims wird ihm nach der bestehenden Aufgaben- und Verantwortungsverteilung (außer im unaufschiebbaren Vertretungsfall) die Auftragserteilung nicht zustehen. Kommt M. also diesen Informationspflichten nicht nach, verletzt er seine Pflichten aus seinem Arbeitsvertrag. Dies könnte in diesem Fall eine Abmahnung [➔Kap. 4.3.3] nach sich ziehen. Ein Schadenersatz kommt wohl nicht in Frage, weil der Auftrag zur Gefahrenbeseitigung erforderlich war, es sei denn, M. hat sich nicht um einen kostengünstigen Unternehmer bemüht. Dies würde wohl dann entfallen, wenn sofortiges Abstellen zwingend geboten war.

Nebenpflichten des AG (Fürsorgepflichten)
Zu den Fürsorgepflichten des AG gehören die folgenden:
- **Sozialversicherungspflicht:** Sie umfasst die ordnungsgemäße Abführung und Dokumentation.
- **Schutz von Leben und Gesundheit am Arbeitsplatz:** Neben der Einhaltung der gesetzlichen Arbeitsschutzbestimmungen (z. B. Arbeitsschutzgesetz, Arbeitssicherheitsgesetz, Jugendarbeitsschutzgesetz etc.) umfasst diese Nebenpflicht generell eine Verantwortung, Mitarbeiter im Betrieb nicht zu überfordern, sei dies durch zu viele angeordnete Überstunden, zu wenig Ruhepausen, durch zugewiesene Tätigkeiten, welche nicht den Fähigkeiten des einzelnen Arbeitnehmers entsprechen, durch nicht gewährten Urlaub etc. Der AG muss sogar dafür sorgen, dass der Urlaub eingebracht werden kann. Die Gestaltung des Arbeitsplatzes muss den Normen der Arbeitssicherheit entsprechen (z. B. bei EDV-Arbeitsplätzen) und darf keinesfalls gesundheitsgefährdend sein. Die für die jeweilige Tätigkeit notwendigen Geräte und Einrichtungen (z. B. Essenwagen, Türen, Handläufe) müssen technisch in Ordnung sein und dürfen Mitarbeiter nicht gefährden. Die Intimsphäre der Mitarbeiter muss geschützt sein. So darf keine Videoüberwachung der Arbeit und der Pausen erfolgen. Auch trägt der AG Mitverantwortung bei der Vermeidung sexueller Belästigung im Betrieb. Dies gehört jedoch zu den in der Praxis schwer zu handhabenden Verpflichtungen. Sind allerdings solche Handlungen von Mitarbeitern oder Mitarbeiterinnen nachgewiesen, muss der AG für die Vermeidung von Wiederholungen sorgen. Dasselbe gilt für Fälle von Mobbing im Betrieb. Folge dieser Verpflichtung beim Verdacht solcher Vorkommnisse ist jeweils, wirksame Maßnahmen zu deren Abstellen zu treffen. Trotz Kenntnis von Mobbingsachverhalten keine wirksamen Maßnahmen zu ergreifen, gilt als Verletzung der Fürsorgepflicht und kann Schadenersatzleistungen zur Folge haben. An die Wirksamkeit der Maßnahmen wird ein strenger Maßstab angelegt. Erweisen sich sinnvolle AG-Interventionen im Nachgang als unwirksam, sind weitere Maßnahmen anzuschließen. Zum Nachweis solcher Entwicklungen wird das Führen eines Mobbingtagebuches empfohlen, welches wahrgenommene Mobbinghandlungen dokumentiert, aber auch potenzielle Zeugen nennt sowie Arzt- oder Beratungsbesuche festhält [➔Kap. 6.1 Fallbeispiel 6 und Kap. 7.2.1 Fallbeispiel 18].

- **ordnungsgemäße Führung der Arbeitspapiere:** Dazu gehört ein entsprechendes Führen der Personalakte einschließlich des Gewährens des Rechtes auf Einsichtnahme und Gegendarstellung bei streitigem Akteninhalt. Die erforderlichen Arbeitspapiere (z. B. Sozialversicherungsausweis, Steuernachweis etc.) sind am Ende des Arbeitsverhältnisses mit den entsprechenden Eintragungen zu versehen und auszuhändigen.
- Es besteht ein Anspruch auf ein **Arbeitszeugnis** (§ 630 BGB). Auf Zwischenzeugnis besteht ein solcher nur, wenn berechtigtes Interesse des AN vorliegt, etwa bei Kündigungsandrohung, Vorgesetztenwechsel oder anstehenden betrieblichen Veränderungen.
- **Recht auf Gleichbehandlung:** Das Diskriminierungsverbot ist anerkannter Maßstab im Arbeitsrecht. Dies gilt vor allem bezüglich gleicher Entlohnung für gleiche Arbeit. Aber auch darüber hinaus ist es zu beachten, etwa bei der Gewährung von Fortbildung. Ergibt sich kein sachlicher Differenzierungsgrund, z. B. in der Arbeitsleistung, Leistungsbereitschaft oder der betrieblichen Verwendung, sind Fortbildungen an vergleichbare Arbeitnehmer in gleicher Weise anzubieten. Hierzu sind die Regelungen des AGG einschlägig und beachtlich.

Bei Verletzung von Fürsorgepflichten besteht Einklagbarkeit des jeweiligen Anspruchs, Leistungsverweigerungsrecht mit Lohnfortzahlungspflicht, wenn bei fehlender Fürsorgepflicht die Arbeitsleistung nicht mehr zumutbar ist, sowie Schadensersatz wegen Verletzung des Arbeitsvertrages.

> **Fallbeispiel M.** Stellt M. bei Einsichtnahme seiner Personalakte fest, die Angelegenheit bezüglich der Auftragserteilung Pflegeheimlift sei seiner Meinung nach nicht richtig dokumentiert, seine Gegendarstellung daraufhin nicht in die Personalakte aufgenommen, wird er dies über Klage vor dem Arbeitsgericht durchsetzen können. Eine Verweigerung seiner Arbeitsleistung wird ihm diesbezüglich nicht zustehen, wenn er im Übrigen weiter unter üblichen Bedingungen seiner Tätigkeit nachgehen kann. Schaden dürfte er bis zur Aufnahme seiner Gegendarstellung in die Personalakte nicht erlitten haben, es sei denn, die einseitige Darstellung habe etwa zu seiner Kündigung geführt, gegen die er nun mit eigenem Aufwand vorgehen muss.

4 Arbeitsrecht

4.3 Beendigung des Arbeitsverhältnisses

Die wichtigsten Formen der Beendigung eines Arbeitsverhältnisses sind
- durch Anfechtung,
- durch Aufhebungsvertrag,
- durch ordentliche oder außerordentliche Kündigung sowie
- durch Zeitablauf oder Bedingungseintritt (befristetes Arbeitsverhältnis).

4.3.1 Anfechtung

Ein Arbeitsvertrag kann wegen Irrtums (§§ 119 ff. BGB) oder arglistiger Täuschung (§ 123 BGB) angefochten werden. Folge ist ein Nichtzustandekommen des Vertrages wegen einer fehlenden →Willenserklärung. Dies kann den Ersatz des Schadens nach sich ziehen (z. B. Kosten einer neuen Stellenausschreibung), den der Vertragspartner erlitten hat, weil er auf die Gültigkeit der Willenserklärung vertrauen durfte.

4.3.2 Aufhebungsvertrag

Jeder Arbeitsvertrag kann schriftlich (§ 623 BGB) aufgehoben werden ohne Einhaltung von Kündigungsfristen. Schriftlich deshalb, weil zum Aufhebungsvertrag die entsprechenden Willenserklärungen von AN und AG erforderlich sind, also eine gegenseitige Übereinstimmung vorliegen muss. Nach den Grundsätzen der Vertragsfreiheit ist dies zu jedem Zeitpunkt möglich zu den in gegenseitiger Übereinstimmung getroffenen Bedingungen. Solche können hier vor allem Abfindungen, Urlaubsabgeltung etc. sein.

4.3.3 Ordentliche Kündigung des Arbeitsvertrages

Die Kündigung ist eine einseitige Willenserklärung eines Vertragspartners. Sie wird wirksam mit Zugang beim Adressaten. Sie bedarf der Schriftform (§ 623 BGB). Auch sind hier die Regelungen zur Mitbestimmung [→Kap. 4.6] zu beachten.

Zu einer ordentlichen Kündigung bedarf es grundsätzlich keines Kündigungsgrundes, wohl aber der Einhaltung der Kündigungsfristen (§ 622 BGB) [→Kap. 5.1.2 m]. Zu den Kündigungsfristen enthalten tarifvertragliche Regelungen eigene Bestimmungen (z. B. TVöD) ebenso wie die Arbeitsvertragsrichtlinien [→Kap. 5.4].

Des Weiteren hängt jedoch die ordentliche Kündigung davon ab, ob der AG geltende Kündigungsschutzvorschriften eingehalten hat. Solche sind
- das Kündigungsschutzgesetz (KSchG),
- das Mutterschutzgesetz (MuSchG),
- das Schwerbehindertenrecht (SGB IX) und
- das Bundeserziehungsgeldgesetz.

Kündigungsschutzgesetz
Das Kündigungsschutzgesetz ist anwendbar, wenn ein Arbeitsverhältnis länger als sechs Monate besteht und im Betrieb mehr als zehn Vollbeschäftigte (keine Auszubildenden, Teilzeitbeschäftigte werden entsprechend dem im KSchG genannten Schlüssel, der abhängig vom Stundenumfang ist, hochgerechnet) angestellt sind (§ 23 KschG). Wird eine ordentliche Kündigung ausgesprochen, ist sie dennoch angreifbar, wenn sie nicht sozial gerechtfertigt ist (§ 1 Abs. 1 i.V.m. Abs. 2 KSchG). Soziale Rechtfertigung kann danach gegeben sein, wenn die Kündigung ihre Ursache hat
- in der Person des AN (personenbedingte Kündigung),
- im Verhalten des AN (verhaltensbedingte Kündigung) oder
- bei dringenden betrieblichen Erfordernissen (betriebsbedingte Kündigung).

In allen Fällen ist davon auszugehen, dass die Kündigung das letzte Mittel ist, also Umsetzung unmöglich ist oder das Problem nicht beseitigen würde.

Personenbedingt kann eine Kündigung sein, wenn eine mangelnde Eignung des AN für die Tätigkeit vorliegt. Sie kann sich auch ergeben durch Krankheit (z.B. Sucht), jedoch nur unter besonders strengen Anforderungen seitens der Rechtsprechung. So muss sich die Krankheit als eine lange Dauererkrankung oder viele Kurzerkrankungen darstellen, eine negative Prognose haben (z.B. keine Therapiebereitschaft beim AN), erhebliche Betriebsstörungen mit sich bringen und nach umfassender Interessenabwägung (z.B. hinsichtlich der finanziellen Leistungsstärke des AG und der Dauer der Betriebszugehörigkeit) in der Zukunft für den Betrieb unzumutbar sein.

Verhaltensbedingt ist eine Kündigung, wenn eine Vertragsverletzung im Leistungsbereich oder im Vertrauensbereich vorliegt. Da die Kündigung letztes Mittel ist, wird in der Regel eine einmalige Vertragsverletzung diese noch nicht zur Folge haben, es sei denn, es handelt sich um ganz erhebliche Vorkommnisse.

4 Arbeitsrecht

Um jedoch dem AG die Möglichkeit zu geben, die Kündigung vorzubereiten, kann er von der **Abmahnung** Gebrauch machen, wenn eine erste Vertragsverletzung registriert wird (s. § 314 Abs. 2 BGB). Die Abmahnung hat die Vertragsverletzung genau darzustellen (Hinweisfunktion) und deutlich zu machen, dass eine Wiederholung eines vergleichbaren Fehlverhaltens die Kündigung nach sich zieht (Warnfunktion). Abmahnungsberechtigt sind alle Weisungsbefugten in der Regel ohne Mitbestimmungsbeteiligung [→Kap. 4.6] (Ausnahme: Inhalte, die einer Beurteilung gleichkommen). Bei unzutreffenden Inhalten kann Gegendarstellung bzw. Rücknahme der Abmahnung – nötigenfalls auf dem Klageweg – verlangt werden.

Somit sind Voraussetzungen einer verhaltensbedingten Kündigung in der Regel eine Abmahnung, ein ausreichender Zeitraum zur positiven Veränderung des Verhaltens sowie eine weitere vergleichbare Vertragsverletzung, welche nicht zu weit in der Vergangenheit liegt. Mehrere Abmahnungen sind somit bei unterschiedlichen Vertragsverletzungen oder bei vergleichbaren denkbar, zwischen denen ein großer Zeitabstand (mindestens mehr als ein Jahr) liegt.

Die **betriebsbedingte Kündigung** setzt zwingende betriebliche Erfordernisse voraus, also etwa Schließung von Stationen, Betrieben, negative Bilanzen, →Insolvenz. Auch hier ist Kündigung das letzte Mittel, d. h., weitere Voraussetzungen sind die Unmöglichkeit einer Umsetzung der Mitarbeiter, kein anderweitiger Abbau von Kapazitäten, Unmöglichkeit der Umschulung sowie Sozialauswahl. Diese hat nach einer Rangliste zu erfolgen, die etwa über Punktewertung darstellt, wer warum sozial schützenswert ist. Kriterien dabei sind gesetzlich Zeitraum der Betriebszugehörigkeit, Lebensalter, Zahl der Unterhaltsverpflichtungen und Schwerbehinderung.

In den Zusammenhang der betriebsbedingten Kündigung gehört die Problematik des **Betriebsüberganges**. Nach § 613a BGB sind bei Schließung eines Betriebes mit direkter Übernahme durch einen anderen Betreiber die Arbeitsverhältnisse zu übernehmen, d. h., Betriebsübernahme ist als Begründung für eine betriebsbedingte Kündigung nicht geeignet.

Wenn also in unserem Fall M. gekündigt wird, weil das Pflegeheim wegen nachweislicher Fortdauer einer Negativbilanz nicht weiter betrieben wird, dieses jedoch vom Wohlfahrtsverband X übernommen wird, der ein Sanierungskonzept dort durchführen will, kann M. seiner Kündigung widersprechen, denn sie ist unwirksam (§ 613a Abs. 4 BGB).

Erwähnenswert in diesem Zusammenhang sind auch Fälle von **Umwandlungen einer Trägerform** mit der Folge einer veränderten Stellung des Trägers im Zusammenhang mit der Geltung von Tarifrecht (z. B. kreisfreie Stadt als öffentlich-rechtlicher Träger einer Einrichtung gibt Trägerschaft auf und gründet neuen Träger in privatrechtlicher Form, etwa GmbH). Für diese Fälle ist § 613a Abs. 1 BGB zu beachten, der vorsieht, dass Änderungen der Rechte der Arbeitnehmer nicht vor Ablauf eines Jahres zu deren Nachteil vorgenommen werden dürfen (im obigen Beispiel ist der TVöD, an welchen der öffentlich-rechtliche Träger gebunden war, wenigstens ein Jahr weiter gültig, ehe andere, für die Arbeitnehmer etwa ungünstigere Vereinbarungen auf Grund der nunmehr fehlenden Gebundenheit an den Tarifvertrag auf Grund veränderter Trägerschaft getroffen werden können).

Gegen **fehlerhafte Kündigungen**, die weder personenbedingt, verhaltensbedingt oder betriebsbedingt sind, kann innerhalb einer Frist von drei Wochen ab Kündigungszugang vorgegangen werden (§ 7 KschG). Verstreicht diese Frist ohne derartiges Vorgehen, bleibt die fehlerhafte Kündigung dennoch wirksam. Bei betriebsbedingten Kündigungen ist in diesem Zusammenhang auf § 1a KSchG hinzuweisen. Danach kann der AG diese Kündigung mit der Zusage einer Abfindung verbinden, auf die der AN Anspruch hat, wenn er gegen die Kündigung nicht klagt.

Kündigungsschutz genießen auch Mitglieder von Betriebsräten, Personalvertretungen oder Jugend- und Auszubildendenvertretungen (§ 15 KSchG).

Mutterschutzgesetz
Während der Schwangerschaft und bis zum Ablauf von vier Monaten nach der Entbindung besteht für Frauen Kündigungsschutz nach § 9 Abs. 1 MuSchG.

Schwerbehindertenrecht
Das Schwerbehindertenrecht befindet sich seit dessen Geltung vom August 2001 im Teil 2 des SGB IX. Danach kann Schwerbehinderten nur mit Zustimmung des Integrationsamtes gekündigt werden (§ 85 SGB IX). Sie genießen somit zusätzlichen Schutz zum KSchG.

Bundeserziehungsgeldgesetz
Sechs Wochen vor und während der Elternzeit besteht Kündigungsschutz nach § 18 Bundeserziehungsgeldgesetz.

4 Arbeitsrecht

Insolvenz

Die Eröffnung eines →Insolvenzverfahrens über einen Träger beendet nicht die bestehenden Arbeitsverhältnisse. Sie laufen weiter, bis eine etwaige Kündigung durch den Insolvenzverwalter erfolgt, die sich an den bestehenden vertraglichen und gesetzlichen Regelungen zu orientieren hat. Zudem genießen AN Schutz im Insolvenzverfahren dahingehend, dass ihre Lohnforderungen aus dem Arbeitsverhältnis vorrangig aus der Insolvenzmasse zu befriedigen sind.

4.3.4 Außerordentliche Kündigung

Die außerordentliche Kündigung erfordert ausnahmslos das Vorliegen eines wichtigen Grundes (§ 626 BGB). Zu beachten sind die Regelungen von TVöD [→Kap. 5.1] und AVR [→Kap. 5.4], die aber auch dieses Erfordernis vorsehen.

Diese Kündigungsform kann fristlos oder mit bestimmten Fristvorgaben ausgesprochen werden. Sie muss innerhalb von zwei Wochen nach der Kenntnisnahme der kündigungsberechtigenden Tatsachen zugehen (§ 626 Abs. 2 BGB).

Ein wichtiger Kündigungsgrund liegt dann vor, wenn einem Vertragsteil unter Berücksichtigung der Umstände des Einzelfalles und Abwägung der Interessen beider Vertragsteile die Fortsetzung des Arbeitsverhältnisses bis zum Ablauf der ordentlichen Kündigungsfrist oder dem Zeitpunkt des Ablaufs eines befristeten Arbeitsverhältnisses nicht zugemutet werden kann.

Wichtige Kündigungsgründe sind Dienstpflichtverletzungen (z.B. unentschuldigtes Fernbleiben vom Arbeitsplatz, Arbeitsverweigerung, nicht genehmigter Urlaubsantritt, Trunkenheit am Arbeitsplatz), Treuepflichtverletzungen (z.B. Vollmachtmissbrauch, Wettbewerbsverstöße), strafbare Handlungen (z.B. Diebstahl am Arbeitsplatz, vorsätzliche Sachbeschädigung, Körperverletzung, Beleidigung, Verleumdung [→Kap. 7.2.1]; derartige Tatbestände liegen oft bei Mobbing vor).

Ergibt sich, dass kein wichtiger Grund gegeben ist, werden außerordentliche Kündigungen in ordentliche umgedeutet. Deshalb ist hier auch stets die Drei-Wochen-Frist der Kündigungsschutzklage zu beachten. Ebenso sind bei außerordentlichen Kündigungen die besonderen Kündigungsschutzregelungen (z.B. MuSchG, SchwbG) zu beachten.

4.3.5 Beendigung durch Zeitablauf oder Bedingungseintritt – Befristete Arbeitsverträge

Da unselbstständige Tätigkeiten im Rahmen eines Arbeitsverhältnisses ohnehin an einer gewissen Machtverschiebung zu Gunsten des Arbeitgebers leiden, sollten Arbeitnehmer in diesem Machtgefälle abhängiger Arbeit wenigstens in den Genuss kommen, auf Dauer dieser Arbeit nachgehen zu können und nur unter den sie schützenden Regeln zur Kündigung aus dem Arbeitsverhältnis entlassen werden können, es sei denn, sie stimmen der Auflösung zu. Dennoch existieren zunehmend Arbeitsverträge mit Befristung, also ohne jene Sicherheit dauerhafter Beschäftigung.

Befristet beschäftigt ist ein Arbeitnehmer dann, wenn sein Arbeitsvertrag kalendermäßig auf bestimmte Zeit (kalendermäßig befristet) abgeschlossen ist oder das Ende des Arbeitsvertrages sich aus Art, Zweck oder Beschaffenheit der Arbeitsleistung (zweckbefristet) ergibt (§ 3 Abs. 1 TzBfG).

„Zeitverträge" bzw. befristete Arbeitsverträge sind bei den Arbeitgebern beliebt, weil flexible Personalplanung bei gleichzeitiger Vermeidung langfristiger Bindungen mit damit verbundenen Risiken im Bezug auf die Entwicklung der Person des Arbeitnehmers/der Arbeitnehmerin oder auf Kündigungsszenarien erreicht werden kann. Auf Seiten der Arbeitnehmer wird dies überwiegend als Nachteil wahrgenommen, denn befristete Arbeitsverhältnisse bieten nur vorübergehend Beschäftigung und unterliegen in der Regel nicht der ordentlichen Kündigung [➔Kap. 4.3.3], somit nicht dem Kündigungsschutz.

Zulässigkeitsregelungen
Aus diesem Auseinanderfallen der Interessenlagen bei Arbeitgeber und Arbeitnehmer entsteht Schutzbedarf für den Arbeitnehmer. Dieser Schutzbedarf wird im TzBfG realisiert in Form von Zulässigkeitsregelungen für befristete Arbeitsverträge (bisher lediglich Gegenstand der Rechtsprechung) und eines Diskriminierungsverbots befristet beschäftigter Arbeitnehmer und Arbeitnehmerinnen (§ 1 TzBfG). Im Folgenden sollen diese Zulässigkeitsregelungen und das Diskriminierungsverbot näher betrachtet werden.

4 Arbeitsrecht

Befristung nach Kalender: Die kalendermäßig befristeten Arbeitsverträge sehen entweder eine Regelung folgender Art vor:

> „Das Arbeitsverhältnis beginnt am ... Es ist befristet und endet mit Ablauf des ..., ohne dass es einer Kündigung bedarf."

oder derart:

> „Das Arbeitsverhältnis beginnt am ... Es ist befristet auf die Dauer von sechs Monaten."

Solche kalendermäßigen Befristungen beenden das Arbeitsverhältnis automatisch mit Zeitablauf, ohne dass eine Kündigung erforderlich ist (§ 15 Abs. 1 TzBfG).

Zweckbefristung: Die Zweckbefristung muss im Vertrag den Zweck der Tätigkeit enthalten (z. B. Qualitätszirkel, Forschungsprojekt, Vertretung eines erkrankten oder verhinderten Arbeitnehmers etc.). Sie kann etwa durch folgende Regelung vereinbart sein:

> „Das Arbeitsverhältnis gilt als geschlossen zur Überbrückung der Langzeiterkrankung von X. Es endet somit dann, wenn X. die Arbeit wieder aufnehmen kann."

Da die Zweckerreichung nicht genau vorherbestimmbar ist, die Anstellung aber nur für den konkret genannten Zweck erfolgt, ist in der Regel hier eine kalendermäßige Beendigung nicht regelbar. Dennoch muss das Ende des Arbeitsverhältnisses für den Arbeitnehmer kalkulierbar sein. Deshalb muss der Arbeitgeber wenigstens zwei Wochen vor Zweckerreichung deren Zeitpunkt schriftlich mitteilen. Erfolgt dies nicht, verlängert sich das Arbeitsverhältnis entsprechend nach tatsächlicher Zweckerreichung (§ 15 Abs. 2 TzBfG).

Denkbar ist aber auch eine Zweckvereinbarung in Verbindung mit einer kalendermäßigen Befristung, etwa derart:

> „Der Arbeitsvertrag wird geschlossen bis zum Abschluss des 1. Abschnitts des Projektes Y, längstens jedoch bis zum ..."

Kündigung bei befristeten Arbeitsverträgen

Aus dem Gesagten ergibt sich, dass im Regelfall keine Kündigung erforderlich ist, da das Ende des Arbeitsverhältnisses über ein Kalenderdatum oder die Zweckerreichung ausreichend bestimmt ist. Soll dennoch der befristete Arbeitsvertrag auch ordentlich kündbar sein, muss dies entweder im konkreten Arbeitsvertrag oder im einschlägigen Tarifvertrag ausdrücklich vorgesehen sein. Ist dies nicht der Fall, so ist der Arbeitnehmer vor Ablauf der Befristung nicht ordentlich kündbar (§ 15 Abs. 3 TzBfG).

Befristung ohne Sachgrund

Als Ausnahme von der Ausnahme lässt das TzBfG eine kalendermäßige Befristung ohne Sachgrund nur dann zu, wenn es sich um eine Neuanstellung handelt und die Befristung insgesamt nicht länger als zwei Jahre andauert. Innerhalb dieses Zeitraumes darf dasselbe Arbeitsverhältnis bis zu maximal dreimal verlängert werden (§ 14 Abs. 2 TzBfG). Ein erstmals für sechs Monate beschäftigter Arbeitnehmer kann somit seinen Arbeitsvertrag bis zum Ablauf von zwei Jahren nach seiner Einstellung dreimal verlängert erhalten, ohne dass für die Befristungen eine Begründung erfolgt. War zwischen den Vertragspartnern bereits früher schon einmal ein Arbeitsvertrag abgeschlossen, ist eine Befristung ohne Sachgrund nicht mehr möglich, auch dann nicht, wenn der frühere Arbeitsvertrag unbefristet war und durch Kündigung oder Auflösung beendet wurde. Diese Regelungen gelten nur für kalendermäßige Befristungen, nicht für Zweckbefristungen, da der genannte Zweck in der Regel einen Sachgrund darstellt.

Zu beachten ist, dass nach § 14 Abs. 2 S. 3 TzBfG Regelungen eines Tarifvertrages zur Befristung abweichend vom TzBfG gelten. Für nicht tariflich gebundene Vertragspartner ist es denkbar, diese tariflichen Regelungen arbeitsvertraglich zu vereinbaren (z. B. TVöD [→Kap. 5.1]).

Die Befristung bedarf auch keines sachlichen Grundes, wenn der Arbeitnehmer bei Beginn des befristeten Arbeitsverhältnisses das 52. Lebensjahr vollendet hat (§ 14 Abs. 3 TzBfG). Dies jedoch gilt nur dann, wenn zu einem vorangehenden unbefristeten Arbeitsverhältnis mit demselben Arbeitnehmer kein enger sachlicher Zusammenhang festzustellen ist. Ein solcher liegt z. B. dann vor, wenn zwischen dem vorangehenden unbefristeten und dem darauffolgenden befristeten Arbeitsvertrag weniger als sechs Monate vergangen sind. Auch bei Unternehmensneugründungen gelten Ausnahmen.

Sachgründe für Befristungen

Das TzBfG nennt einige zugelassene Sachgründe für die Befristung (§ 14 Abs.1). Beim Vorliegen eines sachlichen Grundes ist der zeitliche Umfang gesetzlich nicht beschränkt. So sind hier auch wiederholte Zeitverträge über zwei Jahre hinaus möglich, etwa bei aufeinanderfolgenden Schwangerschaftsvertretungen, bei aufeinanderfolgenden Projekten oder Projektabschnitten, die in sich als abgeschlossen zu definieren sind.

Beispielhafte gesetzliche Sachgründe für Befristungen:
- **vorübergehender personeller Mehrbedarf:** Ein solcher liegt vor, wenn vorübergehend erhöhter Arbeitsaufwand besteht, der durch zusätzliche Arbeitskräfte abgedeckt werden soll. Dafür müssen zum Zeitpunkt des befristeten Vertragsabschlusses greifbare Tatsachen dafür vorliegen, dass der Arbeitsanfall zukünftig wieder wegfallen wird. (Beispiele: Modellprojekte, Qualitätszirkel, welche die Arbeitszeit mitwirkender Mitarbeiter binden etc.) Die Befristung einer Dauerspringkraft ist sachlich nicht gerechtfertigt, da diese auf Dauer jeweils bei ausfallenden Mitarbeitern einspringen soll.
- **Anschlussbeschäftigung an Ausbildung und Studium:** Dem Berufsanfänger soll hier der Erwerb von Berufserfahrung und damit der Übergang in ein Dauerarbeitsverhältnis erleichtert werden. Hier kann eine Überschneidung mit dem sachlichen Grund „in der Person des Arbeitnehmers liegender Grund" vorliegen, wenn die persönliche Eignung noch fraglich ist.
- **Vertretung einer Arbeitnehmerin:** Ausfälle wegen Krankheit, Beurlaubung, Elternzeit, Mutterschutz etc. sind zu überbrücken. Dies ist in der Regel nur für den Zeitraum der Abwesenheit möglich, die vor allem im Falle einer Erkrankung kaum kalendermäßig ausreichend bestimmbar ist und auch für den Fall kalendermäßiger Bestimmbarkeit oft über den Zeitraum von zwei Jahren hinausgeht.
- **Anstellung zur Erprobung:** Dieser Sachgrund hat wenig praktische Bedeutung, weil auch ohne Sachgrund zwei Jahre Befristung möglich sind. Als Beispiele sind dennoch Fälle denkbar, in welchen ein Arbeitnehmer in der Vergangenheit bereits bei seinem Arbeitgeber tätig war, nun jedoch bei einer erneuten Anstellung einen anderen Aufgabenbereich übernehmen soll. Ohne sachlichen Grund wäre in diesem Fall eine Befristung nicht möglich (§ 14 Abs. 2 TzBfG s.o.).
- **Gründe in der Person des Arbeitnehmers:** Hierbei wird vor allem an soziale Gründe gedacht. Beispiele können Überbrückungszeiten (etwa bis zum Beginn eines Studiums, eines bereits vereinbarten anderen Arbeitsverhältnisses), befristete Arbeitserlaubnis, unklare gesundheitliche Eignung sein. Hierher gehört auch die Einräumung der Möglichkeit, dass der Arbeitnehmer selbst nur ein befristetes Arbeitsverhältnis wünscht. Wichtig dabei ist allerdings, dass dieser Wunsch freiwillig vom Arbeitnehmer ausgeht und er die Befristung einem unbefristeten Arbeitsverhältnis vorgezogen hat. Die Beweislast dafür liegt beim Arbeitnehmer.

Schriftform

§ 14 Abs. 4 TzBfG regelt, dass die Befristung der Schriftform bedarf und von beiden Vertragspartnern unterzeichnet sein muss. Dazu gehört, dass bei einer Befristung aus sachlichem Grund auch dieser schriftlich niedergelegt sein muss. Eine bei Arbeitsbeginn nicht schriftlich festgelegte Befristung hat einen unbefristeten Arbeitsvertrag zur Folge. Da Arbeitsverträge bei Arbeitsaufnahme auch mündlich wirksam sind (NachwG), muss der AG in seine schriftlichen Bestätigung dann die Unbefristetheit aufnehmen.

Folgen unwirksamer Befristung

Rechtsunwirksame Befristungen haben zur Folge, dass der Arbeitsvertrag auf unbestimmte Zeit geschlossen gilt und vom Arbeitgeber frühestens zum vereinbarten befristeten Ende ordentlich gekündigt werden kann, sofern nicht nach § 15 Abs. 3 TzBfG die ordentliche Kündigung zu einem früheren Zeitpunkt möglich ist (s. o., bei entsprechender vertraglicher Vereinbarung). Ist die Befristung nur wegen Mangels der Schriftform unwirksam, kann der Vertrag auch vor dem vereinbarten Ende ordentlich gekündigt werden (§ 16 TzBfG).

Rechtsunwirksamkeit der Befristung kann der Arbeitnehmer vor dem Arbeitsgericht über Klage auf Feststellung eines nicht wegen Befristung beendeten Arbeitsverhältnisses geltend machen (Frist für die Klage: innerhalb von drei Wochen nach befristetem Ende, § 17 TzBfG).

Schutz vor Diskriminierung

Der Arbeitgeber hat befristet Beschäftigte über zu besetzende unbefristete Stellen zu informieren (§ 18 TzBfG).

Des Weiteren hat der Arbeitgeber dafür zu sorgen, dass auch befristet Beschäftigte die Möglichkeit haben, an angemessenen Aus- und Weiterbildungsmaßnahmen teilzunehmen, wenn keine dringenden betrieblichen Gründe oder Fort- und Weiterbildungswünsche anderer Arbeitnehmer entgegenstehen (§ 19 TzBfG).

Der Arbeitgeber muss die Arbeitnehmervertretung (z. B. Betriebsrat, Mitarbeitervertretung) über die Anzahl der befristet Beschäftigten und ihren Anteil an der Gesamtbelegschaft informieren (§ 20 TzBfG).

Befristet Beschäftigte dürfen im Arbeitsvertrag nicht schlechter gestellt werden als unbefristet Beschäftigte, es sei denn, es gibt einen sachlichen Grund dafür (§ 4 TzBfG).

4.4 Geringfügige Beschäftigungen

Die geringfügige Beschäftigung ist eine Sonderform des Teilzeitarbeitsverhältnisses. Sie kann sich in zwei Arten gestalten, die sich aus § 8 Abs. 1 SGB IV ergeben:
- die geringfügig entlohnte Beschäftigung (§ 8 Abs.1 Nr.1 SGB IV – Entgeltgrenze 400 Euro/Monat
- die kurzfristige Beschäftigung (§ 8 Abs.1 Nr. 2 SGB IV – Befristung zwei Monate oder 50 Arbeitstage pro Jahr, keine Entgeltgrenze, jedoch nur dann geringfügig, wenn keine berufsmäßige Ausübung und Entgelt über 400 Euro)

Die geringfügigen Beschäftigungen spielen in der Praxis eine wichtige Rolle auf beiden Seiten des Arbeitsverhältnisses, also bei Arbeitnehmer und Arbeitgeber. Für die Arbeitnehmer ist diese Form der Beschäftigung interessant, da sie eine flexible Art darstellt, beschäftigt zu sein und zusätzliche Verdienstmöglichkeit – etwa in Ergänzung zu einer anderen Teilzeitbeschäftigung oder zur Kindererziehungszeit – eröffnet. Auf Seiten des Arbeitgebers liegen die Vorteile in der variablen Ausfüllung von erforderlichen Kapazitäten, welche keine ganzen oder halben Stellen abdecken.

Insbesondere in der ambulanten Pflege ergeben sich solche Erfordernisse von Anpassung an einen nicht gleichbleibenden Bedarf von Arbeitskraft für Pflegetätigkeiten ebenso wie für Verwaltungsaufgaben. So hat diese Beschäftigungsart weite Verbreitung gefunden, vor allem bei den Arbeitnehmerinnen. Das Vorliegen einer geringfügigen Beschäftigung ist nicht selten schwer zu ermitteln (durch den AG), da aus den genannten Gründen oft gleichzeitig oder hintereinander mehrere Arbeitsverhältnisse eines Arbeitnehmers zu beurteilen sind. Deshalb bedarf es besonders hier einer korrekten Abwicklung, die oft hohen Verwaltungsaufwand nach sich zieht.

Zur richtigen Beurteilung sind im Folgenden die beachtenswerten Aspekte aus
- arbeitsrechtlicher,
- steuerrechtlicher und
- sozialversicherungsrechtlicher

Sicht dargestellt.

4.4.1 Arbeitsrechtliche Aspekte

Arbeitsvertragliche Grundsätze

Die Vertragsparteien einer geringfügigen Beschäftigung haben grundsätzlich die gleichen Rechte und Pflichten wie Vollzeitbeschäftigte oder Teilzeitbeschäftigte. Dies gilt auch für das Betriebsverfassungsrecht, das an die Arbeitnehmereigenschaft anknüpft. Besonders beachtenswert sind hier die so genannten Diskriminierungsverbote, die sich neben dem GG aus europarechtlichen Gegebenheiten herleiten. Hierzu gehören das AGG und §§ 4, 5 Teilzeit- und Befristungsgesetz (TzBfG).

Während erstere Regelungen vor Diskriminierung schützen, haben die Bestimmungen des TzBfG zum Ziel, Teilzeit- bzw. befristet Beschäftigte nicht wegen dieser Form ihres Arbeitsverhältnisses zu benachteiligen. Beide Benachteiligungsverbote sind bei geringfügigen Beschäftigungen besonders relevant wegen des hohen Frauenanteils an den Beschäftigten und der Anwendung des TzBfG auf alle geringfügigen Beschäftigungen (§ 2 TzBfG). Deshalb ist bei Abschluss des Arbeitsvertrages darauf zu achten, dass Frauen dort keine nachteiligen Regelungen gegenüber Männern erfahren und geringfügig Beschäftigte keinen Nachteil auf Grund dieser Beschäftigung hinnehmen müssen.

Das TzBfG beschränkt sich auf Fälle, in denen kein sachlicher Grund für eine unterschiedliche Behandlung vorliegt. Sachliche Gründe können solche sein, welche eine Benachteiligung nicht wegen der geringfügigen Beschäftigung, sondern auf Grund der individuellen Arbeitsleistung, der Qualifikation, der Berufserfahrung etc. hervorrufen.

Geringfügig Beschäftigte sind somit im Hinblick auf Urlaubsgeld, Weihnachtszuwendung etc. so zu behandeln wie Vollbeschäftigte. Maßstab der Vergütung ist die übliche Vergütung (§ 612 Abs. 2 BGB), auf die auch geringfügig Beschäftigte Anspruch haben.

Der Verstoß gegen diese Diskriminierungsverbote hat letztlich Nichtigkeit der entsprechenden Regelungen zur Folge (§ 134 BGB).

4 Arbeitsrecht

Entgeltfortzahlung im Krankheitsfall, Feiertagsvergütung
Bei geringfügigen Beschäftigungen besteht Anspruch auf Entgeltfortzahlung im Krankheitsfall nach dem Entgeltfortzahlungsgesetz (EFZG).

Das EFZG regelt nach dem Lohnausfallprinzip auch die Feiertagsvergütung für geringfügig Beschäftigte (§ 2 EFZG). Dabei kommt es darauf an, welche vertraglichen Regelungen zu Arbeitszeiten bestehen. Arbeitet ein geringfügig Beschäftigter vertragsgemäß jeweils donnerstags und freitags und fällt ein Feiertag auf einen Donnerstag, so hat er entsprechend seiner Arbeitszeit [→Kap. 5.2] an diesem Tag Anspruch auf die Vergütung. Verlegt der Arbeitnehmer in dieser Woche mit Feiertag die Arbeitszeit auf Mittwoch, ist dies eine Umgehung der Regelungen nach dem EFZG. Arbeitet der geringfügig Beschäftigte weisungsgemäß auch am Mittwoch, hat er Anspruch auf entsprechende Vergütung für Mittwoch, Donnerstag und Freitag.

Überstunden, Zuschlagspflicht
Nach der Rechtsprechung werden geringfügige Beschäftigungen so gedeutet, dass wegen der Geringfügigkeit vereinbart sei, es bestehe kein Interesse an der Ableistung von Überstunden. Deshalb dürfe der Arbeitgeber diese auch nicht einseitig anordnen, sondern ein Anfallen von Überstunden könne nur in Übereinstimmung von beiden Vertragsparteien entstehen.

Haltbar erscheint diese Auslegung nur für Verträge mit einer Stundenbegrenzung, nicht jedoch für die kurzfristigen Beschäftigungen, bei denen es vertraglich eher um begrenzte Saisontätigkeiten geht, innerhalb derer es weniger auf eine Arbeitszeitbeschränkung ankommen soll. Abgesehen von diesen Auslegungsfragen ist stets darauf zu achten, dass zu viele Überstunden die Verdienstgrenze von 400 Euro zu übersteigen drohen, ein Problem, das wegen der sozialversicherungsrechtlichen Folgen im Interesse keines der beiden Vertragspartner stehen dürfte.

Daneben ist die Frage der Vergütung von Überstunden zu klären. Wird tarifvertraglich oder einzelarbeitsvertraglich ein Überstundenzuschlag gewährt, muss dieser auch für Überstunden geringfügig Tätiger gelten. Besteht für die Arbeitnehmer in keinem Fall Anspruch auf Überstundenzuschlag, dann erfolgt Vergütung der Überstunden bei geringfügiger Tätigkeit nach dem normalen Stundentarif.

Urlaub

Grundsätzlich hat der geringfügig Beschäftigte wie jeder andere Arbeitnehmer Anspruch auf Urlaub nach dem Bundesurlaubsgesetz (BUrlG), also auf Freistellung von der Arbeit bei Bezahlung des Arbeitsentgelts.

Mindesturlaub ist dabei nach § 3 Abs. 1 BUrlG ein Anspruch von 24 Werktagen, wenn sich aus Tarifvertrag oder einzelvertraglich keine anderen Ansprüche ergeben. Die jeweilige Urlaubsdauer des einzelnen geringfügig Tätigen bestimmt sich aus einer rechnerischen Inbeziehungsetzung von Arbeitstagen und Werktagen. Dabei ist die nach dem Gesetz oder Tarifvertrag maßgebliche Verteilung der Arbeitszeit einer Woche der Verteilung der Arbeitszeit des geringfügig Beschäftigten gegenüberzustellen.

Nach § 11 Abs. 1 BUrlG errechnet sich das zu zahlende Urlaubsentgelt nach dem durchschnittlichen Arbeitsverdienst, den der Arbeitnehmer in den letzten 13 Wochen vor Beginn des Urlaubs erhalten hat. Dazu zählen auch nicht gleich bleibende Entgeltbestandteile wie Überstundenvergütung, Zuschläge etc. unabhängig davon, ob sie regelmäßig anfallen oder nicht.

Sehen ein Tarifvertrag, eine Betriebsvereinbarung oder ein Arbeitsvertrag Zahlung von Urlaubsgeld vor, besteht für den geringfügig Beschäftigten seiner Arbeitszeit entsprechend anteilmäßiger Anspruch, denn Urlaubsgeld gehört zur geschuldeten ortsüblichen Vergütung nach § 612 Abs. 2 BGB.

Mutterschutz, Elternzeit, Erziehungsgeld

Mutterschutz besteht für alle Frauen, die in einem Arbeitsverhältnis stehen (§ 1 MuSchG). Somit gilt dies auch für geringfügig beschäftigte Frauen, insbesondere das Beschäftigungsverbot während der Mutterschutzfristen (§§ 3, 9 MuSchG) und der besondere Kündigungsschutz (§ 9 MuSchG), aber auch im Übrigen gilt das MuSchG ohne Besonderheiten. Da jeder Arbeitgeber daran gebunden ist, spielt es auch keine Rolle, ob eine Beschäftigung bei einem oder mehreren Arbeitgebern vorliegt.

Die Voraussetzungen für Elternzeit und Erziehungsgeld nach dem Bundeselterngeld- und Elternzeitgesetz (BEEG) sind insoweit gleich, als die jeweiligen Arbeitnehmer keiner vollen Erwerbstätigkeit nachgehen dürfen (§§ 15, 1 BEEG). Nach § 1 Abs. 6 BEEG liegt keine volle Erwerbstätigkeit vor, wenn u. a. die wöchentliche Arbeitszeit 30 Stunden nicht übersteigt. Bei der kurzfristigen Beschäftigung ist davon auszugehen, dass selbst eine zeitweise Überschreitung der Wochenarbeitszeitgrenze nicht kontinuierlich erfolgt, die gesetzliche Voraussetzung jedoch als kontinuierliche Gegebenheit angesehen werden muss.

Da § 15 Abs. 1 BEEG an die Arbeitnehmereigenschaft anknüpft, haben geringfügig Beschäftigte Anspruch auf Elternzeit. Bei der Ermittlung der Wochenarbeitszeitgrenze werden mehrere geringfügige Beschäftigungen zusammengerechnet. Wird hierbei die 30-Stunden-Grenze überschritten, liegt ohnehin keine Geringfügigkeit mehr vor, es sei denn, es werden nicht mehr als zwei Monate oder 50 Arbeitstage im Jahr gearbeitet. Das Gesagte gilt auch für den Erziehungsgeldanspruch, weshalb dieser für geringfügig Beschäftigte ebenfalls besteht.

Kündigungsschutz
Vom Grundsatz her gilt der allgemeine Kündigungsschutz (KSchG) ebenso wie der besondere (für bestimmte Personengruppen, z.B. Schwangere – MuSchG, Schwerbehinderte – SGB IX) auch für geringfügige Beschäftigungen. Aus diesem Grund müssen die Voraussetzungen des KSchG vorliegen. So sieht § 1 Abs. 1 KSchG eine ununterbrochene Mindestbeschäftigungsdauer von sechs Monaten vor. Dies könnte bei geringfügigen Beschäftigungen ein Grund sein, warum das KSchG keine Anwendung findet, insbesondere für die kurzfristig Beschäftigten nach § 8 Abs. 1 Nr. 2 SGB IV.

In diesem Zusammenhang zu berücksichtigen ist auch § 23 KSchG. Danach ist das KSchG nicht anzuwenden, wenn ein Betrieb nicht mehr als zehn Arbeitnehmer aufweisen kann. Hierzu regelt § 23 Abs. 1 S. 3 KSchG, dass geringfügig beschäftigte Arbeitnehmer bei dieser Berechnung nur anteilsmäßig zu berücksichtigen sind. Als Anteile sind für Personen mit einer wöchentlichen Arbeitszeit von bis zu 20 Stunden der Berechnungsfaktor 0,5, für Personen mit der wöchentlichen Arbeitszeit von bis zu 30 Stunden der Berechnungsfaktor 0,75 vorgesehen.

Hat nun also ein Betrieb sechs Vollzeitbeschäftigte und sechs geringfügig Beschäftigte mit einer Wochenarbeitszeit von 15 Stunden, ergibt die Berechnung 6 + (6 x 0,5) = 9 Mitarbeiter. In diesem Betrieb kommt das KSchG nicht zur Anwendung.

Ein starker Anteil geringfügig Beschäftigter kann somit zur Folge haben, dass für den Betrieb das KSchG nicht zur Anwendung gelangt und für alle Beschäftigten ein Kündigungsschutz nicht vorliegt. Da dies alle Arbeitnehmer des Betriebs betrifft, liegt auch keine Diskriminierung der geringfügig Beschäftigten vor.

4.4.2 Steuerrechtliche Aspekte

Nach § 40a Abs. 1 bis 2a EStG kann das Arbeitsentgelt aus kurzfristigen und geringfügigen Beschäftigungsverhältnissen pauschal versteuert werden. Dabei werden in Abs. 1 an die kurzfristigen Beschäftigungen andere gesetzliche Anforderungen gestellt als in Abs. 2 und 2a an die geringfügigen. Zudem unterscheidet sich jeweils die Höhe des Pauschalsteuersatzes.

4.4.3 Sozialversicherungsrechtliche Aspekte

Die eingangs erwähnten Regelungen zur Definition einer geringfügigen Beschäftigung (§ 8 Abs. 1 Nr. 1 und Nr. 2 SGB IV) entstammen dem Sozialversicherungsrecht. An sie werden Folgen im Zusammenhang mit den Sozialversicherungen geknüpft, denn das SGB IV enthält diesbezüglich gemeinsame Vorschriften.

Bei der Anwendung des § 8 Abs. 1 SGB IV sind mehrere geringfügige Beschäftigungen eines AN zusammenzurechnen ebenso wie geringfügige Beschäftigungen und nicht geringfügige Beschäftigungen. Entfällt nach der Zusammenrechnung eine Voraussetzung des § 8 Abs. 1, liegt bei diesem AN eine geringfügige Beschäftigung nicht mehr vor (§ 8 Abs. 2 SGB IV).

Eine Zusammenrechnung von geringfügigen Beschäftigungen und nicht geringfügigen Beschäftigungen erfolgt nicht bei der Arbeitsförderung (§ 27 Abs. 2 S. 1 SGB III). Ebenso wird bei Behinderten in geschützten Einrichtungen sowie Personen in Einrichtungen der Jugendhilfe oder in Berufsbildungswerken oder ähnlichen Einrichtungen für Behinderte, die nach § 5 Abs. 1 Abs. 1 Nrn 5–8 SGB V, § 2 Abs. 1 S. 1 Nrn 2, 3 SGB VI versicherungspflichtig sind, keine Zusammenrechnung vorgenommen, wenn diese Personen zusätzlich einer geringfügig entlohnten Beschäftigung nachgehen.

Nach § 8 Abs. 3 SGB IV gelten mit Ausnahme des Rechts der Arbeitsförderung § 8 Abs. 1 und Abs. 2 SGB IV auch für selbstständige Tätigkeiten.

Versicherungsfreiheit der geringfügig Beschäftigten

Die geringfügige Beschäftigung nach § 8 Abs. 1 SGB IV ist in der Arbeitslosen-, Kranken-, Renten- und Pflegeversicherung versicherungsfrei (§ 27 Abs. 2 S. 1 SGB III, § 7 S.1 SGB V, § 5 Abs. 2 Nr. 1 SGB VI, § 20 Abs. 1 SGB XI). Es bleibt die Pflicht des Arbeitgebers, die Pauschalbeiträge zur Kranken- und Rentenversicherung zu entrichten.

Ausnahme: Für Beschäftigungen
- im Rahmen betrieblicher Berufsbildung,
- im Rahmen des Gesetzes zur Förderungen eines freiwilligen sozialen oder ökologischen Jahres oder
- auf Grund einer stufenweisen Wiedereingliederung nach § 74 SGB V

ist auch bei Geringfügigkeit keine Versicherungsfreiheit (Arbeitslosen-, Kranken-, Renten- und Pflegeversicherung) gegeben.

Wegen der sozialversicherungsrechtlichen Folgen ist es insbesondere für den Arbeitgeber unerlässlich, zu unterscheiden zwischen der
- geringfügig entlohnten und
- der kurzfristigen Beschäftigung.

Erstere erfährt ihre Abgrenzung aus der Entlohnungsgrenze von 400 Euro monatlich. Die kurzfristige Beschäftigung ist dagegen entgeltunabhängig. Für die Versicherungsfreiheit jedoch sind zwei weitere Voraussetzungen nötig, weil erst dann alle gesetzlichen Merkmale für eine geringfügige Beschäftigung nach § 8 Abs. 1 Nr. 2 SGB IV erfüllt sind, auf welche sich die Regelungen zur Versicherungsfreiheit beziehen:
- Die Beschäftigung darf nicht berufsmäßig ausgeübt werden und
- das monatliche Entgelt darf nicht mehr als 400 Euro betragen.

Berufsmäßigkeit ist dann nicht anzunehmen, wenn die Beschäftigungen nur gelegentlich ausgeübt werden. Sie liegt auch dann nicht vor, wenn eine kurzfristige Beschäftigung neben einer Hauptbeschäftigung ausgeübt wird, weil sie diesbezüglich von untergeordneter wirtschaftlicher Bedeutung ist.

Bei der Beurteilung der Frage, ob Kurzfristigkeit (also pro Jahr nicht mehr als zwei Monate oder pro Jahr nicht mehr als 50 Tage Beschäftigung) vorliegt, werden Zeiten mehrerer kurzfristiger Tätigkeiten zusammengerechnet, gleich ob diese bei einem oder mehreren Arbeitgebern ausgeübt werden.

Zur Verdeutlichung sollen folgende Fallbeispiele dienen:

Fallbeispiel 2 Eine Pflegekraft ist neben einer kontinuierlichen 50%-Teilzeitbeschäftigung in den Sommermonaten Juli und August für zwei ambulante Pflegedienste als Urlaubsvertretung tätig. Beim ersten Pflegedienst erhält sie für ihre Vertretungstätigkeit 275 Euro, beim zweiten 125 Euro in jedem der beiden Monate. Darüber hinaus hat sie in diesem Jahr keine weiteren geringfügigen Beschäftigungen übernommen.

Fallbeispiel 3 Eine andere Pflegekraft ist in einer 50%-Teilzeitbeschäftigung Pflegedienstleitung in einem Altenheim. In den Monaten Juni und Juli übernimmt sie an insgesamt 15 Tagen Urlaubsvertretung als Leitung eines kleinen ambulanten Pflegebetriebes, in den Monaten August und September Krankheitsvertretung an 35 Tagen für dieselbe Leitungsperson. Sie erhält für diese Tätigkeit durchschnittlich monatlich 420 Euro.

Fallbeispiel 4 Eine Pflegekraft – derzeit in Babypause – hilft in drei ambulanten Pflegediensten als Urlaubsvertretung aus. Im ersten ist sie im Juli und August 15 Tage tätig, im zweiten im Juni und Juli 20 Tage, im dritten im August und September 17 Tage. Sie erhält zusammengerechnet monatlich 380 Euro als Entgelt.

Im Fall 2 und Fall 3 liegen kurzfristige Tätigkeiten vor, nicht jedoch im Fall 4, da dort an mehr als 50 Tagen einer Beschäftigung nachgegangen wird. In allen Fällen liegt keine Berufsmäßigkeit vor, im Fall 2 und 3 wegen der untergeordneten wirtschaftlichen Bedeutung, im Fall 4 auf Grund einer ausschließlichen Aushilfstätigkeit. Geringfügige Beschäftigung nach § 8 Abs.1 Nr. 2 SGB IV stellt aber somit lediglich die Tätigkeit in Fall 2 dar, weil in Fall 3 das monatliche Arbeitsentgelt höher als 400 Euro ist.

Im Fall 3 ist die Beschäftigung eine geringfügig entlohnte nach § 8 Abs. 1 Nr. 1 SGB IV. Versicherungsfreiheit liegt demnach nur im Fall 4 vor (geringfügige Beschäftigung nach § 8 Abs. 1 Nr. 1 SGBIV). Im Fall 2 werden geringfügige Beschäftigung und hauptberufliche Teilzeitbeschäftigung zusammengerechnet, weil davon auszugehen ist, dass die nicht geringfügige hauptberufliche Beschäftigung Versicherungspflicht begründet (§§ 7 S. 2 SGB V, § 5 Abs. 2 S. 1 SGB VI).

Wird eine Beschäftigung zwar innerhalb von 50 Arbeitstagen pro Jahr abgewickelt, dies allerdings im Rahmen eines Dauerarbeitsverhältnisses oder eines regelmäßig wiederkehrenden Arbeitsverhältnisses, ist fraglich, ob eine kurzfristige Beschäftigung gegeben ist. Dies deshalb, weil der Rahmenvertrag bzw. die regelmäßige Wiederkehr von Einzelverträgen dem Merkmal der Kurzfristigkeit insofern wiedersprechen, als eine sich wiederholende Kurzfristigkeit schon auf Dauer geregelt ist oder faktisch einer solchen Regelung entspricht. Regelt also eine Sozialstation mit einer Mitarbeiterin vertraglich, dass sie jeweils in den Monaten Juni bis September an 50 Tagen Urlaubsvertretungen übernehmen soll, so liegt keine Kurzfristigkeit vor, obwohl sie jeweils an nicht mehr als 50 Tagen pro Jahr beschäftigt ist, weil dies sich unbefristet fortsetzt. Gleiches gilt, wenn solche Verträge über Jahre hinweg jeweils neu auf ein Jahr bezogen geschlossen werden, da darin faktisch nur die Umgehung eines unbefristeten Rahmenvertrages zu sehen ist.

Dauerbeschäftigte mit nur einem Arbeitstag pro Woche erfüllen ebenfalls nicht das Merkmal der Kurzfristigkeit auf Grund der vereinbarten Dauerbeschäftigung. Zu prüfen ist hier allerdings, ob solche Beschäftigungen nicht unter die geringfügig entlohnten fallen.

Bei einer geringfügigen Beschäftigung kann der Arbeitnehmer auf die Versicherungsfreiheit in der Rentenversicherung verzichten (§§ 5 Abs. 2 S. 2 SGB VI). Diese Verzichtserklärung ist gegenüber dem Arbeitgeber schriftlich abzugeben. Sie wirkt nur für die Zukunft und ist für die Dauer des Arbeitsverhältnisses bindend. Liegen mehrere geringfügige Beschäftigungen vor, kann diese Erklärung nur einheitlich für alle abgegeben werden.

Versicherungsmeldung

Jeder geringfügig Beschäftigte ist innerhalb einer Woche ab Beginn und nach Beendigung der Beschäftigung bei der jeweiligen Krankenkasse zu melden (§ 28a Abs. 1 i.V.m. Abs. 9 SGB IV). Gleichzeitig ist der Sozialversicherungsausweis vom Beschäftigten dem Arbeitgeber vorzulegen (§ 18 h Abs. 3 SGB IV).

Versicherungsbeiträge

Es besteht die Verpflichtung des Arbeitgebers, für geringfügig entlohnte Beschäftigungen den Pauschalbetrag (13% des jeweiligen Arbeitsentgelts) an die gesetzliche Krankenversicherung zu entrichten (§ 249b SGB V). Dies gilt für alle Beschäftigten, die bereits in der gesetzlichen Krankenversicherung versichert sind und entsprechende Ansprüche auf Sachleistungen haben. Dabei ist es gleichgültig, ob eine Pflichtversicherung oder eine freiwillige Versicherung besteht. Sind die geringfügig Beschäftigten nicht in der gesetzlichen Krankenversicherung versichert (etwa Privatversicherte), entfällt die Entrichtung des Pauschalbetrages.

In der Rentenversicherung ist vom Arbeitgeber für geringfügig Beschäftigte ein Beitragsanteil in Höhe von 15% des Arbeitsentgelts zu entrichten (§ 168 Abs. 1 Nr. 1b SGB VI). Dies gilt nicht für Praktikanten, welche ihr Praktikum als Studenten im Rahmen eines von einer Studien- und Prüfungsordnung geregelten Praktikums ableisten, unabhängig von der Höhe der Praktikumsvergütung. Für alle anderen Praktika von Studenten gilt dies bis zur Höhe von 400 Euro monatliches Praktikumsentgelt. Verzichtet der geringfügig Beschäftigte auf seine Versicherungsfreiheit, besteht Rentenversicherungspflicht. In diesem Fall hat auch der Arbeitnehmer zusätzlich seinen Versicherungsbeitrag vom Arbeitsentgelt zu entrichten.

4.5 Tendenzschutz

Der Tendenzschutz räumt Betrieben mit besonderer programmatischer Ausrichtung (z. B. Kirchen und deren Verbände, Parteien) im Rahmen der Privatautonomie und eines Grundrechtsschutzes arbeitsrechtliche Eigenpositionen ein. Im Bereich der Pflege kommen als Tendenzbetriebe lediglich die kirchlichen bzw. kirchenverbandlichen Trägerschaften in Frage (etwa Innere Mission/Diakonie, Caritasverbände, die Kirchen selbst, Ordensgemeinschaften etc.).

Wäre das Altenheim, in welchem M. künftig arbeiten will, etwa in der Trägerschaft eines Caritasverbandes, dürfte M. beim Vorstellungsgespräch nach seiner Zugehörigkeit zur katholischen Kirche gefragt werden. Seine Anstellung darf sodann von seiner Antwort abhängig gemacht werden dahingehend, dass „ohne Bekenntnis" sicherlich einer Anstellung entgegenstehen würde. Konfessionell orientierte AG können somit ihre besondere Zielsetzung auch im Bereich des Arbeitsrechts realisieren, eine Konsequenz aus der Privatautonomie und dem verfassungsmäßig gewährleisteten Selbstbestimmungsrecht der Kirchen (Art. 140 GG i.V.m. 137 III WRV). Der Bezug zum Tendenzschutz ist demnach im Arbeitsvertrag herzustellen, etwa wie in folgendem Auszug aus einem Arbeitsvertrag im Bereich der katholischen Kirche:

„Der Dienst in der Kath. Kirche erfordert vom Arbeitgeber und vom Mitarbeiter die Bereitschaft zu gemeinsam getragener Verantwortung und vertrauensvoller Zusammenarbeit unter Beachtung der Eigenheiten, die sich aus dem Auftrag der Kirche und ihrer Verfasstheit ergeben. Bei der Erfüllung der dienstlichen Aufgaben sind die allgemeinen und für einzelne Berufsgruppen erlassenen kirchlichen Gesetze und Vorschriften zu beachten. Die ‚Grundordnung des Kirchlichen Dienstes im Rahmen Kirchlicher Arbeitsverhältnisse' ist in ihrer jeweiligen Fassung Bestandteil des Arbeitsvertrages.

Der Dienst in der Kath. Kirche erfordert vom Mitarbeiter, dass er seine persönliche Lebensführung nach der Glaubens- und Sittenlehre sowie den übrigen wesentlichen Normen der Kath. Kirche – entsprechend Art. 4 der Grundordnung des Kirchlichen Dienstes im Rahmen kirchlicher Arbeitsverhältnisse – einrichtet.

Schwerwiegende Verstöße geben dem Dienstgeber das Recht zur Lösung des Dienstverhältnisses."

Die wichtigsten Fälle des Tendenzschutzes nach der Grundordnung des kirchlichen Dienstes im Bereich der **katholischen Kirche** sind
- Zugehörigkeit zur katholischen Kirche mit Abstufungen entsprechend der Tätigkeit (s. u.),
- Persönliche Lebensführung nach der Glaubens- und Sittenlehre (so genannte Loyalitätsobliegenheiten), hier vor allem kirchliche Eheschließung, kein kirchenfeindliches Auftreten in der Öffentlichkeit, und
- eigenes Mitarbeitervertretungsrecht (MAVO).

Die Grundordnung des kirchlichen Dienstes unterscheidet nach der unterschiedlichen Bedeutung einer Position im jeweiligen Betrieb (Reinigungskraft, Hausmeister, Leitungsposition, Tätigkeit in der Religionslehre oder im erzieherischen Bereich). So ist eine Reinigungskraft ohne oder ohne christliches Bekenntnis einstellbar, eine Heimleiterin dementsprechend wohl eher nicht, weil sie als Beauftragte des Trägers auch dessen besondere Ausrichtung in der Einrichtung umzusetzen hat. Im Bereich der Altenpflege liegt beim Pflegepersonal weder eine katechetische noch eine erzieherische Tätigkeit vor. Hohe Anforderungen bezüglich des Tendenzschutzes sind jedoch bezüglich der Leitungstätigkeiten und wohl auch im Bereich der Hospizpflege zu stellen.

> **Fallbeispiel M.** M. wird also in jedem Fall einer christlichen Kirche angehören oder sogar katholisch sein müssen, will er in Trägerschaft des Caritasverbandes mit unmittelbarer Leitungsverantwortung angestellt werden. Er wird nicht aus der Kirche austreten oder als Redner auf einer Kundgebung für den Schwangerschaftsabbruch plädieren dürfen, sich scheiden lassen und standesamtlich neu verheiraten dürfen, ohne mit einer Kündigung rechnen zu müssen.

Freilich sieht letztlich aber die Grundordnung stets eine individuelle Einzelfallprüfung vor und ist die Kündigung stets die letzte Maßnahme zur Aufrechterhaltung der Tendenz des Betriebes. Sind weniger einschneidende Maßnahmen zu ihrer Aufrechterhaltung möglich (z. B. Umsetzung in weniger exponierte Position, Veränderung des Verhaltens hinsichtlich der Loyalitätsobliegenheiten), sind diese zu treffen.

4 Arbeitsrecht

Ist im Bereich der katholischen Kirche die Grundordnung der kirchlichen Dienste (vom 1.1.1994) maßgebend für die rechtliche Beurteilung des Tendenzschutzes, so gelten für den Bereich der **evangelischen Kirche** die Richtlinien für die Anstellung kirchlicher Mitarbeiter, die vor allem bezüglich der Kirchenangehörigkeit Vergleichbares verlangen.

Diese Darstellung ist stets auch im Lichte des AGG, insbesondere des § 9 AGG zu sehen und zu beurteilen, der hinsichtlich Benachteiligung Einzelner hier Raum für die eigene Ausrichtung von Religionsgemeinschaften gibt.

4.6 Mitbestimmung

Die betriebliche Mitbestimmung wurde gesetzlich etabliert als Interessenvertretung der Arbeitnehmer mit dem Ziel der Partizipation an Entscheidungen der Arbeitgeber. Für den Bereich der Pflege sind gesetzliche Grundlagen einer betrieblichen Mitbestimmung

- das Betriebsverfassungsgesetz (BetrVG) (für privatrechtlich organisierte Betriebe), bei großen Betrieben mit mehr als 2000 Mitarbeitern einiger Rechtsformen (z. B. Aktiengesellschaft) ist auch das Mitbestimmungsgesetz zu beachten),
- die Personalvertretungsgesetze (PVG) der Länder (für den öffentlichen Dienst) sowie
- Mitarbeitervertretungsordnungen (MAVO, MVD-EKD) (für Bereiche kirchlicher Trägerschaft).

In BetrVG und PVG finden sich dabei zum Teil vergleichbare Inhalte. Besonderheiten des öffentlichen Dienstes (z. B. beamtenrechtliche Regelungen) erfordern aber im Personalvertretungsrecht auch abweichende Regelungen. Die Mitarbeitervertretungsregelungen im kirchlichen Bereich sehen entsprechend ihrer besonderen Ausrichtung ebenfalls teilweise abweichende Regelungen vor (s. u. Übersicht).

Die Einwirkungsmöglichkeiten des Betriebsrates (Personalrates) nach BetrVG und PVG auf die Entscheidungen der AG sind unterschiedlich stark. Sie reichen von der Informationspflicht der AG über Beratungsrechte, Einwendungsrechte bis zum Widerspruchsrecht bzw. Zustimmungsrecht, bei dem im Falle der Nichteinigung unter Umständen eine Einigungsstelle entscheiden kann. Keine Mitbestimmung ist für wirtschaftliche Angelegenheiten vorgesehen. Es kann aber in solchen Fällen für nachteilige Folgen einer Unternehmensentscheidung ein Sozialplan vereinbart werden.

Keine Anwendung finden die Mitbestimmungsrechte auf leitende Angestellte, die als solche jedoch nur anzusehen sind, wenn sie der Unternehmensleitung angehören, d. h., der übergeordneten Leitung der Einheit, für die ein Betriebsrat (Personalrat) besteht, hierbei besondere eigenverantwortliche Aufgaben übernehmen bzw. AG-Funktionen haben, z. B. Kündigungsrecht oder Generalvollmacht (hier kommt evtl. ein Sprecherausschuss nach SprAuG vom 20.12.88, BGBl. I, S. 2312 in Betracht).

In Betrieben mit in der Regel mindestens fünf ständigen wahlberechtigten (§ 7 BetrVG, über 18 Jahre alt) AN, von denen drei wählbar (§ 8 BetrVG, sechs Monate Betriebszugehörigkeit) sind, werden Betriebsräte gewählt. Die Größe der Betriebsräte besteht nach § 9 BetrVG in einer mit der Zahl der wahlberechtigten AN steigenden Zahl der Mitglieder des Betriebsrates (z. B. 5–20 AN, 1 Mitglied; 21–50 AN, 3 Mitglieder; 51–100 AN, 5 Mitglieder; 101–200 AN, 7 Mitglieder etc.). Die Amtszeit beträgt vier Jahre (§ 21 BetrVG).

Für unter 18-Jährige besteht eine betriebliche Jugend- und Auszubildendenvertretung (§§ 60 ff. BetrVG), die Teilnahmerechte an den Versammlungen des Betriebsrates hat.

Der Betriebsrat soll sich aus AN der verschiedenen Organisationsbereiche und Beschäftigungsarten im Betrieb zusammensetzen (§ 15 Abs. 1 BetrVG). Eine Unterscheidung in Angestellte und Arbeiter wird nach der Reform des BetrVG im Betriebsrat nicht mehr vorgenommen. Allerdings muss das Geschlecht, das in der Belegschaft in der Minderheit ist, nunmehr mindestens entsprechend seinem zahlenmäßigen Verhältnis im Betriebsrat vertreten sein, wenn dieser aus mindestens drei Mitgliedern besteht (§ 15 Abs. 2 BetrVG).

Unter anderem in diesem Punkt bestehen Unterschiede zwischen dem BetrVG und den PVG. Letztere sehen länderspezifisch (z. B. Bayern) andere Regelungen im Bezug auf die Zahl der Mitglieder des Personalrates vor, ebenso wie hinsichtlich der beschäftigten Gruppen (Beamte, Angestellte), die entsprechend ihrer Angehörigenzahl in der jeweiligen Dienststelle im Personalrat vertreten sein müssen.

4.7 Europäisches Arbeitsrecht

Die Personalsuche ist besonders in der Pflege auch auf den Arbeitsmarkt der EU-Mitgliedsstaaten angewiesen. Insoweit erscheint es erforderlich, einen kurzen Überblick über arbeitsrechtlich beachtenswerte Gegebenheiten des EU-Gemeinschaftsrechtes herzustellen.

Das Gemeinschaftsrecht unterscheidet **Primärrecht** (insbesondere die Vorschriften des EG-Vertrages), das unmittelbar anwendbar ist, wenn es eindeutig und unmittelbare Verpflichtungen enthält, deren Vollzug keines Eingriffs des nationalen Gesetzgebers bedarf. Hierzu gehört die Arbeitnehmerfreizügigkeit und das Verbot der Geschlechterdiskriminierung bei der Entlohnung.

Das Primärrecht eröffnet den Organen der Gemeinschaft (z.B. dem EU-Parlament) die Möglichkeit, selbstständig neues Recht zu setzen. Dieses wird als **Sekundärrecht** bezeichnet. Im europäischen Arbeitsrecht handelt es sich dabei zumeist um Richtlinien oder Verordnungen.

Richtlinien enthalten Zielvorgaben für die Mitgliedsstaaten, die dort der Umsetzung bedürfen (z.B. in das AGG, ArbeitszeitG), **Verordnungen** gelten unmittelbar wie nationale Gesetze. Wichtige Richtlinie im Zusammenhang mit arbeitsrechtlichen Fragen ist etwa der Schutz der Arbeitnehmer bei Zahlungsunfähigkeit des Arbeitgebers (80/987/EWG) oder die Information des Arbeitgebers über Mindestanforderungen an den Arbeitnehmer (91/533/EWG), umgesetzt im Nachweisgesetz.

4.7.1 Freizügigkeit des Arbeitnehmers

Arbeitnehmer ist jeder Staatsangehörige eines Mitgliedsstaates, der eine weisungsgebundene Tätigkeit im Lohn- oder Gehaltsverhältnis im Hoheitsgebiet eines anderen Mitgliedsstaates ausübt oder ausüben will. Solchen Personen ist **Freizügigkeit** garantiert, dies soll die grenzüberschreitende Arbeitssuche und Arbeitsaufnahme erleichtern. Zu diesem Zweck ist damit ein so genanntes Diskriminierungsverbot verbunden, das besagt, dass EU-Bürger hinsichtlich ihrer Arbeitsbedingungen nicht schlechter behandelt werden dürfen als Inländer in vergleichbarer Position. Nach der Rechtsprechung des Europäischen Gerichtshofs (EuGH) gehört dazu des Weiteren auch ein Schutz vor Behinderungen der Mobilität solcher so genannten Wanderarbeitnehmer durch inländisches Recht.

Die Grenze der Arbeitnehmerfreizügigkeit liegt in Gründen der öffentlichen Ordnung, Sicherheit und Gesundheit. Diese ist jedoch eng auszulegen derart, dass etwa Gründe der öffentlichen Ordnung nur vorliegen, wenn eine tatsächliche und hinreichend schwere Gefährdung vorliegt, die ein Grundinteresse der Gesellschaft berührt. Als Gründe gelten keine wirtschaftlichen, weshalb auch arbeitsmarktpolitische Überlegungen als Gründe für aufenthaltsbeschränkende Maßnahmen ebenso ausgeschlossen sind wie der Schutz der einheimischen Wirtschaft.

Die Arbeitnehmerfreizügigkeit gilt nicht für die Beschäftigung in der öffentlichen Verwaltung. Allerdings ist der Begriff des öffentlichen Dienstes gemeinschaftseinheitlich auszulegen dahingehend, dass es sich um eine unmittelbare oder mittelbare Teilnahme an der Ausübung hoheitlicher Befugnisse und an der Wahrnehmung solcher Aufgaben handelt, die auf die Wahrung der allgemeinen Belange des Staates gerichtet sind.

Fallbeispiel 5 Freizügigkeit Frau V. soll stellvertretende PDL in einem städtischen Altenheim werden. Ihr Arbeitsverhältnis bestimmt sich demgemäß nach TVöD. Sie ist grenznah tätig und wohnt deshalb in ihrem Herkunftsland Frankreich. In ihren Arbeitsvertrag soll ein Zusatz aufgenommen werden, der regelt, dass sie ihren Wohnsitz in die Stadt ihrer Arbeitsstätte verlegen muss. Sie weigert sich, diesen Zusatz zu unterzeichnen. Die ihr zugesagte Stelle wird deshalb anderweitig vergeben. Sie hält dieses Vorgehen für rechtswidrig, da andere Kolleginnen teilweise längere Anfahrten zu ihrem Arbeitsplatz haben als sie und ihre Tätigkeit deshalb – auch bezüglich etwaiger Bereitschaftsdienste – nicht beeinträchtigt wäre. Kann sie sich auf Freizügigkeit berufen?

In diesem Fall handelt es sich zweifellos um eine Tätigkeit im öffentlichen Dienst. Allerdings nimmt sie als stellvertretende PDL keine Aufgaben wahr, die auf die Wahrung der allgemeinen Belange des Staates gerichtet sind. Sie kann sich deshalb auf die Freizügigkeit berufen. Eine einseitige Beschränkung ihrer Wohnsitzwahl ist nicht rechtmäßig, da der von ihr gewählte Wohnsitz ihre Dienstpflichten nicht beeinträchtigt, zumal andere Mitarbeiter diese Einschränkung nicht haben, obwohl ihre Wege zum Dienstort länger sind. In welchem Land der Wohnsitz liegt, darf dabei keine Rolle spielen. Die zugesagte Stelle wurde ihr in rechtswidriger Weise versagt.

4 Arbeitsrecht

Zur Freizügigkeit gehört faktisch auch die **Anerkennung erworbener Fähigkeiten** in den Mitgliedsstaaten. So regeln Richtlinien die grundsätzliche Anerkennung von Hochschuldiplomen (erforderlich ist eine Studiendauer von mindestens drei Jahren), wobei unter gewissen Umständen eine Anpassung verlangt werden kann (etwa über Berufserfahrung). Befähigungsnachweise unterhalb eines Hochschulabschlusses (in der entsprechenden Richtlinie aufgezählte Diplome) unterliegen ebenfalls dem Grundsatz der gegenseitigen Anerkennung, wenn der betroffene Beruf im Herkunftsland nicht ohne Diplom ausgeübt werden kann (z. B. Krankenschwester/Krankenpfleger). Ist die Ausübung des Berufs nur im Aufnahmestaat, nicht im Herkunftsland an das Diplom gebunden, können zusätzliche Berufserfahrung und Anpassungen an Ausbildungsinhalte bzw. Berufsbilder verlangt werden.

4.7.2 Gleichbehandlung

Die Gleichbehandlung im europäischen Arbeitsrecht richtet sich auf die generelle Gleichbehandlung von Frauen und Männern sowie auf den Grundsatz der Entgeltgleichheit für gleichwertige Arbeit. Über Richtlinien [➔Kap. 4.7] ist festgelegt, dass Gleichbehandlung sich auch auf den Zugang zur Beschäftigung, zur Berufsbildung, zum beruflichen Aufstieg sowie auf die Arbeitsbedingungen und auf die soziale Sicherheit bezieht. Ausnahmen liegen bei geschlechtsspezifischen Berufen und beim Schutz der Frau (Schwangerschaft, Mutterschutz) vor. Diese Grundsätze sind im Wesentlichen im nationalen Recht (AGG) umgesetzt.

4.7.3 Arbeitszeit, Teilzeitarbeit und befristete Arbeitsverträge

Die inländischen Regelungen des Arbeitszeitgesetzes [➔Kap. 5.2] und der Teilzeit- und Befristungsgesetze [➔Kap. 4.4.1] enthalten die Umsetzung gemeinschaftsrechtlicher Richtlinien. Hierzu ist insbesondere die Definition der Arbeitszeit zu beachten [➔Kap. 5.2].

5 Tarif und Tarifanwendung

Die Gestaltung der Arbeitsbedingungen durch Tarifverträge ist entstanden auf Grund der schwachen Position des einzelnen Arbeitnehmers gegenüber der wirtschaftlichen und sozialen Übermacht der Arbeitgeber. Tarifverträge sind privatrechtliche Verträge [→Kap. 1.2] zwischen tariffähigen Parteien. Tariffähig (lt. Tarifvertragsgesetz) sind Gewerkschaften und Arbeitgeberverbände einschließlich ihrer Spitzenorganisationen sowie einzelne, in der Regel größere Betriebe (so genannte Firmentarifvertrag).

Ein Tarifvertrag regelt die Rechte und Pflichten der Tarifparteien (schuldrechtlicher Teil) und sieht Regelungen zu Abschluss, Inhalt und Beendigung von Arbeitsverhältnissen sowie unter Umständen zur Ordnung von betrieblichen und betriebsverfassungsrechtlichen Fragen (normativer Teil) vor.

Tarifgebundenheit besteht nur im Geltungsbereich für die Mitglieder der Tarifparteien, soweit der Tarifvertrag nichts anderes regelt. Eine unterschiedliche Behandlung von organisierten und anderen Arbeitnehmern wäre jedoch bei Fehlen eines sachlichen Differenzierungsgrundes unzulässige Ungleichbehandlung. Für den Bereich der Pflege ist der Tarifvertrag für den öffentlichen Dienst in Bund und Kommunen (TVöD) einschlägig. Hier ist zunächst zuerst näher auf die Ausgestaltung des TVöD einzugehen.

Arbeitgeber — Arbeitnehmer

5 Tarif und Tarifanwendung

5.1 Der TVöD

5.1.1 Geltungsbereich

Die Tarifpartner des Tarifvertrags für den öffentlichen Dienst (TVöD) sind die Bundesrepublik Deutschland, die Vereinigung der kommunalen Arbeitgeberverbände sowie die Vereinigte Dienstleistungsgewerkschaft ver.di.

Der TVöD gilt für Arbeitnehmer des Bundes und der Kommunen (Vereinigung der kommunalen Arbeitgeberverbände – VKA), die in einer der Rentenversicherung unterliegenden Beschäftigung tätig sind. Für den Bereich der Pflege sind somit vom TVöD direkt lediglich die entsprechenden Mitarbeiterinnen und Mitarbeiter von Einrichtungen betroffen, welche in öffentlicher Trägerschaft des Bundes oder der Kommunen stehen. Deshalb ist eine unmittelbare Wirkung des TVöD für Personal in privatrechtlich organisierten Pflegeeinrichtungen nicht gegeben bzw. bedürfte einer eigenen Vereinbarung. Auf Grund des im SGB festgelegten Subsidiaritätsprinzips haben diese Trägerschaften jedoch bei gleicher Eignung hinter den freigemeinnützigen und privaten Trägern zurückzustehen.

Der TVöD wird häufig von den privatrechtlich organisierten Trägern über Arbeitsvertrag insgesamt oder in Teilen analog angewendet. Deshalb sind Grundkenntnisse zu Struktur und Besonderheiten des TVöD hilfreich, um als Trägervertreter entscheiden zu können, ob dessen Regelungen sinnvollerweise Inhalt der Arbeitsverträge werden sollen, oder ob abweichende Regelungen angebracht sind. Die folgende Zusammenfassung zu Tarifregelungen des TVöD soll als Hilfestellung für solche Entscheidungen dienen.

5.1.2 Gliederung/Aufbau des TVöD

Der TVöD beinhaltet einen Allgemeinen Teil, Besondere Teile mit Anlagen sowie Ergänzende Tarifverträge.

Allgemeiner Teil (AT)
Die nachfolgenden Regelungen aus dem AT sind bei direkter oder analoger Anwendung von besonderer Bedeutung. §§ ohne weitere Bezeichnung sind solche aus dem TVöD-AT.

a) Schriftform und Probezeit (§ 2)

Der Arbeitsvertrag ist schriftlich zu schließen und dem Arbeitnehmer auszuhändigen. Nebenabreden sind ebenfalls stets nur in Schriftform wirksam. Die maximale Probezeit ist auf sechs Monate festgelegt. Dieser Zeitraum kann unterschritten werden oder es kann vertraglich auf sie verzichtet werden.

b) Haftung (§ 3 Abs. 6)

Die Schadenshaftung [➡Kap. 6.3] ist bei dienstlich oder betrieblich veranlassten Tätigkeiten auf Vorsatz und grobe Fahrlässigkeit [➡Kap. 6.1] beschränkt.

c) Schweigepflicht, Belohnungen und Geschenke (§ 3 Abs. 1 und Abs. 2)

Beschäftigte haben Schweigepflicht hinsichtlich dienstlicher Angelegenheiten über das Ende des Arbeitsverhältnisses hinaus. Angebote von Belohnungen und Geschenken im Bezug auf die dienstliche Tätigkeit sind dem zuständigen Vertreter des Arbeitgebers unverzüglich und ohne Aufforderung anzuzeigen. Sie dürfen nur mit seiner Zustimmung angenommen werden. Diese Bestimmung ist im Bereich der Pflege von Bedeutung, da in der Praxis zu Pflegende häufig gegen solche Angebote so genannte „Pflegesonderleistungen" erbitten. Jedes derartige Angebot fällt unter diese Regelung. Ihre Nichtbeachtung ist stets wenigstens auch Abmahnungsgrund [➡Kap. 4.3.3].

Fallbeispiel M. Sollte M. erfahren, dass eine seiner Mitarbeiterinnen solche Geschenke annimmt, muss er sie auf die Anzeigepflicht hinweisen, kann sie abmahnen und im Wiederholungsfall kündigen. Daneben muss er – wie auch wenn Mitarbeiterinnen von solchen Angeboten berichten – über die Annahmeberechtigung entscheiden unter dem Gesichtspunkt, dass dadurch keine Bevorzugung von zu Pflegenden erfolgt.

d) Arbeitszeit (§ 6)
Die regelmäßige Arbeitszeit des TVöD beträgt derzeit wöchentlich ausschließlich der Pausen durchschnittlich 39 Stunden. Zu den Regelungen über Wochenend- und Schichtdienst sind die Sonderformen (§ 7) und der Ausgleich dafür (§ 8) zu beachten.

f) Beschäftigungszeit (§ 34 Abs. 3)
Die Beschäftigungszeit ist die bei demselben Arbeitgeber nach Vollendung in einem Arbeitsverhältnis zurückgelegte Zeit, auch wenn sie unterbrochen ist. Zeiten bei anderen Arbeitgebern im Geltungsbereich des Tarifvertrages werden anerkannt. Praktische Bedeutung haben die festgelegten Beschäftigungszeiten etwa bei der Regelung der Kündigung (§ 34), beim Entgelt im Krankheitsfall (§ 22) oder beim Jubiläumsgeld (§ 23 Abs. 2).

g) Tabellenentgelt, Leistungsentgelt (§§ 15 ff.)
Die Entlohnung erfolgt über Tabellenentgelte, welche Vergütungsgruppen entsprechend der zu leistenden Tätigkeiten und Vergütungsstufen in diesen Gruppen für Zeiten der Übernahme dieser Tätigkeiten vorsehen. Ein tarifvertraglich geregelter, sich fortschreibender prozentualer Anteil der Vergütung ist als leistungsabhängig geregelt. Die möglichen unterschiedlichen Formen des Leistungsentgeltes müssen allen Mitarbeitern und Mitarbeiterinnen offenstehen. Die Entgelttabellen sind nach Tarifzugehörigkeit (Bund oder VKA) zu unterscheiden und sehen auch besondere Regelungen für bestimmte Berufsgruppen vor.

Im Pflegebereich gibt es je eine Tabelle für Beschäftigungen in Krankenhäusern und für Pflege- und Betreuungseinrichtungen. Dort sind in den Gruppen E 3a bis E 12a aufsteigend für verschiedene Tätigkeiten die Monatslöhne in den Stufen 1–6 geregelt. Derzeit sind hier allerdings jeweils gleiche Beträge in den beiden Tabellen zu verzeichnen.

h) Krankenbezüge (§ 22)
Bei Arbeitsunfähigkeit infolge von Krankheit besteht nach TVöD Anspruch auf Bezüge in Höhe des Entgelts nach § 21 für die Dauer von sechs Wochen. Anschließend besteht ein Anspruch auf Krankengeldzuschuss nach § 22 Abs. 2. Seine Dauer orientiert sich an der Beschäftigungszeit.

i) Besondere Zahlungen (§ 23)
Es besteht im Regelfall Anspruch auf vermögenswirksame Leistungen sowie für Kinder, Ehepartner oder Lebenspartner (nach LPartG) ein Anspruch auf Sterbegeld. Zudem wird Jubiläumsgeld gewährt. Es beträgt bei einer Beschäftigungszeit von 25 Jahren 350 Euro, bei 40 Jahren 500 Euro.

j) Erholungsurlaub (§ 26)
Der Urlaubsanspruch ist derzeit abhängig vom Alter. Dies wird sich allerdings ab 2013 ändern. Der jeweilige Urlaubsumfang gilt, wenn die durchschnittliche regelmäßige wöchentliche Arbeitszeit auf fünf Tage verteilt ist.

Bei einer Verteilung auf weniger Tage erfolgen Kürzungen nach einer geregelten Formel. Urlaubsjahr ist das Kalenderjahr.

Er ist im Kalenderjahr einzubringen, kann aber bis 30.5. des folgenden Kalenderjahres aus betrieblichen, dienstlichen oder Arbeitsunfähigkeitsgründen übertragen werden.

k) Sonderurlaub (§ 28)
Es besteht die Möglichkeit der Gewährung von Sonderurlaub ohne Fortzahlung der Bezüge unter Angabe wichtiger Gründe.

l) Arbeitsbefreiung (§ 29)
In besonderen Fällen (z.B. Niederkunft, Tod des Ehegatten, Lebenspartners, Kindes, eines Elternteils, bei Umzug, Dienstjubiläum, schwerer Erkrankung eines Familienangehörigen etc.) ist Arbeitsbefreiung in bestimmtem Umfang (je nach Fallgestaltung ein bis vier Tage) unter Fortzahlung der Bezüge möglich. Eine Generalklausel (§ 29 Abs. 3) ermöglicht dies in weiteren dringenden, zu begründenden Fällen für bis zu drei Tage.

m) Beendigung des Arbeitsverhältnisses (§§ 53 ff.)

In den ersten sechs Monaten des Arbeitsverhältnisses beträgt die Kündigungsfrist für eine ordentliche Kündigung zwei Wochen zum Monatsschluss (§ 53), bei längerer Beschäftigungszeit gelten folgende Fristen (jeweils zum Schluss des Kalendervierteljahres):

Beschäftigungszeit	Kündigungsfrist
bis zu 1 Jahr	1 Monat zum Monatsende
mehr als 1 Jahr	6 Wochen
mindestens 5 Jahre	3 Monate
mindestens 8 Jahre	4 Monate
mindestens 10 Jahre	5 Monate
mindestens 12 Jahre	6 Monate

Nach einer Beschäftigungszeit von 15 Jahren, frühestens mit der Vollendung des 40. Lebensjahres, besteht für den Angestellten Kündbarkeit nur aus wichtigem Grund.

Die Kündigung bedarf in jedem Fall der Schriftform.

Ohne Kündigung endet das Arbeitsverhältnis mit Erreichen des Rentenalters oder im gegenseitigen Einvernehmen (§ 33). Weiterbeschäftigung nach Erreichen des Rentenalters ist über einen neuen Arbeitsvertrag möglich (§ 33 Abs. 5).

Es besteht ein Anspruch auf ein Dienstzeugnis (§ 35), im Verlauf des Arbeitsverhältnisses allerdings nur mit einem wichtigen Grund.

Der TVöD sieht zudem eigene Regelungen zu befristeten Arbeitsverträgen vor (§ 30), die von denen des Teilzeit- und Befristungsgesetzes (TzBfG) abweichen.

5.2 Arbeitszeitregelungen

Allgemeines

Das Arbeitszeitgesetz (ArbZG) ist zum Schutz der Arbeitnehmer und zum Schutz der gesetzlichen Feiertage erlassen worden. Es gilt im Bereich der Pflege nicht für leitende Angestellte, Jugendliche (hier gilt das Jugendarbeitsschutzgesetz) und Arbeitnehmer, die in häuslicher Gemeinschaft mit den zu Pflegenden leben (§18 ArbZG). Zudem ermöglicht es in gewissem Rahmen abweichende Regelungen durch Tarifverträge oder Betriebsvereinbarungen auf Grund von Tarifverträgen (§§7,12 ArbZG). Im Übrigen sind die Regelungen für alle Arbeitnehmer verbindlich.

Arbeitszeit

Die Arbeitszeit beginnt nach derzeitiger Rechtsprechung (im jeweiligen Stationsbereich) am Arbeitsplatz. Die Wegezeit zum und vom Arbeitsplatz ist somit keine Arbeitszeit, auch nicht innerhalb des Pflegebetriebsgeländes. Arbeitszeit ist allerdings die Zeit, welche nötig ist, um ein arbeitsbedingtes Umkleiden vorzunehmen einschließlich der Wege in ein dazu vorhandenes Umkleidezimmer.

Nach §3 ArbZG ist die werktägliche Höchstarbeitszeit acht Stunden. Ausnahme zum achtstündigen Werktag ist die bis zu zehnstündige werktägliche Arbeitszeit, wenn innerhalb von sechs Kalendermonaten oder 24 Wochen ein Ausgleich hin zu einer durchschnittlichen werktäglichen Arbeitszeit stattfindet (§3 S. 2 ArbZG).

Würde der AG also Überstunden anordnen, welche über den achtstündigen Werktag hinausgehen, müssten diese im Halbjahresschnitt wieder auf durchschnittlich achtstündige Werktage ausgeglichen werden.

Da das ArbZG von sechs Werktagen/Woche ausgeht, ist die Regelwochenarbeitszeit im Höchstfall 6 x 8 = 48 Stunden. Dies wird jedoch durch die tarifrechtlichen bzw. AVR-Regelungen [→Kap. 5.4] stark zu Gunsten der Arbeitnehmer unterschritten (derzeit tarifvertraglich 39 Wochenstunden). Insofern müssen zudem alle Überstunden in Freizeit (gegebenenfalls Lohnausgleich) ausgeglichen werden, welche über die vereinbarte durchschnittliche Wochenarbeitszeit hinausgehen.

Ruhepausen und Ruhezeiten

Zur Arbeitszeit gehören nicht die Ruhepausen (§ 4 ArbZG, § 5 Abs. 1 TVöD). In den Ruhepausen besteht keine Dienstverpflichtung und keine Dienstbereithaltungsverpflichtung.

Auf die Arbeitszeit hat eine ununterbrochene Ruhezeit von elf Stunden zu folgen (§ 5 Abs. 1 ArbZG). Im Bereich der Pflege können Kürzungen der Ruhezeit auf 10 Stunden erfolgen, wenn diese innerhalb von vier Wochen/einem Kalendermonat durch Erhöhung der Ruhezeit auf wenigstens zwölf Stunden ausgeglichen werden (§ 5 Abs. 2 ArbZG). Ebenso können Kürzungen der Ruhezeit durch Inanspruchnahme von Rufbereitschaft erfolgen, deren Umfang aber nicht mehr als die Hälfte der Ruhezeit in Anspruch nehmen darf und zu anderen Zeiten ausgeglichen werden muss (§ 5 Abs. 3 ArbZG).

Nacht- und Schichtarbeit

Nacht- und Schichtarbeit genießt besonderen Schutz (§ 6 ArbZG). So sind etwa davon betroffene Arbeitnehmer berechtigt, sich in regelmäßigen Abständen auf Kosten des Arbeitgebers ärztlich untersuchen zu lassen (§ 6 Abs. 3 ArbZG). Die werktägliche Arbeitszeitregelung von § 3 ArbZG gilt hier mit der Verschärfung, dass Arbeitszeitausgleich innerhalb von vier Wochen/einem Kalendermonat zu erfolgen hat. Nachtarbeit liegt nach § 2 Abs. 3 und 4 ArbZG vor, wenn wenigstens 2 Stunden Arbeitszeit im Zeitraum von 23.00 Uhr bis 6.00 Uhr absolviert werden. Nach dem TVöD liegt Nachtarbeitszeit zwischen 21.00 Uhr und 6.00 Uhr.

Sonn- und Feiertagsarbeit ist im Pflegebereich möglich (§ 10 Abs. 1 Nr. 3 ArbZG), jedoch müssen mindestens 15 Sonntage im Jahr frei sein und im Zeitraum von zwei Wochen sind jeweils Ersatzruhetage zu gewähren.

Bereitschaftsdienst und Rufbereitschaft
Besonderer Klärung bedürfen die Begriffe Bereitschaftsdienst und Rufbereitschaft. Die Definitionen hierzu sind §7 Abs. 3 und 4 TVöD zu entnehmen. Bereitschaftsdienst wird zusätzlich zur regelmäßigen Arbeitszeit erbracht. Somit sind Bereitschaftsdienst und auch die Rufbereitschaft als Bereitschaft Sonderformen der Arbeit. Allerdings ist der Bereitschaftsdienst entsprechend der EU-Richtlinie 93/104 Art. 2 Ziff. 1 und Art. 17 Abs. 2 sowie der Rechtsprechung des EuGH als Arbeitszeit im Sinne des ArbeitszeitG anzusehen. Dafür spricht insbesondere, dass der AG beim Bereitschaftsdienst sowohl den Arbeitsort als auch die Verwendung der Zeit bestimmt.

Im TVöD (§9) werden unter Maßgabe dieser Rechtsprechung Bereitschaftszeiten zur Hälfte als tarifliche Arbeitszeit gewertet. Die Summe der Bereitschafts- und Vollarbeitszeiten darf die regelmäßige Arbeitszeit nicht überschreiten, die Summe der tatsächlichen Bereitschafts- und Vollarbeitszeiten darf wöchentlich 48 Stunden nicht überschreiten. Diese Handhabung bedarf zusätzlich im Bereich der VKA einer einvernehmlichen Dienstvereinbarung.

Der Unterschied zwischen Bereitschaftsdienst und Rufbereitschaft liegt in der Bestimmung des Aufenthaltsortes des Arbeitnehmers. Während beim Bereitschaftsdienst der Arbeitgeber den Ort bestimmt, der in der Regel der gewöhnliche Arbeitsort ist, kann bei der Rufbereitschaft der Arbeitnehmer den Ort auswählen, muss ihn aber dem Arbeitgeber anzeigen bzw. in der Lage sein, in angemessener Zeit die Verpflichtung zur Arbeitsaufnahme erfüllen zu können. Ist mehr als ein angemessener Zeitraum durch den Arbeitgeber bestimmt, kommt dies einer Aufenthaltsbestimmung und damit einem Bereitschaftdienst gleich. Zur Durchführung der Rufbereitschaft kann die Verpflichtung zur Mitführung eines elektronischen Kommunikationsmittels (z.B. „Piepser") verlangt werden, jedoch nur in Zeiten angeordneter Rufbereitschaft. Umgekehrt ist die Dienstanweisung zur Mitführung eines Handys noch nicht automatisch Rufbereitschaft. Diese muss gesondert angeordnet sein.

5.3 TVöD-ergänzende Tarifverträge

Wichtigste Ergänzungen des TVöD sind hier die Versorgungstarifverträge und der Tarifvertrag zur Altersteilzeitarbeit sowie die Tarifverträge für Auszubildende und die tarifvertraglichen Regelungen über Praktikanten, ihre Zuwendungen und Vergütungen.

5.4 Arbeitsvertragsrichtlinien (AVR)

Die Wohlfahrtsverbände, welche entsprechend ihrer Trägerkonstruktion nicht Tarifpartner sind, haben in Anlehnung an den TVöD eigene Arbeitsvertragsrichtlinien (AVR) in Kommissionen entwickelt, welche aus Vertretern der Dienstgeber und der Mitarbeiter bestehen.

Solche gibt es für die Caritasverbände, die Diakonie sowie den Deutschen Paritätischen Wohlfahrtsverband und die AWO.

Sie unterscheiden sich in grundlegenden Regelungen nicht wesentlich vom TVöD, wohl aber in Detailausgestaltungen und auch in den Vergütungsregelungen. Für alle eigenen Einrichtungen dieser Verbände sind die AVR verbindlich, müssen aber über den Arbeitsvertrag Inhalt des Arbeitsverhältnisses werden.

5.5 Anwendung von TVöD bzw. AVR

Alle freien Träger in privatrechtlicher Trägerschaft (z.B. e.V., GmbH [→Kap. 3.2.2]) außerhalb der genannten Verbände können den TVöD oder die AVR ganz oder teilweise über Arbeitsverträge analog anwenden. Die gesamte oder partielle Anwendung dieser Regelungen ist in den individuellen Arbeitsverträgen genau festzuhalten. Dies gilt auch für solche freie Träger, welche sich einem Verband als Dachverband angeschlossen haben. Die analoge Anwendung ist sinnvoll einerseits auf Grund der durchdachten und erprobten Regelungen, andererseits auch aus betriebswirtschaftlichen Überlegungen, weil etwa Vergütungen nach TVöD sich in Berechnungen von Pflegesätzen, als Grundlagen von Versorgungsverträgen etc. niederschlagen.

6 Haftung

Die Haftung des Pflegepersonals ist getrennt von der Haftung der Einrichtungsträger zu betrachten. Dies liegt sowohl an den unterschiedlichen Handlungsbereichen als auch an jeweils anderen vertraglichen Verpflichtungen. Dabei stellen die vertraglichen Verpflichtungen, welche über Arbeitsvertrag zum Arbeitgeber, dem Träger des jeweiligen Betriebes, bestehen und nicht gegenüber der Zielgruppe der zu Pflegenden (diese schließen Verträge mit den Trägern [➔Kap. 6.2]), gleichzeitig die Handlungsräume dar.

So haben Leitungspositionen primär Organisations- und Führungsaufgaben, die Mitarbeiterinnen und Mitarbeiter auf den Stationen primär die Pflegeaufgaben, beschrieben jeweils durch die Vertragsinhalte, die Stellenbeschreibungen, dienstliche Weisungen und die Dienstpläne [➔Kap. 4.2.3].

6.1 Vertragliche Haftung des AN aus Arbeitsvertrag

Arbeitnehmer haften vertraglich gegenüber ihrem AG aus dem Grundsatz des Vertragsrechts, dass jeder Vertragspartner den Vertrag sorgfältig zu erfüllen hat (§ 280 ff BGB). Dazu gehören alle Vertragspflichten, also die Leistungsverpflichtung und die Treuepflichten [➔Kap. 4.2.3]. Erfüllt der AN seinen Vertrag nicht, ist ihm also schuldhaft, d.h., vorsätzlich oder fahrlässig (§ 276 BGB), eine Vertragsverletzung nachzuweisen, hat er seinem Vertragspartner den ihm daraus entstehenden Schaden zu ersetzen. Dazu ist festzuhalten:

- **Vorsatz** ist der Wille zum Handeln mit dem Bewusstsein eines schädlichen Erfolges für den anderen.
- **Fahrlässigkeit** bedeutet Außerachtlassen der im Rechtsverkehr erforderlichen Sorgfalt (§ 276 Abs. 2 BGB) [➔Kap. 7.1.1].
- Schadenersatzpflicht aus Vertrag besteht nur gegenüber dem Vertragspartner.
- Die Entstehung des Schadens muss im Zusammenhang mit der Vertragsabwicklung stehen.

Aus diesen Grundsätzen des Vertragsrechts folgt, dass eine Haftung des Personals wegen Verletzung des Arbeitsvertrages nur gegenüber dem Arbeitgeber erfolgt, nicht gegenüber Dritten, etwa zu pflegenden Personen oder deren Angehörigen. Erst in einem zweiten Schritt geht es um die Frage eines **Rückgriffs** des Trägers auf seinen Mitarbeiter, wenn er anderen Personen Schadensersatz geleistet hat, die durch diesen Mitarbeiter einen Schaden erlitten haben, zu dessen Vermeidung der Mitarbeiter auf Grund seines Arbeitsvertrages verpflichtet war.

6 Haftung

Grundsätzlich gilt hierzu die Regelung des §619a BGB, wonach der Arbeitnehmer nur haftet, wenn ihm ein Verschulden nachgewiesen werden kann. Dies ist eine **Beweislastregelung** zu Gunsten des Arbeitnehmers, denn nach §280 Abs. 1 BGB muss bei anderen Schuldverhältnissen, die keinen Dienstvertrag darstellen, der Schuldner sein Nichtverschulden nachweisen, um eine Haftung abwenden zu können. So muss z. B. eine Einrichtung bei einem Sturz eines Bewohners nachweisen, dass sie die Standards zur Sturzprophylaxe eingehalten hat.

Da das Arbeitsvertragsrecht um angemessene Risikoverteilung bemüht ist, ist bei diesen Rückgriffsfragen die **Rechtsprechung des Bundesarbeitsgerichts** zu berücksichtigen, die es für unbillig hält, einen Arbeitnehmer in jedem Falle haften zu lassen, wenn dessen Tätigkeit leicht zu derartigen Schäden führen kann oder die Gefahr besteht, dass der verursachte Schaden sehr groß ist und in keinem Verhältnis zum Arbeitseinkommen steht. Dies gilt umso mehr dann, wenn der Arbeitgeber sich und seinen Arbeitnehmer durch den Abschluss entsprechender Haftpflichtversicherungen vor Schadensersatzansprüchen schützen kann. Ob also ein solcher Rückgriff im Rahmen des vertraglichen Schadensersatzes bei arbeitsvertraglicher Grundlage erfolgt, bedarf im Zweifel der Einzelfallprüfung.

Gewisse Indizien sprechen dafür, dass im Falle einer **leichten Fahrlässigkeit** ein Rückgriff auf den Arbeitnehmer in der Regel ausgeschlossen sein wird, während ein grobes Außerachtlassen der erforderlichen Sorgfalt den Rückgriff ermöglicht. Denkbar sind über Einzelfallprüfung auch anteilige Übernahmen von Schäden bei „normaler" Fahrlässigkeit des Arbeitnehmers.

Im Bereich der „normalen" Fahrlässigkeit spielt für die Risikoverteilung als Rückgriffsmaßstab auch die gefahrgeneigte Arbeit eine Rolle, welche im Pflegebereich stets im Bereich Intensiv, OP und Psychiatrie angenommen wird. Vorliegen einer solchen gefahrgeneigten Arbeit spricht für einen erhöhten Haftungsanteil beim Träger.

Ansprüche aus Vertrag, damit auch aus Arbeitsvertrag, können im Rahmen des Schadenersatzes auf Grund des neugefassten §253 BGB wegen seines Abs. 2 auch einen Anspruch des Vertragspartners auf Ersatz des immateriellen Schadens, also „Schmerzensgeld"-Ansprüche begründen. Das hier Gesagte gilt für alle privatrechtlich organisierten Arbeitgeber. Ist der Betrieb, in welchem das Pflegepersonal tätig wird, in öffentlich-rechtlicher Trägerschaft, gelten besondere Regelungen [→Kap. 6.3].

Als Beispiel dafür mögen folgende zwei Fälle aus der Praxis dienen:

Fallbeispiel 6 Mobbing Frau Gärtner ist neu im Pflegeteam. Sie hat eine Karriere als Krankenschwester in ihrem Herkunftsland hinter sich, wo sie bereits die Position einer Pflegedienstleistung in einem Krankenhaus einnahm. Jetzt ist sie in Deutschland verheiratet und Mitarbeiterin des Seniorenzentrums S. in H. Sie wird von Anfang an von ihren Kolleginnen und Kollegen „geschnitten", auch deshalb, weil sie bei Bewohnerinnen und Bewohnern sehr beliebt ist. Ihrer PDL gegenüber verhält sie sich korrekt. Allerdings erträgt sie die Atmosphäre im Team nur noch schwer. Sie bittet die PDL deshalb um ein Gespräch und beklagt sich dabei über Ausschluss durch die Kollegenschaft, schlechte Informationsweitergabe, wenig saubere Pflegedokumentation und insgesamt über ein unzureichendes Arbeitsklima im Team. Die PDL, Herr M., beschließt, im Rahmen der nächsten Teamsitzung seiner Personalfürsorgepflicht nachzukommen und das Thema dort anzusprechen. Er will dabei unbedingt erreichen, dass Frau Gärtner integriert wird.

Fallbeispiel 7 Kompetenzüberschreitung Frau Schmidt (81) ist seit einem Jahr Bewohnerin im Pflegeheim in B. Seit einigen Wochen verschlechtert sich ihr Gesundheitszustand dergestalt, dass sie beim Aufstehen aus Bett, Sessel oder Rollstuhl in den Beinen und Knien stark zittert und ohne Stütze unweigerlich hinfällt. Sie ist körperlich sonst gesund, geistig jedoch teilweise desorientiert. Das Gehen fällt ihr schon seit längerer Zeit schwer. Frau Schmidt war bisher immer der Meinung, dies hinge mit ihrer Hüftoperation zusammen und würde schon wieder besser. Dies sagt sie auch der Pflegekraft K., welche sie beim Gehen stützt. „Aber nein, Frau Schmidt, das ist ihre Krankheit, sie haben Parkinson ..." erhält sie zur Antwort. Frau Schmidt erleidet daraufhin einen Weinkrampf, wird depressiv und verliert ihre positive Grundeinstellung. Als der Enkel von Frau Schmidt davon erfährt, wendet er sich empört an die Heimleitung und die PDL.

6 Haftung

Hier soll nun allgemein und anhand der beiden Fälle dargestellt werden, inwieweit aus Rechtsgeschäft, also dem Arbeitsvertrag, und aus unerlaubter Handlung (deliktisch [→Kap. 6.2]) das Pflegepersonal zur Haftung herangezogen werden kann.

Wollen wir nun also überprüfen, ob sich Herr M. und die Pflegekraft K. in den Ausgangsfällen eine Schadensersatzpflicht aus ihrem Arbeitsvertrag zurechnen lassen müssen, wäre zuerst zu fragen, ob ihrem Arbeitgeber – wir nehmen an, es ist ein e.V. – auf Grund ihres Handelns ein Schaden entstanden ist. Im Falle des Herrn M. sieht es so aus, als läge noch kein erkennbarer Schaden vor, es sei denn, die schlechte Informationsweitergabe und die wenig saubere Pflegedokumentation haben bereits zu einem Qualitätsverlust bei der Vertragsleistung geführt, die der e.V. seinen Bewohnern anbietet. In jedem Fall darf M. keine Zeit mehr verlieren, um die Teamsituation zu verbessern, da erhebliche Gefahren für die Dienstleistungen und damit für die Vertragspartner des e.V. drohen. Somit kann zwar davon ausgegangen werden, dass noch kein nennenswerter Schaden entstanden ist, dass aber M. entsprechend seinen Verpflichtungen aus dem Arbeitsvertrag seine Führungsaufgaben dringend im Sinne einer Konfliktlösung wahrnehmen muss, um nicht für die drohenden Schäden auf Grund mangelhafter Dienstleistungen verantwortlich gemacht zu werden.

Im Bezug auf seine Kollegin liegt zwar – vorausgesetzt der Verdacht eines Mobbing trifft tatsächlich zu – eine Verletzung ihres Persönlichkeitsrechtes vor, ein Schaden scheint bei ihr jedoch bisher noch nicht entstanden zu sein, jedenfalls nicht durch M. Allerdings muss M. auch ihr gegenüber seine Führungsaufgaben aus dem Arbeitsvertrag wahrnehmen, denn sollte die Kollegin auf Grund des Mobbing etwa einen Gesundheitsschaden davontragen oder auch ihren Job verlieren und ihren Arbeitgeber dafür haftbar machen (eventuell Verletzung der Fürsorgepflicht [→Kap. 4.2.3]), könnte dieser im Falle seiner Schadensersatzpflicht gegen M. wegen Nicht- bzw. Schlechterfüllung seiner arbeitsvertraglichen Pflichten Ansprüche geltend machen. Darüber hinaus kann Mobbing auch strafrechtliche Konsequenzen haben [→Kap. 7.2.1 Fallbeispiel 18]

Im Falle von Frau Schmidt liegt eine Schädigung bereits vor in der schlagartigen Verschlechterung des Gesundheitszustandes der Heimbewohnerin. Als Schäden sind hier etwa zusätzliche Leistungen der Krankenversicherung auf Grund des verschlechterten Gesundheitszustandes denkbar. Diese sind entstanden im Rahmen des Heimvertrages. Bei Erfüllung dieses Vertrages hat eine Arbeitnehmerin des e.V., nämlich K., in jedem Fall ihre arbeitsvertraglichen Pflichten verletzt, da sie nicht berechtigt war, solche Diagnosen weiterzugeben, gleich, ob dies den Tatsachen entsprach oder nur ihre Vermutung war.

Zuständig für die Entscheidung, der Bewohnerin einen solchen Befund mitzuteilen oder nicht, ist allein der mit der Angelegenheit befasste Arzt. Ist nun der rapid verschlechterte Gesundheitszustand nachweislich auf die unberechtigte Mitteilung der K. zurückzuführen, hat sie nicht nur ihre arbeitsvertraglichen Pflichten verletzt, sondern damit auch die Ursache für die Schäden gesetzt, die durch den verschlechterten Gesundheitszustand entstanden sind.

Wird der e.V. nun zur Begleichung dieser Schäden oder eines Teils dieser Schäden (Spezifizierung s.u. Haftung der Träger) herangezogen, muss K. sie auf Grund der Verletzung ihres Arbeitsvertrages wohl ersetzen, da sie wissen muss, dass sie zu dieser Aussage nicht berechtigt war und somit grob ihre Sorgfaltspflicht verletzt hat.

6.2 Deliktische Haftung

Das BGB kennt auch Haftung für rechtswidrige Handlungen, die sich nicht auf eine Vertragsbasis beziehen [➜Kap. 6.1]. Der Gedanke hinter der deliktischen Haftung ist, dass jeder für sein eigenes Unrechtshandeln einzustehen hat, vor allem auch dann, wenn keine vertraglichen Vereinbarungen zwischen Schädiger und Geschädigtem vorliegen.

Diese Haftung ist in den §§ 823 ff. BGB geregelt. Nach § 823 Abs. 1 BGB macht sich jemand **haftbar**, der vorsätzlich oder fahrlässig [➜Kap. 6.1, 7.1.1] das Leben, den Körper, die Gesundheit, die Freiheit, das Eigentum oder ein sonstiges Recht eines anderen widerrechtlich verletzt und dadurch einen Schaden verursacht. Diese Rechtsgutverletzung kann durch Tun oder Unterlassen erfolgen. **Widerrechtlichkeit** liegt immer dann vor, wenn die fragliche Handlung nicht ausnahmsweise durch die Rechtsordnung gerechtfertigt ist (z. B. Notwehr, Nothilfe [➜Kap. 7.1.2]) oder wenn der Geschädigte zuvor eingewilligt hat (z. B. ärztlicher Eingriff).

Ist die Rechtsgutsverletzung **durch Unterlassen** eingetreten, ist sie nur dann rechtswidrig, wenn eine Verpflichtung zum Handeln bestand und das entsprechende Handeln den Schaden nicht hätte eintreten lassen. Die Pflicht zum Handeln kann auf Gesetz oder Vertrag (z. B. Arbeitsvertrag verpflichtet zur Vornahme der pflegerischen Handlungen) beruhen.

Können mehrere für einen entstandenen Schaden verantwortlich gemacht werden, so haften sie nach § 840 Abs. 1 BGB als **Gesamtschuldner** (z. B. Träger und Pflegekraft). Dies hat nach § 421 BGB zur Folge, dass der Geschädigte nach seiner Wahl beide zu gleichen Teilen oder nur einen ganz in Anspruch nehmen kann. Damit sollte dem Geschädigten der Freiraum gegeben werden, sich seinen Schadenersatz dort zu holen, wo er glaubt, ihn am sichersten zu bekommen. Wird ein Haftender in Anspruch genommen, kann dieser bei den Mithaftenden Rückgriff nehmen.

Schaden im Sinne dieser Haftungsregelungen ist jeder Vermögensnachteil, also auch Arztkosten, Medikamente, Erholung oder Rehabilitation. Darüber hinaus kann sich der Schadensersatzanspruch auch auf Nachteile erstrecken, die der Geschädigte für seinen Erwerb oder sein Fortkommen hat, wenn er in seiner Erwerbsfähigkeit beeinträchtigt ist (§ 842 BGB). Es kann auch eine angemessene Entschädigung für den erlittenen immateriellen Schaden verlangt werden (§ 253 II BGB). **Mitverschulden des Geschädigten** kann den Schadenersatz vermindern oder ausschließen. Dies ist Frage einer Einzelfallprüfung entsprechend dem Maß des Verursachens und des Verschuldens der an der Schadensentstehung Beteiligten.

Erwähnenswert erscheint hier, wenn auch nur für Trägerschaften mit größeren Einrichtungen, die **Haftung leitender Angestellter** nach § 831 Abs. 2 BGB. Haben die Träger solchen Personen Personal- oder Organisationsvollmachten erteilt, dann haften diese Personen im Rahmen ihrer Vollmachten vergleichbar einem Träger nach § 831 BGB für ihr Organisationsverschulden, wenn sie nicht ihr sorgfältiges Handeln oder den Schadenseintritt auch bei sorgfältigem Handeln nachweisen können.

Betrachten wir die beiden Fälle [➔Kap. 6.1] aus der Praxis im Licht der deliktischen Haftung, so stellen wir fest, dass M. auch hier bisher noch keinen erkennbaren Schaden verursacht hat. Er muss zur Vermeidung seiner Haftung aus §§ 823 ff. BGB aber personalfürsorgend tätig werden, da er im Falle des Eintritts der bisher nur drohenden Schäden durch mangelhafte Dienstleistungen haftbar zu machen wäre, weil er entsprechend seinem Arbeitsvertrag verpflichtet ist, in einem solchen Fall konfliktlösend einzugreifen. Tut er dies nicht, kann die Schädigung durch sein Unterlassen eintreten. Dies wäre eine widerrechtliche Schädigung wegen der genannten arbeitsvertraglichen Verpflichtung zum Handeln. Es ist auch davon auszugehen, dass sein Handeln die Qualität der Teamarbeit verbessert, sodass Schädigungen nicht eintreten. Kommt es dennoch zu Schäden bei den zu Pflegenden, M. hat aber alles ihm Mögliche getan, tritt eine Haftung auf Grund von Unterlassen nicht ein. Dasselbe gilt bei einer etwaigen Schädigung seiner Kollegin auf Grund von Mobbing, also einer Verletzung des Persönlichkeitsrechtes [zu den strafrechtlichen Aspekten von Mobbing ➔Kap. 7.2.1 Fallbeispiel 18].

K. hat unberechtigterweise eine Diagnose an die Bewohnerin weitergegeben und dadurch – vom Nachweis dieses Faktums wird ausgegangen – den Gesundheitszustand erheblich verschlechtert. Sie hat den Schaden zu ersetzen, der dadurch entstanden ist einschließlich des immateriellen Schadens („Schmerzensgeld"). Hat die Bewohnerin ihre diesbezüglichen Arzt- und Medikamentenkosten etc. nicht selbst bezahlt, kann die Krankenversicherung wegen Anspruchsüberganges (§ 116 SGB X) auf K. Rückgriff nehmen (zu beachten sind hier die Sonderregelungen des SGB VII, §§ 106, 104, 105, welche einen Anspruchsübergang für nach SGB VII erbrachte Leistungen ausschließen).

6 Haftung

6.3 Haftung im Bereich öffentlich-rechtlicher Trägerschaften

Verletzt ein Mitarbeiter einer juristischen Person des öffentlichen Rechts anlässlich Entscheidungen auf öffentlich-rechtlicher Basis, also z.B. der Mitarbeiter des Sozialamtes bei Gewährung von Sozialhilfe, seine Dienstpflicht, so haftet an Stelle des Bediensteten der öffentliche Rechtsträger der Einrichtung (z.B. die kreisfreie Stadt). Dies ergibt sich aus Art. 34 GG in Verbindung mit §839 BGB. Der öffentlich-rechtliche Träger kann jedoch bei Vorsatz oder grober Fahrlässigkeit des Mitarbeiters auf ihn mit Schadensersatzforderungen zurückgreifen [➔Kap. 6.1, 7.1.1]. Handelt jedoch der öffentlich-rechtliche Träger im Bereich des Privatrechts, also etwa ein Altenpfleger eines städtischen Heimes auf dem Gebiete eines Heimvertrages, dann greift auch beim öffentlich-rechtlichen Träger die Haftungsregelung wie bei einem privatrechtlichen Träger [➔Kap. 6.1].

Allerdings finden sich entsprechende Haftungsregelungen im TVöD [➔Kap. 5.1], welche faktisch die Haftung vergleichbar §839 BGB i.V.m. Art. 34 GG als Freistellungsanspruch der Mitarbeiter gegenüber ihrem öffentlich-rechtlichen Träger regeln, einschließlich des Rückgriffrechts des Trägers bei grober Fahrlässigkeit.

Zu beachten bleibt hierbei, dass eine arbeitsvertragliche Regelung zur analogen Anwendung des TVöD dessen Haftungsregelungen beinhaltet, es sei denn, diese sind ausdrücklich ausgeschlossen oder nicht analog angewendet. In Fällen analoger Anwendung des TVöD gelten seine Haftungsregelungen auch bei privatrechtlichen Trägern, freilich auf dem Weg über die privatrechtliche Wirkung des Arbeitsvertrages. §839 BGB i.V.m. Art 34 GG gilt hier keinesfalls, da eine arbeitsvertragliche Anwendung des TVöD nichts daran ändert, dass keine öffentlich-rechtliche Trägerschaft vorliegt.

6.4 Überblick über die Haftung des Trägers und des Pflegepersonals bei Dienstpflichtverletzung

Haftung des Trägers

	privatrechtlich		öffentlich-rechtlich	
Haftung bei Handlungsverpflichtung des Trägers				
im privatrechtlichen Bereich (z. B. Behandlungsvertrag)				
gegenüber	Dritten	Vertragspartnern	Dritten	Vertragspartnern
aus	§ 823 BGB	§ 823 BGB + Vertrag	§ 823 BGB	§ 823 BGB + Vertrag
im öffentlich-rechtlichen Bereich (nur für ö-r Träger) (z. B. Leistungsgewährung)				
aus			§ 839 BGB + Art. 34 GG	
Haftung bei Handlungsverpflichtung des Personals				
im privatrechtlichen Bereich				
gegenüber	Dritten	Vertragspartnern	Dritten	Vertragspartnern
aus	§§ 823, 831 BGB	§§ 823, 831 BGB + Vertrag + § 278 BGB	§§ 823, 831 BGB	§§ 823, 831 BGB + tarifvertragliche Regelungen
im öffentlich-rechtlichen Bereich (nur für öffentlich-rechtliche Träger)				
aus			§ 839 BGB + Art. 34 GG	

Haftung des Pflegepersonals

Haftung bei privatrechtlichen Trägern			
gegenüber	zu Pflegenden	Dritten	Arbeitgeber
aus	§ 823 BGB	§ 823 BGB	§ 823 BGB + Arbeitsvertrag unter arbeitsrechtlichen Grundsätzen
Ausnahme: Organisationsbevollmächtigte (Führungskräfte): §§ 823, 831 BGB			

Haftung bei öffentlich-rechtlichen Trägern	
im privatrechtlichen Bereich	
	Träger haften auf Grund tarifvertraglicher Regelungen. Im Bereich dieser Haftung besteht auch ein Freistellungsanspruch. Für Vorsatz und grobe Fahrlässigkeit besteht ein Rückgriffsrecht des AG.
im öffentlich-rechtlichen Bereich	
	Träger haftet nach § 839 BGB i.V.m. Art. 34 GG. Für Vorsatz und grobe Fahrlässigkeit besteht ein Rückgriffsrecht des AG.

7 Strafrecht

Strafrecht und damit das Faktum einer drohenden Strafe haben im Zusammenhang mit der Berufsausübung stets Verunsicherung zur Folge. Daraus entsteht der Wunsch, sich hier auf der sicheren Seite zu bewegen, also keinesfalls in die Situation einer möglichen Strafverfolgung zu gelangen.

Mit dieser nachvollziehbaren beruflichen Einstellung geht im Bereich der Pflege – aber auch in anderen sozialen Arbeitsfeldern – häufig das Bestreben einher, die **Sicherheit des Heimbewohners** oder Pflegebedürftigen vor alle anderen Erwägungen zu stellen, um kein Strafbarkeitsrisiko einzugehen.

Tatsächlich ist diese Sorge um die Sicherheit der anvertrauten Personen jedoch nur eine Ebene der Pflege, die angesichts der strafrechtlichen Bestimmungen häufig zu einer verkrampften Umsetzung eines an sich positiven Ansatzes führen kann. Die Ganzheitlichkeit der Pflege erfordert die **Einbeziehung weiterer Ebenen**, bedingt durch ein Recht auf Identitätsentwicklung der zu pflegenden Person. Diese Entwicklung soll auch im Alter noch nicht stagnieren oder beendet sein. Somit ist im Sinne einer aktivierenden Pflege das zu pflegende Gegenüber in seinen umfassenden individuellen Bedürfnissen wahrzunehmen und in die Pflegehandlungen mit einzubeziehen.

Sicherheit bzw. körperliche Unversehrtheit ist aber nur ein Bedürfnis im individuellen Entwicklungsprozess. Selbstheilung, Selbstgestaltung, ja sogar Selbstbestimmung dieses ganzheitlichen Identitätsprozesses sind andere denkbare Bedürfnisse. So kann die ungenaue Kenntnis des Strafrechts Eindimensionalität der Pflege – zumindest unterschwellig – unterstützen. Damit dieser negative Einfluss auf den individuellen Pflegeprozess möglichst nicht zum Tragen kommt, ist die Lichtung des strafrechtlichen „Nebels" im Sinne von genauer Kenntnis der strafrechtlichen Regelungen erforderlich.

Nach differenzierter Betrachtung der strafrechtlichen Fakten wird sich erweisen, dass ein **ganzheitlicher Ansatz** zwar das Erfassen komplexer Pflege- und Betreuungssituationen erfordert, mit den strafrechtlichen Gegebenheiten jedoch durchaus in Einklang steht, diese eine mehrdimensionale Herangehensweise sogar erfordern.

7.1 Strafbarkeitsvoraussetzungen

Das geltende Strafrecht erfordert zur Strafbarkeit einer Handlung das Vorliegen von drei Kriterien:
- die Tatbestandsmäßigkeit
- die Rechtswidrigkeit
- die Schuld

Nur wenn alle drei Merkmale erfüllt sind, ist die Tat strafbar.

7.1.1 Tatbestandsmäßigkeit

Tatbestandsmäßigkeit liegt dann vor, wenn ein zu beurteilendes Handeln den gesetzlich geregelten Tatbestand einer mit Strafe bewehrten Tat erfüllt.

Dabei geht es einerseits um die Frage **1. der Erfüllung des objektiven Tatbestandes**: Hier wird untersucht, ob die Handlung aus dem zu beurteilenden Sachverhalt z. B. eine körperliche Misshandlung oder Gesundheitsschädigung ist (§ 223 Strafgesetzbuch = StGB) und somit tatbestandsmäß eine Körperverletzung [→Kap. 7.2.1] darstellt. Es ist im Sinne der objektiven Tatbestandsmäßigkeit zu ermitteln, ob die zu prüfende Handlung von der handelnden Person begangen wurde, ob diese Handlung das zu beurteilende Ergebnis herbeigeführt hat und ob dieses Ergebnis als körperliche Misshandlung oder Gesundheitsschädigung i.S.d. Gesetzes vorliegt.

Genau betrachtet verbergen sich hinter der Prüfung der objektiven Tatbestandsmäßigkeit somit drei Prüfungsgegenstände:
- der Handelnde (Täterschaft oder Teilnahme)
- die Tathandlung und Kausalverlauf
- das Handlungsergebnis (Erfolg oder Versuch)

Des Weiteren ist **2. der subjektive Tatbestand zu ermitteln:** Hierbei wird der Frage nach der Vorstellung und dem Willen des Handelnden nachgegangen. Nur so lässt sich zwischen Tatbeständen unterscheiden, welche differenzieren zwischen vorsätzlicher und fahrlässiger Begehung (z. B. Mord oder fahrlässige Tötung). Die subjektive Ausgangslage des Handelnden und ihr Bezug auf Handlungsverlauf und Handlungsergebnis, also die subjektive Entsprechung zur objektiven Beurteilung der Handlung, ist Gegenstand der Prüfung. Hier kann sich
- Vorsatz oder
- Fahrlässigkeit [→Kap. 6.1]

als Ergebnis zeigen.

Vorsatz ist die bewusste und gewollte Verwirklichung von Handlungsverlauf und Handlungsergebnis (§ 16 StGB). Weiß der Handelnde um Verlauf und Ergebnis der Handlung und nimmt er deren Eintritt wenigstens zustimmend in Kauf, liegt ein Grenzfall des Vorsatzes vor (bedingter Vorsatz).

Erkennt er oder will er die Verwirklichung nicht, wird ein Tatbestand aber vorwerfbar erfüllt, handelt es sich um **Fahrlässigkeit**. Die Vorwerfbarkeit liegt in einem pflichtwidrigen Verhalten. Ein solches ist in der Regel darin zu sehen, dass vorliegende Sorgfaltspflichten (z.B aus Rechtsnormen, Verträgen) nicht beachtet werden oder gehandelt wird, obwohl die Gefährlichkeit des Handelns vorhersehbar ist und somit einer allgemeinen Sorgfaltspflicht nicht entsprochen wird. Gefährlichkeit und Sorgfalt im Handeln müssen sich entsprechen, höhere Gefahr muss gesteigerte Sorgfalt nach sich ziehen. Ein Missverhältnis dieser Anforderung ist Indiz für die Pflichtwidrigkeit.

Vorsatz und Fahrlässigkeit schließen einander aus und müssen somit selbstständig festgestellt werden.

Das Strafrecht legt über die gesetzlichen Tatbestände fest, wann eine fahrlässig begangene Tat strafbar ist (§ 15 StGB). Insoweit ist auch die Rechtswidrigkeit einer fahrlässigen Tat im Strafrecht festgelegt. Sie muss für den Handelnden erkennbar sein. Er müsste somit, hätte er die Tatbestandsverwirklichung vorausgesehen, auch deren Rechtswidrigkeit erkannt haben können.

Vorsatz   Fahrlässigkeit

Fallbeispiel 8 Fahrlässige Körperverletzung Pflegekraft A. beginnt ihren Spätdienst. Ihre Kollegin B. sagt vor dem Heimgehen: „Die X. braucht heute wieder besondere Streicheleinheiten. Vor jedem Toilettengang hat sie mich geholt. Bis ich dann da war, hatte sie schon alles selbstständig erledigt." Als X. dann die Pflegekraft ruft und um Hilfe beim Toilettengang bittet, sagt A.: „Das können Sie doch ganz prima alleine wie heute untertags auch!" Auf den Einwand von X, es sei ihr aber jetzt schwindelig, geht A. nicht ein und meint: „Das schaffen Sie schon. Ich richte ihnen solange ihr Bett." X. steht auf, bricht auf dem Weg zur Toilette zusammen und verletzt sich.

A. hat auf Grund der Schilderung ihrer Kollegin wohl gar nicht daran gedacht, dass X. etwas zustoßen könnte. Sie wollte ihr mit dem Bettrichten eine kleine Geste der Zuwendung geben, X. aber nicht verwöhnen und selbstständig gehen lassen. Vorsatz kann bei A. somit nicht angenommen werden, ihr Handeln war hinsichtlich des Ablaufs und Ergebnisses weder bewusst noch gar gewollt. Dennoch war ihr Verhalten pflichtwidrig. Auf Grund ihrer Dienstaufgabe hat sie eine Sorgfaltspflicht gegenüber X. Zur Wahrnehmung dieser Pflicht hätte sie beim Hinweis auf die Übelkeit X. vorsorglich begleiten müssen und anschließend z. B. den Blutdruck messen oder den Arzt verständigen müssen, um festzustellen, ob sich eine Veränderung im Gesundheitszustand der X. seit untertags vollzogen hat. Dieser Sorgfaltspflicht ist sie nicht nachgekommen. Der Hergang war unter der Annahme der Pflicht zum Eingreifen vorhersehbar, die Rechtswidrigkeit des Herganges erkennbar. A. hat den Tatbestand einer fahrlässigen Körperverletzung [→Kap. 7.2.1] erfüllt.

Täterschaft und Teilnahme

Das StGB kategorisiert Handelnde nach ihrem Verhältnis zur Handlung und unterteilt in
- Täter und Mittäter (§ 25 StGB),
- Anstifter (§ 26 StGB) und
- Gehilfen (§ 27 StGB).

Täter ist derjenige Handelnde, der selbst handelt. Als Täter gilt auch, wer einen anderen zur Handlung bestimmt und dabei selbst die Tatherrschaft hat, also die Handlung in ihrer vollen Tragweite plant und so weit durchführt, dass der andere Handelnde nur als Werkzeug gesehen werden kann.

7 Strafrecht

> **Fallbeispiel 9 Täterschaft** Die Stationsleitung bereitet auf Wunsch eines zu Pflegenden die Gabe eines tödlichen Medikaments vor und veranlasst die Pflegekraft unter einem Vorwand, das Medikament zu verabreichen. Die Pflegekraft ist ohne Grund des Argwohns guten Glaubens bei der Medikamentengabe.

Täterschaft liegt hier bei der Stationsleistung, obwohl die letztlich todbringende Handlung die Pflegekraft vorgenommen hat. Sie ist nur Werkzeug der von der Stationsleitung geplanten und vorbereiteten Tat. Die Tatherrschaft über den gesamten Ablauf der Tat hat die Stationsleitung, da die Tat genau wie von ihr geplant und in die Wege geleitet vonstattengeht.

Mittäterschaft liegt vor, wenn mehrere eine Handlung gemeinschaftlich begehen. In unserem Beispiel ist dies dann der Fall, wenn beide in den Wunsch des Betroffenen eingeweiht sind und gemeinsam diesem Wunsch entsprechen möchten, indem die Stationsleitung das Medikament vorbereitet und die Pflegekraft es verabreicht.

Der **Anstifter**, der den Täter zu einer bewussten und gewollten Handlung bestimmt, wird strafrechtlich wie ein Täter behandelt. Auf das obige Beispiel übertragen ist die Stationsleitung Anstifter, wenn sie die Verhandlungen mit dem Betroffenen führt, der Pflegekraft dessen Wunsch mitteilt und sie veranlasst, das Medikament vorzubereiten und zu verabreichen.

Gehilfen sind Handelnde, welche bei einer Tat Hilfe leisten. In unserem Beispiel könnte die Pflegekraft Gehilfin sein, wenn sie bei der Vorbereitung des Medikaments und bei seiner Verabreichung darauf achtet, dass niemand dazwischenkommt, der dies entdecken oder verhindern könnte und gegebenenfalls eine solche Person durch Ablenken davon abhält, die Tat zu stören. Gehilfen können entsprechend Tätern bestraft werden, ihre Strafe kann aber nach § 49 Abs. 1 StGB gemildert werden.

Anstifter und Gehilfe gelten als **Teilnehmer** (§ 28 Abs. 1 StGB) mit der Folge, dass bei ihnen im Vergleich zum Täter fehlende besondere persönliche Merkmale (§ 14 Abs. 1 StGB) eine Strafe mildern können.

Somit ergibt sich eine gewisse **Abstufung nach der Handlungsbeteiligung**: Täterschaft hat die Strafandrohung für die jeweilige Tat zur Folge, Anstiftung als verstärkte Teilnahmeform in der Regel ebenfalls, mit Ausnahme einer Strafmilderungsmöglichkeit wegen fehlender persönlicher Merkmale. Beihilfe als schwächere Teilnahmeform kann Strafmilderung generell und nicht nur in den Fällen fehlender persönlicher Merkmale nach sich ziehen.

Tathandlung und Kausalverlauf

Das Strafrecht versteht unter einer **Handlung** jedes menschliche Verhalten. Ob dazu auch die so genannten Reflexreaktionen gehören, ist in der rechtwissenschaftlichen Literatur intensiv diskutiert, soll hier jedoch wegen der sehr untergeordneten Bedeutung nicht näher ausgeführt werden. Als Handlungsformen werden folgende unterschieden:
- das aktive Tun
- das Unterlassen eines aktiven Tuns

Besonderheit des strafrechtlichen Handlungsbegriffes ist somit, dass auch das Unterlassen als Form des Handelns zusehen ist. Allerdings ist das Begehen einer Tat durch Unterlassen nur dann strafbar, wenn der Unterlassende eine rechtliche Handlungspflicht (so genannte **Garantenpflicht**) hat und der Erfolg des Unterlassens der Erfüllung eines gesetzlichen Tatbestandes durch ein Tun entspricht (§ 13 StGB).

Handlungspflichten ergeben sich entweder aus
- Gesetzen (z.B. Verpflichtung der Ehegatten zur Gefahrenabwendung § 1353 BGB, gesetzliche Aufsichtspflicht § 1631 BGB, die Pflichten des Betreuers § 1901 BGB, die öffentlichrechtliche Streupflicht, die Pflichten nach dem Medizinproduktegesetz, die Verkehrssicherungspflicht etc.),
- Verträgen (z.B. vertragliche Aufsichtspflicht, Behandlungsvertrag, Arbeitsvertrag im Pflegebereich etc.),
- besonderen Vertrauensverhältnissen (z.B. innerhalb der Familiengemeinschaft oder einer Heimgemeinschaft) oder
- dem tatsächlichen Herbeiführen einer Gefahrenlage (z.B. Herstellen und Vertreiben gefährlicher Produkte).

7 Strafrecht

> **Fallbeispiel 10 Garantenpflicht** Die Pflegekraft eines ambulanten Pflegedienstes bemerkt, dass die Heizung in der Wohnung einer zu Pflegenden nicht mehr funktioniert und die Wohnung wegen der tiefen Außentemperaturen schon unter gewöhnliche Wohnraumtemperaturen abgekühlt ist. Sie meint, es sei nicht ihre Aufgabe, sich um die Heizung zu kümmern und meldet den Defekt nicht. Beim nächsten Besuch hat die Betroffene schon starke Unterkühlungserscheinungen und muss stationär behandelt werden.

Hier liegt eine Garantenpflicht seitens der Pflegekraft vor. Zwar ist ihre primäre Aufgabe die Pflege der betroffenen Person, auf Grund des Pflegeverhältnisses, das auch ein Wissen um den Umfang der Handlungsfähigkeit der zu Pflegenden beinhaltet, besteht über die vertragliche Kernbindung hinaus auch ein Vertrauensverhältnis, das ein Handeln verlangt wenigstens dahingehend, den Defekt der Heizung zu melden, sodass eine Reparatur durch zuständige Personen veranlasst werden kann. Die vertragliche Verpflichtung kann hier nur sinnvoll erfüllt werden, wenn auch Defizite im Umfeld mitbeachtet und ihre Beseitigung mitveranlasst wird.

Neben der Beurteilung einer strafrechtlich relevanten Handlung stellt sich die Frage danach, ob diese Handlung auch den strafrechtlich sanktionierten Erfolg herbeigeführt hat, somit die Ergründung einer Ursächlichkeit **(Kausalität)** zwischen Handlung und Erfolg. Die Rechtswissenschaft hat für den zu ermittelnden Kausalzusammenhang eine Anzahl von Theorien entwickelt. Die strafrechtliche Praxis geht bei der Annahme der Kausalität überwiegend von der Überlegung aus, ob eine Handlung im Sachverhaltsverlauf entfallen kann und der Erfolg trotzdem vorliegt (Bedingungstheorie). Ist dies der Fall, liegt zwischen dieser Handlung und dem Erfolg keine Kausalität, weil das Ergebnis auch ohne die zu beurteilende Handlung eingetreten wäre. In einem solchen Fall fehlender Kausalität ist bezüglich der zu beurteilenden Handlung dann auch kein vollendeter Tatbestand anzunehmen.

Fallbeispiel 11 Frau S. ist weglaufgefährdet. Sie darf deshalb das Heim (nach Anweisung des Betreuers mit Genehmigung des Gerichts) nicht ohne Begleitung verlassen. Die Altenpflegerin P. sieht S. in Hut und Mantel mit Spazierstock ihr Zimmer verlassen und unternimmt nichts, obwohl sie die Anweisung des Betreuers kennt. Am Ausgang begegnet Frau S. zufällig der Heimleiterin, die veranlasst, dass S. in Begleitung des Zivildienstleistenden Z. spazierengeht. Dieser trifft auf dem Weg seine Freundin und unterhält sich kurz mit ihr. S. geht derweil weiter und fällt beim Versuch, die Enten im Park zu füttern, in den Bach und holt sich als Folge davon eine Lungenentzündung.

Das Verhalten von P. stellt ein pflichtwidriges Unterlassen dar, denn P. ist arbeitsvertraglich verpflichtet, alles Erforderliche zu tun, das im Rahmen ihrer Dienstaufgaben gegenüber S. unternommen werden muss. Dazu gehört zweifellos das Unterbinden eines unbeobachteten alleinigen Weggehens von S. Allerdings hätte P., wäre sie pflichtgemäß vorgegangen, nichts anderes getan als die Heimleiterin, weil die Begleitung auf Spaziergängen stets durch den Zivildienstleistenden erfolgt, der sich nicht etwa deshalb falsch verhalten hat, weil nicht P., sondern die Heimleitung ihn angewiesen hat, Frau S. zu begleiten. Gleichzeitig wird durch das individuelle Handeln des Z. der Verlauf der Handlung der P. unterbrochen und durch Z. neu gestaltet. Obwohl hier also ein pflichtwidriges Verhalten von P. vorliegt, ist dieses nicht kausal für die Gesundheitsschädigung der S. Ein derartiges Ergebnis wäre nach Lage der Dinge auch dann eingetreten, wenn P. sich pflichtgemäß verhalten hätte. P. hat somit den **Eintritt des Erfolges** trotz pflichtwidrigem Verhalten nicht verursacht.

Das Fallbeispiel führt an dieser Stelle zum dritten Prüfungsgegenstand der Tatbestandsmäßigkeit, nämlich der Frage nach dem **vollendeten Tatbestand** und der Strafbarkeit eines nicht vollendeten Tatbestands (Versuch, s. u.). Auch wird am obigen Fall klar, dass ein vorliegendes schuldhaftes pflichtwidriges Verhalten kaum deshalb straflos bleiben kann, weil die Kausalität nicht gegeben ist. Diese begründet eben nur die Ursächlichkeit zwischen Handlung und Erfolg als Erfüllung eines strafrechtlichen Tatbestandes. Sie sagt nichts darüber aus, ob nicht dennoch eine Strafbarkeit auf Grund eines noch nicht vollendeten Tatbestandes vorliegt.

Handlungserfolg und Versuch

Handlungserfolg liegt vor, wenn die zu beurteilende Handlung des betrachteten Handelnden den Erfolg herbeigeführt hat. Deckt sich dieser Erfolg mit dem strafrechtlichen Tatbestand der jeweiligen Norm, dann ist Tatbestandsmäßigkeit gegeben.

Liegt der Handlungserfolg mangels Ursächlichkeit nicht vor oder weil der durch die Handlung in Gang gesetzte Ablauf unterbrochen wurde, stellt sich die Frage nach der Strafbarkeit einer etwaigen begonnenen Erfolgsverwirklichung. Nach § 22 StGB versucht eine Straftat, wer nach seiner Vorstellung handelt und diese Handlung mit dem Ziel, Handlungserfolg zu verwirklichen, beginnt. Die Strafbarkeit eines Versuchs bestimmt sich dann nach § 23 StGB und ist bei Verbrechen (§ 12 Abs. 1 StGB) stets, bei Vergehen (§ 12 Abs. 2 StGB) im Falle ausdrücklicher gesetzlicher Regelung gegeben.

Auf das obige Fallbeispiel übertragen ist zu untersuchen, ob P. beim Nichteingreifen angesichts der ausgangsbereiten S. bewusst war, dass S. bei ihrem Spaziergang ohne Begleitung etwas zustoßen kann und in diesem Bewusstsein dennoch nichts unternommen hat. In diesem Fall ist ihr Unterlassen der Beginn für die Verwirklichung einer Gesundheitsschädigung.

Diese Überlegung zeigt gleichzeitig, dass der strafrechtlich relevante Beginn der objektiven Tatverwirklichung abhängig ist von einer bestimmten Form der subjektiven Tatbestandsmäßigkeit. Wird der Erfolg zwar vorwerfbar initiiert, ohne jedoch die Verwirklichung zu erkennen oder zu wollen, liegt kein **Versuch** nach § 22 StGB vor. Entsprechend kann eine nicht vollendete Tat als Versuch nur strafbar sein, wenn sie vorsätzlich begonnen wurde.

Wenn in unserem Fall P. beim Anblick der zum Spaziergang ansetzenden S. klar war, dass ihr Nichteingreifen die Gesundheit der S. beeinträchtigen kann, weil S. die Gefahren im Park nicht mehr richtig einzuschätzen weiß, liegt in ihrem Nichtstun der Beginn der Tatbestandsverwirklichung. Sie ist gerade deshalb zum Tun verpflichtet, weil die Erfahrungen der Vergangenheit gezeigt haben, dass S. beim unbegleiteten Spaziergang von einer Gesundheitsschädigung bedroht ist. Nimmt sie diese beim Entschluss zum Nichteingreifen wenigstens in Kauf, ist zum Eintritt des Erfolgs nichts mehr weiter nötig, als dass S. sich erfahrungsgemäß verhält. Es liegt somit eine versuchte Körperverletzung durch Unterlassen vor, ein Vergehen, das als Versuch nur in der Form des § 225 StGB strafbar ist. Eine Unterscheidung der Tatbestände der §§ 223, 225 StGB unterbleibt an dieser Stelle.

7.1.2 Rechtswidrigkeit

Rechtswidrig ist eine Tat, wenn sie der Rechtsordnung widerspricht. Die Rechtswidrigkeit wird durch die Verwirklichung des Tatbestandes aber lediglich indiziert. Sie liegt erst dann vor, wenn neben der Tatbestandsmäßigkeit Rechtfertigungsgründe tatsächlich fehlen. Die wichtigsten Rechtfertigungsgründe im Tätigkeitsfeld der Pflege sind folgende:
- die Einwilligung des Betroffenen
- die mutmaßliche Einwilligung des Betroffenen
- die Notwehr/Nothilfe
- der Notstand

Die Einwilligung des Betroffenen
Die Einwilligung ist eine Form von Rechtsschutzverzicht des Betroffenen. Sie gilt als Rechtfertigungsgrund nur dann, wenn die Rechtsordnung diesen Verzicht auf Rechtsschutz auch zulässt. Dazu sind folgende Gegebenheiten erforderlich:
- Verfügungsrecht bezüglich des Rechtsgutes
- Einwilligungsfähigkeit
- Einsicht in die Bedeutung und Folgen
- Freiheit im Entschluss
- Beachtung der Einwilligungsgrenzen durch den Täter

Ein **Verfügungsrecht** besteht dann, wenn es sich um ein Recht des Betroffenen handelt (z. B. sein individuelles Recht auf Selbstbestimmung, sein Vermögen).

Die **Einwilligungsfähigkeit** liegt für Vermögensrechte in der Geschäftsfähigkeit [➔Kap. 3.1.2], für Persönlichkeitsrechte in der Fähigkeit, die Bedeutung und Folgen des Verzichts auf Rechtsgüterschutz erkennen zu können. Im Zweifel sind hier Sachverständigengutachten einzuholen.

Darüber hinaus muss aber auch eine tatsächliche **Einsicht in die Bedeutung und Folgen** und nicht nur die Fähigkeit dazu vorliegen. Hierzu gehört vor allem die ärztliche Aufklärung. Ist diese nicht im vollen Umfang erfolgt, kann die tatsächliche Einsicht nicht vorliegen. Somit kann eine unvollständige Aufklärung die Einwilligung unwirksam machen ebenso wie eine Täuschung über die Folgen.

Eine Einwilligung, die durch Drohung oder Zwang herbeigeführt wurde, ist ebenfalls unwirksam, weil die **Freiheit zum Entschluss** fehlt. Die Darstellung von Folgen eines Verzichts auf einen ärztlichen Eingriff muss deshalb objektiv erfolgen und darf nicht so gestaltet sein, dass dem Betroffenen auf Grund der von einseitigen medizinischen Interessen geprägten Folgenschilderung keine andere Möglichkeit offenbleibt, als die Einwilligung zu erteilen.

Letztlich ist der **Rahmen der Einwilligung** genau festzuhalten. Eine Überschreitung dieses Rahmens durch den Täter ist nicht durch die Einwilligung gedeckt. Auch hier ist die Problematik medizinischer Eingriffe, die über die erteilte Einwilligung hinaus vorgenommen werden, genau zu betrachten. So wird die operative Entfernung eines Blinddarms als reine Präventionsmaßnahme keinesfalls von einer Einwilligung gedeckt sein, die sich auf die Heilung eines anderen organischen Leidens bezieht. Sollten jedoch während des Eingriffs zur Behandlung dieses Leidens andere organische Zusammenhänge entdeckt werden, ist genau zu prüfen, ob ein diesbezüglich erweiterter Eingriff im Rahmen der Einwilligung liegt (s. dazu auch u., mutmaßliche Einwilligung).

Nur bei Vorliegen all dieser erforderlichen Kriterien kann die Einwilligung als Rechtfertigungsgrund gelten.

Mutmaßliche Einwilligung des Betroffenen

Die mutmaßliche Einwilligung des Betroffenen ist als gegeben anzunehmen, wenn die Handlung in seinem Interesse vorgenommen wird und der Betroffene vermutlich einwilligen würde, dies aber nicht rechtzeitig kann.

Im Bereich der Pflege geht es hier wieder vor allem um ärztliche Maßnahmen. Um in diesem Bereich den Rechtfertigungsgrund anzunehmen, muss eine Notsituation vorliegen, welche das sofortige Eingreifen verlangt und eine nähere Untersuchung der Mutmaßlichkeit, etwa durch das Vormundschaftsgericht oder ein Befragen vor Ort zur Verfügung stehender Personen, welche dazu Aussagen machen können, nicht mehr ermöglicht. In allen anderen Fällen sind bei der Ermittlung der Mutmaßlichkeit all die Möglichkeiten auszuschöpfen, welche ein möglichst genaues Bild vom gemutmaßten Willen des Betroffenen ergeben, soweit die vor dem Eingriff zur Verfügung stehende Zeit dies ermöglicht.

Eingriffe, die über eine erteilte Einwilligung hinausgehen, sind nur dann über mutmaßliche Einwilligung gerechtfertigt, wenn sie zur Verbesserung des Zustandes des Betroffenen nur unverzüglich vorgenommen werden können oder ein erneuter zukünftiger Eingriff den Betroffenen erhöhter Gesundheitsgefährdung aussetzt.

Notwehr und Nothilfe

Nach der gesetzlichen Definition ist Notwehr (§ 32 Abs. 2 StGB) die Verteidigung, die erforderlich ist, um einen gegenwärtigen rechtswidrigen Angriff von sich oder einem anderen abzuwehren. Dabei wird als **Notwehr** die Abwehr eines Angriffs auf den Handelnden durch ihn selbst, als **Nothilfe** die Abwehr eines Angriffs auf einen Dritten bezeichnet. Angriff ist dabei eine im Verlauf befindliche Rechtsgutsverletzung einschließlich eines unmittelbaren Bevorstehens. Rechtswidrig ist der Angriff, wenn er nicht von der Rechtsordnung gedeckt ist, der Angreifer also nicht zur Angriffshandlung berechtigt ist.

Geht die Verteidigung über das Maß der gebotenen Abwehr hinaus, spricht man von **Notwehrüberschreitung**. Das angegriffene Rechtsgut ist in Verhältnis zum durch die Verteidigung Bedrohten zu beachten ebenso wie die Möglichkeiten des Verteidigers, dem Angriff auf andere Weise zu begegnen. Bei Notwehrüberschreitung entfällt die Rechtfertigung. Notwehrüberschreitung kann aber nach § 33 StGB straffrei bleiben, wenn der Täter in Verwirrung, Angst oder Schrecken gehandelt hat.

7 Strafrecht

Fallbeispiel 12 In der beschützenden Abteilung eines Altenheimes werden bestimmte Personen regelmäßig bei der Körperpflege und der Medikamentengabe fixiert, weil sie sich sonst gegen die Pflegemaßnahmen körperlich wehren. A. ist als Pflegekraft neu auf der Station und fragt nach der richterlichen Genehmigung für die regelmäßige Fixierung. Von der Stationsleitung erhält sie zur Antwort, dass dies ja nur kurzzeitig erfolge und die Maßnahmen ohne Fixierung nicht durchzuführen seien. Auf den Einwand der A., jede regelmäßig wiederkehrende Fixierung bedürfe der richterlichen Genehmigung, wird ihr geantwortet, sie könne es ja ohne Fixierung probieren. Zufällig kommt A. danach zu einer Körperpflege unter Fixierung und fordert die Kollegen auf, die Fixierung wegen fehlender richterlicher Anordnung zu beenden. Als diese darauf nur lachen, tritt sie heran und öffnet den Gurt. Dabei kommt es zu einem kurzen Handgemenge mit den Kollegen, die sie davon abhalten wollen. Da ihr dabei der Arm ausgekugelt wird, beißt sie einem Kollegen so in den Finger, dass dieser genäht werden muss.

Die Annahme von A., es sei hier eine richterliche Genehmigung erforderlich, ist zutreffend. Es handelt sich somit um einen rechtswidrigen Angriff auf die zu pflegende Person, deren Freiheitsrechte dadurch verletzt sind. Mit der Öffnung des Gurtes nach vorheriger Begründung für ihr Handeln wehrt sie diesen Angriff von einem Dritten ab, leistet folglich Nothilfe.

Fraglich ist, ob die Kollegen der A. auf Grund einer Dienstanweisung der Stationsleitung nicht doch rechtmäßig gehandelt haben, weil sie dann dazu arbeitsvertraglich verpflichtet waren. Die Delegation dienstlicher Aufgaben verlangt jedoch vom Pflegepersonal eine inhaltliche Prüfung der delegierten Handlung mit →Remonstrationsrecht bzw. Remonstrationspflicht bei Zweifeln bzw. Kenntnis über die fachliche Richtigkeit der delegierten Handlung.

Das Lachen als Reaktion auf die inhaltliche Begründung der Aufforderung von A. zeigt, dass sich die Kollegen nicht ausreichend inhaltlich mit der Sachlage auseinandergesetzt haben oder sogar wider besseres Wissen die Fixierung vorgenommen haben. Im ersteren Fall hätte eine Nachfrage der Kollegen ein Gespräch auslösen können, in dessen Verlauf die Zweifel an der Rechtmäßigkeit der Dienstanweisung deutlich geworden wären mit der Folge einer Rücksprache bei der Stationsleitung und deren Reflexion der Anweisung. Das Lachen zeigt jedoch auf, dass die Kollegen gar nicht bereit waren, eine eventuelle Rechtswidrigkeit zu reflektieren, sich somit nicht ausreichend sorgfältig verhalten haben und deshalb rechtswidrig handelten.

Bei der Alternative eines Handelns wider besseres Wissen liegt ohnehin ein rechtswidriger Angriff vor. Dieser beinhaltet sowohl die Fixierung als auch den Angriff auf A. Denn auch diesbezüglich lag keine Bereitschaft vor, das eigene Handeln zu reflektieren, sondern die Gesamthaltung zur Fixierung stand auch hinter dem Angriff auf A. in Form einer Verletzung ihres Armes.

Diesem Angriff ist A. in Notwehr begegnet, indem sie sich nur noch mit Beißen gegen die Übermacht der Kollegen wehren konnte. Dass dieser Biss erst erfolgte, nachdem der Arm bereits ausgekugelt war, spricht nicht gegen Notwehr, weil für A. nicht deutlich war, ob der Angriff schon beendet war und sie dadurch möglichen weiteren Schaden durch noch folgende Übergriffe der Kollegen von sich abwenden wollte, wie dies dann faktisch auch geschehen ist.

Die tatbestandsmäßige Körperverletzung [➔Kap. 7.2.1] der A. an ihrem Kollegen ist somit durch Notwehr gerechtfertigt. Die Körperverletzung der Kollegen an A. ist nicht durch Notwehr gedeckt. Die Nothilfe der A. gegen den zu Pflegenden war ebenfalls eine rechtmäßige Abwehr eines rechtswidrigen Angriffs, eine eventuell vorliegende Nötigung der Kollegen (hier müsste die Gewalteinwirkung gegenüber den Kollegen bei der Öffnung des Gurtes näher untersucht werden) wäre hier durch Nothilfe gerechtfertigt.

7 Strafrecht

Notstand (§ 35 StGB)

Der Unterschied zwischen der Notwehr und dem Notstand liegt vor allem darin, dass bei Ersterer das Rechtsgut durch einen gegenwärtigen Angriff bedroht ist, bei Letzterem Rechtsgutgefährdung droht und abgewogen werden muss, welches Rechtsgut Vorrang hat. (Notwehr erfolgt spontan, Notstand lässt etwas Zeit zur Entscheidung.) Diese unter Umständen nur in Nuancen bestehende Unterscheidung bedarf dennoch wegen des darin liegenden graduellen Zurückbleibens des Notstandes hinter der Notwehr bezüglich der Rechtsgutsgefährdung eines Ausgleichs der Anforderungen an den Notstand.

Dieser Ausgleich schlägt sich nieder in den folgenden Erfordernissen neben der gegenwärtigen Gefahr:
- keine andere Möglichkeit der Gefahrabwendung
- eine Interessenkollision mit Interessenabwägung
- ein geeignetes Mittel zur Gefahrabwendung

Die gegenwärtige, bei natürlicher Weiterentwicklung des zu beurteilenden Kausalverlaufs sichere oder höchstwahrscheinliche Gefahr für das Rechtsgut darf nicht anders als durch die zu beurteilende Handlung abwendbar sein.

Das durch die Abwendung betroffene Rechtsgut muss im Vergleich zum gefährdeten Rechtsgut in vertretbarer Weise verletzt werden. Die Interessenabwägung muss folglich eine Entscheidung für die Verletzung des Rechtsguts durch die abwehrende Handlung ergeben, nicht für das durch die Gefahr betroffene Recht. Das geschützte Interesse muss dabei das gefährdete wesentlich überwiegen. Schließlich muss sich im Zusammenhang mit der Interessenabwägung die Handlung als geeignet für die Abwehr des gefährdeten Rechtsgutes erweisen. Sind geringere Eingriffe in Rechte ungeeignet, muss die Interessenabwägung bezüglich des geeigneten Eingriffs erfolgen. Dieser wiederum darf bei der Interessenabwägung nicht eine geringere Beeinträchtigung in betroffene Rechtsgüter darstellen als die zu beurteilende Handlung. Die drei Erfordernisse stehen somit in direktem Zusammenhang zueinander.

Fallbeispiel 13 Vorrang des Rechtsguts Frau H. ist eine rüstige Heimbewohnerin, die sich noch um alle ihre Angelegenheiten selbst kümmern kann. Die Nachricht vom Tod ihrer Schwester hat sie allerdings sehr verändert und sie will ihre Schwester unbedingt vor deren Beerdigung nochmals besuchen. Dazu hat sie bereits eine nächtliche Irrfahrt in U-Bahn und Taxi hinter sich und ist vor der Wohnung der Schwester morgens von Nachbarn im Treppenhaus sitzend gefunden worden. Die Heimleitung beschließt, Frau H. die nächste Nacht mit Bettgurt zu sichern, um eine solche Irrfahrt nicht zur Wiederholung kommen zu lassen.

Das gefährdete Rechtsgut kann hier die Gesundheit der H. sein, weil denkbar ist, dass sie sich bei ihren nächtlichen Versuchen, ihre Schwester zu besuchen, selbst gefährdet. Das über den Gesundheitsschutz gefährdete Rechtsgut ist die persönliche Freiheit der H., eingeschränkt durch den Bettgurt während der Nacht.

Da H. jedoch offensichtlich zwar einen scheinbar sinnlosen Versuch unternimmt, ihre Schwester nochmals zu besuchen, andererseits aber – vom Ziel her betrachtet – sich genau dorthin begeben hat, wohin sie wollte, ist mit einem wirklichen Umherirren nachts nicht zu rechnen. Von einer konkreten Gesundheitsgefährdung ist damit nicht zu auszugehen, sie erscheint auch nicht wahrscheinlich.

In einem solchen Fall ist die konkrete die persönliche Freiheit auf jeden Fall das schützenswertere Rechtsgut. Zudem ist sehr fraglich, ob der Bettgurt die einzige Möglichkeit ist, Frau H. zu schützen. Er ist wohl in seiner Absolutheit sicher und damit auch zum Schutz geeignet, hingegen sind eine intensive Beobachtung und Sicherung des Heimausganges zwar personalaufwendiger, jedoch weniger freiheitsbeschränkend und angesichts einer kaum konkreten Gesundheitsgefährdung auch ausreichend geeignet.

Die Freiheitsberaubung über einmalige Fixierung durch die Heimleitung ist in diesem Fall nicht wegen Notstands gerechtfertigt.

7.1.3 Schuld

Es ist verfassungsrechtlich festgelegt, dass ohne **Schuld** keine Strafbarkeit gegeben sein darf. Nach heute vorherrschendem Verständnis ist Schuld Vorwerfbarkeit oder das Tragen der Verantwortung für eine rechtswidrige Tat.

Die Schuld des Täters ist Grundlage für die Strafzumessung (§ 46 Abs. 1 StGB). Zur Beurteilung der Schuld und damit zur Strafzumessung im gesetzlichen Strafrahmen sind von den Gerichten abzuwägen
- das Täterverhalten vor, während und nach der Tat,
- seine Vorgeschichte und sozialen Verhältnisse und
- das Maß seiner Pflichtwidrigkeit (§ 46 Abs. 2 StGB).

Fehlt dem Handelnden bei der Handlung die Einsicht, Unrecht zu tun, so handelt er ohne Schuld, wenn er diesen Irrtum nicht vermeiden konnte (➜**Verbotsirrtum**). Bei Vermeidbarkeit kann die Strafe gemildert werden (§ 17 StGB).

> **Fallbeispiel 14 Schuld** Die Pflegekraft A. ist der Meinung, die Fixierung ist erlaubt, weil sie annimmt, sie sei richterlich angeordnet.

Dieser Irrtum ist vermeidbar, weil die Heime verpflichtet sind, angeordnete Freiheitsbeschränkungen zu dokumentieren. Sie hätte also nachlesen oder, wenn sie nichts gefunden hat, nachfragen können und dann festgestellt, dass eine richterliche Anordnung nicht vorliegt.

Die Frage, ob Schuld vorliegt, wird im Strafrecht auch negativ abgegrenzt, also dahingehend, dass keine oder nur verminderte Schuld vorliegt. In solchen Fällen muss Schuldunfähigkeit oder verminderte Schuldfähigkeit gegeben sein.

Schuldunfähigkeit liegt in folgenden Fällen vor:
1. bei Kindern und Jugendlichen, die bei Begehung der Tat noch nicht 14 Jahre alt sind (§ 19 StGB)
2. bei seelischen Störungen (§ 20 StGB)

Hintergrund für beide Regelungen ist die Annahme, dass das Unrecht der Tat nicht erkannt werden oder nicht nach dieser Erkenntnis gehandelt werden kann. Im Fall einer seelischen Störung muss der Zusammenhang zwischen der Erkrankung und der fehlenden Einsicht oder Handlungsfähigkeit im Zweifel – etwa über Gutachten – nachgewiesen werden.

Verminderte Schuldfähigkeit (§ 21 StGB) liegt vor, wenn die Fähigkeit, das Unrecht einzusehen oder nach dieser Einsicht zu handeln bei Begehung der Tat erheblich vermindert vorliegt. Die Strafe kann dann gemildert werden entsprechend dem Prinzip, dass sich die Strafe nach der Schuld bemisst.

Erwähnenswert ist in diesem Zusammenhang auch der so genannte **Täter-Opfer-Ausgleich** (§ 46a StGB), der zwar keine Schuldverminderung im engeren Sinn darstellt, dennoch aber im Rahmen der Beurteilung der Schuld im Zusammenhang mit dem Verhalten des Täters nach der Tat seinen Platz hat. Macht der Täter seine Tat wieder gut oder erstrebt er dies ernsthaft bzw. entschädigt der Täter sein Opfer unter erheblichen persönlichen Leistungen, so kann das Gericht die Strafe mildern oder unter bestimmten Voraussetzungen von ihr absehen. Diese Regelung zielt direkt auf die Beziehung Täter-Opfer ab, welche durch die Tat erheblich beeinträchtigt ist oder sogar Ziel der Tat ist. Gelingt es dem Täter im Nachhinein, die Qualität dieser Beziehung durch sein Zutun zu verbessern, ist es angebracht, darin eine Täterentwicklung zu sehen, welche die Strafe nicht mehr in vollem Umfang angemessen erscheinen lässt oder unter den gesetzlichen Voraussetzung sogar davon abgesehen werden kann. Diese Überlegung erscheint gerade im Zusammenhang mit der Pflege besonders aufgreifenswert, da dort die Beziehungsebene eine wesentliche Rolle spielt und erfolgte Straftaten häufig mit Beziehungsqualität in Zusammenhang stehen.

Können also Tatbestandsmäßigkeit, Rechtswidrigkeit und Schuld nach Prüfung der hier dargelegten Kriterien angenommen werden, liegt generell eine Strafbarkeit vor.

7.2 Relevante Einzeltatbestände in der Pflege

Im Folgenden sollen einige Strafrechtstatbestände betrachtet werden, welche für die Pflege von praktischer Bedeutung sind. Sie werden anhand von anonymisierten Fällen aus der Praxis dargelegt.

7.2.1 Die Grenzen der Persönlichkeitssphäre

Die Grenzen der Persönlichkeitssphäre in der Pflege, vor allem im Bereich der Altenpflege, sind ein essenzielles Thema, das jedoch dennoch mit Zurückhaltung angegangen wird. Die Zurückhaltung kommt vor allem aus der Praxis, nicht weil Grenzüberschreitungen dort in der Regel nicht ernst genommen würden, sondern weil Unsicherheit über die Rechtslage besteht und deshalb problematische Fälle aus dem eigenen Umfeld kaum der öffentlichen Diskussion angeboten werden. Die Unsicherheiten rühren her von undeutlichen Vorstellungen zum Begriff Gewalt, der einen martialischen Unterton mit sich führt, genau genommen aber schon dann vorliegt, wenn der Wille des Gegenüber nicht respektiert, sondern gebrochen wird, ohne dass die herkömmlichen Bilder von Gewalttätigkeit die Szene beherrschen.

Somit sind problematische Fälle von Gewaltanwendung in der Pflege nicht die deutlichen, tatsächlich mit offensichtlicher körperlicher Gewalt einhergehenden Übergriffe auf die zu pflegenden Personen, sondern die „schleichenden" Grenzüberschreitungen, oft überdeckt vom Pragmatismus des pflegerischen Alltags, der als eine Art Pseudorechtfertigung oder Gewissensberuhigung dient, oder wenigstens dazu, den jeweiligen Einzelfall nicht genau und differenziert zu betrachten. Dass dies aus rechtlicher Sicht jedoch sehr wohl erforderlich ist, sollen die nachfolgenden Fallbesprechungen zeigen, anhand derer versucht wird, eine Antwort auf die strafrechtlichen Fragen zu geben.

Ausgesucht wurden dazu nur solche „Grenz"-Fälle, die auf den ersten Blick die „rote Ampel" Gewalt nicht unbedingt erkennen lassen oder wenigstens die Frage nach einer Rechtfertigung der fraglichen Grenzüberschreitung aufwerfen. Diese Fälle sind in der Praxis aber deshalb verstärkt klärungsbedürftig, weil die Sensibilität für Gewaltübergriffe durch Zulassen schleichender Gewalt schrittweise beseitigt wird.

„Der Einheitshaarschnitt"

> **Fallbeispiel 15 Beleidigung, Körperverletzung und Nötigung** Bei einer Feierstunde mit den Bewohnern von drei Stationen einer stationären Einrichtung der Altenpflege fällt der Ehefrau des eingeladenen Landrates H. auf, dass sämtliche Heimbewohnerinnen einen Quasi-Einheitshaarschnitt, nämlich auffallend kurz geschnittene Frisuren haben.
>
> Auf Nachfragen klärt sich auf, dass durch das drastisch reduzierte Heimpersonal die tägliche Grundpflege nicht mehr gewährleistet werden kann, wenn durch Haarewaschen, Trocknen und Föhnen die Pflegedauer erhöht wird. Deshalb habe man auf Anweisung bei allen Bewohnern die Haare kurz geschnitten, um den Pflegeaufwand der Grundpflege zu reduzieren.

Der vorliegende Sachverhalt legt die Überprüfung einer Strafbarkeit wegen Beleidigung, Körperverletzung und Nötigung nahe.

- **Beleidigung (§ 185 StGB)**

Begrifflich ist die Beleidigung der rechtswidrige Angriff auf die Ehre eines anderen Menschen durch vorsätzliche Kundgebung der Missachtung oder Nichtachtung. Die Ehre als Objekt der Beleidigung wurzelt in der Würde des Menschen (Art. 1 Abs. 1 GG). Dazu gehören innerer Wert ebenso wie äußere Ehre in den Augen der anderen, also die Geltung innerhalb der menschlichen Gesellschaft. Entscheidend für das Vorliegen der Ehrverletzung ist nicht die subjektive, sondern die objektive Bewertung.

Zu den tätlichen Beleidigungen zählen z.B. Anspucken oder Abschneiden eines Bartes. Bei Letzterem liegt die Ehrkränkung in der Nichtachtung des Selbstbestimmungsrechts auf Gestaltung des eigenen äußeren Erscheinungsbildes. Dies kann auch für das Abschneiden der Kopfhaare konstatiert werden, wenn dabei für einen objektiven Dritten deutlich wird, dass diese Nichtachtung des Selbstbestimmungsrechts vorliegt, etwa durch Haareschneiden trotz der vernehmbaren gegenteiligen Willensäußerung oder durch Festhalten des Kopfes oder des Körpers zur Unterdrückung eines Widerstands. Denkbar ist die **Erfüllung des Tatbestandes** auch, wenn durch das Tragen der geschorenen Kopfhaare die Nichtachtung nach außen erkennbar ist, etwa wie beim vorliegenden Fall dadurch, dass die Individualität der Person offensichtlich nicht geachtet wird, weil alle zu Pflegenden auf Station denselben kurzen Haarschnitt tragen.

Mit der Einheitlichkeit des Haarschnitts wird darüber hinaus sogar der Eindruck erweckt, als stünden die Bewohnerinnen in einem besonderen Gewaltverhältnis zur Einrichtung, welche den Haarschnitt daher bestimmen kann. Auch darin kommt die Ehrverletzung nach außen zum Tragen.

Die **Rechtswidrigkeit** dieser Tat würde fehlen, hätten die Betroffenen in das Haareschneiden eingewilligt. Sind sie zur Erteilung der Einwilligung [→Kap. 7.1.2] aber getäuscht worden, etwa dadurch, dass die Anordnung durch die Heim- oder Pflegeleitung als unabänderliche hierarchische Maßnahme dargestellt wurde, ist die Einwilligung nicht ordnungsgemäß erteilt. Ebenso ist die Tat nicht durch Notstand gem. § 34 StGB gerechtfertigt, da die Gesundheit nicht wesentlich durch weniger intensive Haarpflege gefährdet ist. Jedenfalls ist das Recht auf Selbstbestimmung in der Güterabwägung des § 34 StGB höher anzusetzen als ein erhöhtes Zeitintervall bei der Haarpflege. Ist eine hygienisch noch vertretbare Haarpflege wegen Personalmangels nicht zu gewährleisten, ist der Personalmangel zu beseitigen. Vom Träger vertretbarer Personalmangel rechtfertigt nicht die Zeiteinsparung durch Einheitshaarschnitt. Die Tat ist somit auch rechtswidrig.

Die **Vorsätzlichkeit** liegt in dem Bewusstsein der Pflegekraft, dass ihre Handlung eine Missachtung darstellt. Die Inkaufnahme einer Missachtung ist hierzu ausreichend. Diesbezüglicher Nachweis wird nicht leicht zu führen sein. Zum einen neigt die Pflege strukturbedingt dazu, etwaige Dienstanweisungen nicht näher zu hinterfragen und die Anordnungen zu vollziehen. Zum anderen liegt hier eine Begründung für die Anordnung vor, welche auf den ersten Blick im Pflegealltag Erleichterung verschafft und deshalb sinnvoll erscheint. Somit wird häufig das Bewusstsein einer Missachtung nicht vorliegen, wenn die Betroffenen sich nicht gegen das Haareschneiden wehren.

Genau im Nichthinterfragen solcher Anordnungen liegt aber bereits die Problematik jener schleichenden Übergriffe in die Rechte der Betroffenen. Jede Pflegekraft müsste sich bei dieser Handlung fragen: Darf ich das überhaupt? Und nur beim geringsten Zweifel um diese Berechtigung ist schon Inkaufnahme der Missachtung anzunehmen, weil das Nichtdürfen sich im Zusammenhang mit der Nichtbeachtung der Selbstbestimmung für Pflegekräfte erschließt und sich daraus das Einbeziehen der Missachtung in die Inkaufnahme einer rechtswidrigen Tat ergibt. Niemand wird ohne den Vorwurf des bedingten Vorsatzes sagen können, dass er die Nichtbeachtung der Selbstbestimmung des anderen Menschen in Kauf genommen habe, dass dies aber objektiv eine Missachtung sei, habe er in die Inkaufnahme nicht einbezogen.

- **Körperverletzung (§ 223 StGB)**
Zur Erfüllung des **Tatbestands** einer Körperverletzung muss die körperliche Unversehrtheit nicht nur unerheblich beeinträchtigt sein. Das Zufügen eines Schmerzes ist dazu nicht unbedingt erforderlich. So gehören zur Beeinträchtigung körperlicher Unversehrtheit auch unangemessenes Abschneiden von Bart, Haaren oder Zöpfen. Im vorliegenden Fall geht es um ein unangemessenes Abschneiden von Haaren, wenn dadurch das selbstbestimmte Erscheinungsbild einer Person nicht nur unwesentlich verändert wird. Davon ist auszugehen, da der kurze Einheitshaarschnitt nicht nur alle Heimbewohnerinnen gleich aussehen lässt, sondern wohl auch keine vorher nur annähernd so ausgesehen hat. Das durch Missachtung der Selbstbestimmung erzeugte körperliche Unwohlsein könnte ebenfalls eine Misshandlung darstellen.

Zur **Rechtswidrigkeit** der Tat ist zu sagen: Es liegt weder eine gültige Einwilligung vor, noch ist der körperliche Eingriff durch eine Güterabwägung im Sinne des Notstandes zu rechtfertigen, da das Problem der zeitlichen Beschränkung für die Handlungen der Grundpflege auf andere Weise zu lösen ist, als mit einem derartigen Eingriff in die Persönlichkeit. Sollte eine Betroffene freilich geäußert haben, einen Kurzhaarschnitt habe sie schon lange gewünscht, dann liegt sie betreffend eine Einwilligung als Rechtfertigungsgrund vor.

Zur **Vorsätzlichkeit** der Tat gehört das Bewusstsein, durch sie das Wohlbefinden bzw. die Unversehrtheit des Körpers zu beeinträchtigen. Dies wird im Regelfall angenommen werden müssen. Allerdings könnte hier der Fall vorliegen, dass die Pflegekraft geglaubt hat, dies dennoch tun zu dürfen, etwa weil die Grundpflege im gewohnten Umfang dadurch gesichert ist oder ein Notstand vorliegt, der in Güterabwägung für die Hygiene diesen Eingriff rechtfertigt. In diesem Falle liegt ein →Verbotsirrtum (§ 17 StGB) vor, der strafmildernd (§ 49 Abs.1 StGB) wirkt, die Schuld jedoch nicht ausschließt, da der Irrtum vermieden werden kann, wenn vor der Handlung darüber reflektiert wird, ob der Persönlichkeitsschutz oder eine Umorganisation der Grundpflegehandlungen überwiegt.

7 Strafrecht

- **Nötigung (§ 240 StGB)**

Der **Tatbestand** der Nötigung ist dann erfüllt, wenn durch Gewaltanwendung oder Drohung mit einem empfindlichen Übel die Veranlassung einer Handlung oder Duldung bewirkt wird derart, dass von einer Person ein Verhalten erzwungen wird, das diese freiwillig nicht an den Tag legen würde. Die Nötigung will somit die Willensfreiheit des Betroffenen schützen. In diesem Sinne ist Nötigung auch eine Art von Zwang, welche dem Betroffenen die Möglichkeit eines Entschlusses gar nicht mehr lässt. Heftig diskutiert wird dabei die Definition der Gewaltanwendung vor allem dahingehend, ob neben der physischen auch psychische Gewalt den Tatbestand erfüllt. Im Wesentlichen besteht Einigkeit darüber, dass Gewalt der physisch vermittelte Zwang zur Überwindung eines geleisteten oder erwarteten Widerstandes ist.

Somit wäre im vorliegenden Fall Gewaltanwendung anzunehmen, wenn die ausführenden Pflegekräfte unter einigen begleitenden Worten das Haareschneiden beginnen oder vornehmen lassen, ohne die Reaktionen der Betroffenen abzuwarten. Das Handanlegen oder Handanlegenlassen ohne Zulassen einer Gegenreaktion ist der physisch vermittelte Zwang, auch wenn er gleichzeitig die Handlung durchführt, zu der der Betroffene gezwungen wird, denn es wird dabei mit der physischen Gewalt des Handanlegens an einen anderen Menschen die Grenze der Selbstbestimmung überschritten. Es wäre jedenfalls inkonsequent, den wegen Nötigung zu bestrafen, der erst bei Gegenwehr des Betroffenen Gewalt anwendet, um die Haare schneiden zu können, den anderen aber nicht, der den Überraschungseffekt nutzt und aber ebenso bestimmt mit körperlichem Nachdruck das Haareschneiden vornimmt. Nach der Definition keine Gewaltanwendung läge jedoch vor, wenn die Pflegekraft über die Mitteilung der Dienstanweisung die Betroffenen zur Duldung des Haareschneidens überredet, da dann weder physische Gewalt angewendet wird noch mit solcher gedroht wird. Wird allerdings an die Nichtbefolgung der Dienstanweisung eine nicht unbedeutende Sanktion als Drohung gebunden, liegt Nötigung in der zweiten Alternative vor.

Die Gewaltdefinition als physische Einwirkung zur Verletzung der Willensfreiheit ist nur bedingt geeignet, für Übergriffe auf die Selbstbestimmung zu Pflegender zu sensibilisieren. Diese Definition ist in der Rechtsliteratur auch heftigst diskutiert. Letztlich muss dies unter dem Gesichtspunkt gesehen werden, dass hier nur schwerwiegende Einwirkungen in die Willensfreiheit unter Strafe stehen, ein Überreden oder Ausnutzen von Hierarchiegläubigkeit ohne physische Unterstützung diesen schwerwiegenden Eingriff noch nicht darstellt.

Die **Rechtswidrigkeit** der Nötigung liegt dann vor, wenn zusätzlich zu den üblichen Voraussetzungen (s.o.) die Gewaltanwendung im Vergleich zum angestrebten Zweck als verwerflich anzusehen ist. Verwerflich bedeutet dabei einen erhöhten Grad sittlicher Missbilligung. Es wird hier auf die Sozialwidrigkeit des Handelns abgestellt. Verwerflich ist eine Nötigung danach dann, wenn sie andere zwingt, auf die Ausübung ihrer Grundrechte zu verzichten. Im Ausgangsfall ist dies gegeben, da die betroffenen Heimbewohnerinnen gezwungen werden, auf ihr Recht zu verzichten, sich frei für eine Frisur ihrer eigenen Wahl und damit für einen Ausdruck ihrer Persönlichkeit zu entscheiden.

Zum **Vorsatz** genügt die Kenntnis, mit Gewalt oder einem anderen Übel die Duldung zu erreichen. Zu einem etwaigen Verbotsirrtum wegen irriger Annahme einer zivilrechtlichen Befugnis gilt das oben Gesagte.

- **Täterschaft durch Dienstanweisung**

Bezüglich des Begehens der Tat als Dienstanweisender sei auf § 25 StGB hingewiesen, nämlich dass eine Tat als Täter auch durch andere begangen werden kann. Es kommt dabei stets auf die Tatherrschaft an. Entscheidend für die Täterschaft ist die eigene Verwirklichung aller Strafbarkeitsmerkmale, also Tatbestandsmäßigkeit, Rechtswidrigkeit und Schuld, wobei der Anweisende den Erfolg des Ausführenden als eigenen Erfolg wollen muss. In einem solchen Fall ist somit Mittäterschaft von Anweisendem und Ausführendem möglich, wenn beide die Strafbarkeitsmerkmale erfüllen.

7 Strafrecht

„Unkooperativ und widerständig"

> **Fallbeispiel 16 Freiheitsberaubung, Nötigung und Körperverletzung** Herr Dr. A. war es zeitlebens gewohnt, Anweisungen in Beruf und Privatleben zu geben. Es traf ihn daher schwer, als er vor zwei Jahren nach dem Tod seiner Ehefrau durch eine schwere Herzinsuffizienz mit Schlaganfall als Folge völlig allein dastand und in kurzer Folge zwei Pflegestufen durchlaufen hat.
>
> Sein eiserner Wille, der sein Leben geprägt hat, funktioniert auch im Alter von 86 Jahren noch. So lässt er sich nur mit Widerstand rundherum pflegen, da er die Notwendigkeit dieser Maßnahmen nicht einsieht. Das Pflegepersonal erblickt deshalb in ihm einen der schwierigsten Fälle im Pflegeheim, in das er gegen seinen Willen, aber auch ohne eine Alternative eingewiesen wurde.
>
> Sein Verhalten wird als unkooperativ und widerständig bezeichnet. Auf Grund dessen wird Dr. A. durch Bettgitter festgehalten. Wiederholte Fixierungen haben bei ihm bereits zu Hautzeichnungen und Blutergüssen geführt. Aber auch diese lässt sich Dr. A. nur sehr widerwillig behandeln.

Die Problematik dieses Falles ist grundlegender Natur dahingehend, dass hier nicht nur die Erfüllung von Straftatbeständen durch Freiheitsberaubung wegen Sicherungsmaßnahmen in Frage steht, sondern bereits die Feststellung „Die Einweisung in das Pflegeheim erfolgte gegen seinen Willen, aber auch ohne Alternativen".

Ist die Einweisung gegen seinen Willen erfolgt, so ist daran sofort die Frage anzuschließen, ob Dr. A denn noch in der Lage war, seinen Willen bezüglich der Einweisung kundzutun. Ist dies zu bejahen – wofür hier viel spricht –, dann ist bereits die Einweisung gegen seinen Willen ein Verstoß gegen die Selbstbestimmung (z.B. Nötigung) und es wäre vorher zu prüfen gewesen, ob Dr. A. nicht über ambulante Pflegemaßnahmen in seiner Wohnung hätte versorgt werden können.

Selbst wenn A. nicht mehr in der Lage war, seinen Willen kundzutun, hätte er nicht einfach in das Heim eingewiesen werden dürfen, sondern es hätte ein Betreuer [➔Kap. 11.1] bestellt werden müssen, wenn keine bevollmächtigte Person vorhanden war, was nach Schilderung der Sachlage anzunehmen ist. War die Einweisung unter bestimmten Voraussetzungen so dringend, dass die Bestellung nicht abgewartet werden konnte, so hätte das Vormundschaftsgericht nach §§ 1908i, 1846 BGB eingeschaltet werden müssen, um die fehlende Einwilligungsfähigkeit zu ersetzen. Eine Heimeinweisung gegen den Willen des Betroffenen – oder bei fehlender Einsichtsfähigkeit ohne Mitwirkung des Betreuers, Bevollmächtigten oder des Vormundschaftsgerichts – ist über den Notfallzeitraum hinaus rechtswidrig, weshalb sich hier die Prüfung von Straftatbeständen anschließen muss.

Obwohl A. der Möglichkeit beraubt wird, sich in der von ihm gewählten Umgebung aufzuhalten, liegt hier noch keine Freiheitsberaubung vor, deren Tatbestandsmäßigkeit nach § 239 StGB einen Eingriff in die persönliche Bewegungsfreiheit verlangt dahingehend, sich nicht nach seinem Willen fortbewegen zu können. Die Fortbewegungsfreiheit ist auch im Heim allein durch die Einweisung nicht eingeschränkt. Es wird aber in der ohne Einwilligung erfolgten Heimunterbringung Nötigung nach § 240 StGB zu sehen sein, da A. gegen seinen Willen dorthin gebracht wurde. Darin ist Gewaltanwendung physischer Natur zu sehen, da A. wohl ohne diese nicht gegen seinen Willen in das Heim hätte gebracht werden können. Der physische Akt des Hinbringens hatte in sich das Ziel der Duldung der Heimeinweisung. Die Einweisung ist nicht nur rechtswidrig, sondern erfüllt die besondere Klausel der Verwerflichkeit über den Verstoß gegen die Grundrechte (s.o.). Vorsatz ist gegeben, ein etwaiger ➔Verbotsirrtum der Ausführenden ist denkbar, muss aber als vermeidbar angesehen werden.

Der Fall zeigt über die Rechtswidrigkeit seiner Vorgeschichte die Entstehung einer „Spirale" einengender Maßnahmen, eine Form der Eskalation, die in weiteren freiheitbeschränkenden Handlungen (Bettgitter, Fixierung) mündet. Die Sensibilität der Betroffenen für einmal geschehenes Unrecht und der Wille, dies deutlich zu machen, führt zur Einschätzung „unkooperativ und widerständig" auf Seiten der Pflege und zu dieser Einschätzung entsprechenden Zwangsanwendungen.

- **Freiheitsberaubung (§ 239 StGB) durch Sicherungsmaßnahmen**

Fraglos sind Bettgitter und Fixierung durch Gurte tatbestandsmäßig Freiheitsberaubung.

Es stellt sich die Frage der **Widerrechtlichkeit**. Diese läge nicht vor im Fall des § 1906 Abs. 4 BGB, also bei von Betreuer und Vormundschaftsgericht genehmigten unterbringungsähnlichen Maßnahmen. Davon ist hier nicht auszugehen, da ein Betreuer schon bei der Heimeinweisung nicht vorhanden war. Eine Rechtfertigung durch Notstand (§ 34 StGB) [→Kap. 7.1.2] wäre nur in einer gegenwärtigen Gefahr für Leben etc. vorliegend. Nach Sachlage wehrt sich A. gegen Pflegehandlungen.

Dies rechtfertigt nicht, ihn seiner Freiheit zu berauben, um generell seinen Widerstand zu brechen, sondern, wenn überhaupt, lediglich zur Ruhigstellung für den Vollzug notwendiger Pflegehandlungen. Diese sind unter Umständen nicht unbedingt täglich notwendig. Die Ruhigstellung wird durch Bettgitter nicht erreicht, was die Anwendung rechtswidrig macht. Fixierung ist allenfalls für den Zeitraum der hygienenotwendigen Pflegemaßnahmen möglich, jedoch nur im dringend erforderlichen Umfang. Wird diese regelmäßig wiederholt, ist eine richterliche Entscheidung grundzulegen. Ist dies nicht der Fall, liegt Rechtswidrigkeit vor.

Verbotsirrtum kann nicht angenommen werden, die **Vorsätzlichkeit** ist wohl kaum in Zweifel zu ziehen, weil die Kenntnis um die Problematik der Freiheitsentziehung im Pflegebereich vorhanden ist.

- **Nötigung (§ 240 StGB)**

Es liegt hier tatbestandsmäßig auch Nötigung vor, da A. mit Gewalt (Bettgitter, Fixierungsgurte) zu Pflegehandlungen gezwungen und generell als widerständig festgehalten wird. Rechtswidrigkeit und Vorsatz sind gegeben, →Verbotsirrtum kann nicht angenommen werden.

- **Körperverletzung (§§ 223, 225, 226 StGB)**

In den beschriebenen körperlichen Folgen von Bettgitter und Fixierung liegt tatbestandsmäßige Körperverletzung vor.

Zudem ist auch der Tatbestand des § 225 StGB (Misshandlung Schutzbefohlener) erfüllt, da Heimbewohner der Fürsorge des Heimpersonals unterstehen. Fraglich ist allenfalls die Wehrlosigkeit, da sich A. ganz offensichtlich zur Wehr setzt. Letztlich dürfte hier dennoch Wehrlosigkeit vorliegen, da A. auf Grund seiner Gesundheitssituation im Heim ist und sich dort letztendlich doch nicht erfolgreich wehren kann, hat er doch keine Möglichkeit, selbst im Falle berechtigten Widerstandes dieser Situation zu entkommen.

§ 226 StGB (schwere Körperverletzung) ist wohl nur dann vorliegend, wenn eine Langzeitfreiheitsberaubung durch mechanische Vorrichtungen (Gitter, Gurt) psychische Krankheit oder chronische körperliche Erkrankungen verursacht.

Rechtswidrigkeit und Vorsatz sind entsprechend dem oben Gesagten wohl gegeben mit Ausnahme eines etwaigen vorliegenden Rechtfertigungsgrundes (s.o. eventuell bei erforderlichen Pflegehandlungen mit einem zieladäquaten Mittel). ➔ Verbotsirrtum kann nicht angenommen werden.

7 Strafrecht

„Angeklopft und eingetreten"

> **Fallbeispiel 17 Hausfriedensbruchs und Nötigung** Frau G. hat wie alle Bewohnerinnen im Seniorenheim ein getöpfertes Türschild an ihrem Zimmer. Die Zimmer sind offen. Frau G. ist – schlaganfallbedingt – verwirrt. Dennoch ist sie sehr sensibel. Insbesondere ist es ihr merklich unangenehm, wenn sie im Genitalbereich gewaschen wird. Deshalb erschrickt sie auch jedes Mal, wenn die Pflegekraft plötzlich in ihrem Zimmer steht. Im Heim gilt die Regel, immer anzuklopfen. Diese Regel wird auch befolgt, allerdings wird die Tür – ohne auf das „Herein" zu warten – geöffnet und es wird eingetreten.

Hierzu soll eine Strafbarkeit wegen Hausfriedensbruchs und Nötigung untersucht werden.

▪ Hausfriedensbruch (§ 123 StGB)

Geschütztes Rechtsgut ist hierbei das Hausrecht. Es ist der persönlichen Freiheit nahe verwandt, nämlich als die Gesamtheit der rechtlichen Befugnisse, über die geschützten Bereiche tatsächlich frei zu verfügen (vgl. Art. 13 GG). Der Hausrechtsinhaber muss ein stärkeres Recht haben, so etwa der Mieter gegenüber dem Vermieter, auf Unverletzlichkeit auch einer gemieteten Wohnung, wobei freilich der Mietvertrag Rechte des Vermieters zum Betreten der Wohnung unter gewissen Voraussetzungen beinhaltet. Unbestritten hat der Heimvertrag auch einen Anteil Mietvertragsverhältnis bezüglich des überlassenen Wohnraums im Heim integriert (Türschild). Eintrittsrechte des Heims, etwa zur Vornahme der Pflegehandlungen, sind insoweit schwächer, als dabei stets das Recht auf Unverletzlichkeit der Wohnsphäre beachtlich ist, zumindest über die Regelung, den Wohnraum der Heimbewohnerin nur nach Anklopfen und – selbstverständlich – im Regelfall Abwarten der Eintrittsaufforderung zu betreten.

Tatbestandshandlung ist das Eindringen. Es dringt niemand ein, der ein ausdrückliches oder stillschweigendes Einverständnis des Hausrechtsinhabers hat. Beides liegt hier nicht vor. Die Reaktionen von G. auf das unvermittelte Eintreten der Pflegekräfte lassen auch für diese erkennbar entnehmen, dass G. ein stillschweigendes Einvernehmen mit dem Eintreten ohne Abwarten der Eintrittsaufforderung nicht erteilt hat. Ein ausdrückliches Einverständnis kann aus dem Sachverhalt keinesfalls entnommen werden, da G. in ihrem Verhalten generell auf Distanz bedacht ist und die Pflegekräfte dies auch so wahrnehmen können. Im Übrigen wird ihr im Einzelfall des Eintretens die Chance zu einer ausdrücklichen Einwilligung durch die Pflegekräfte nicht gelassen. In der offenen Tür liegt kein generelles Einverständnis, sondern nach den Heimregeln lediglich dafür, zu Klopfen und nach Eintrittsaufforderung einzutreten. Darüber hinaus ist die offene Tür auch Vorsorge für den Notfall, in welchem eine Eintrittaufforderung nicht mehr erteilt werden kann. Ist jedoch in der Praxis kein zeitlicher Raum für die Erteilung, besteht keine Möglichkeit das eigene Hausrecht wahrzunehmen und ist deshalb von einem Eindringen auszugehen.

Eine **Rechtfertigung** liegt nur im Notfall über Notstand oder Nothilfe [→Kap. 7.1.2] vor. Für den nicht eingeräumten Zeitraum zur Eintrittsaufforderung ist dies jedoch nur für Hilferufe oder Hilfsignale der betroffenen Person Rechtfertigungsgrund, wobei dann die Aufforderung zur Hilfe auch als Einverständnis zum Eintreten gesehen werden kann. Dies muss ebenso für verwirrte Heimbewohnerinnen gelten, da nach einem angemessenen Zeitraum ohne Eintrittsaufforderung der Eintritt gerechtfertigt ist, gleich ob ein Notfall vorliegt oder nicht. Es ist auch Raum für eine ablehnende Haltung zu lassen, also das Nichterteilen eines Einverständnisses zum Eintreten, soweit Pflegemaßnahmen – etwa solche der Grundpflege – nicht zwingend im vorgesehenen Intervall erfolgen müssen, ohne dass eine Gesundheitsgefährdung eintritt. In diesem Fall überwiegt das Hausrecht der Bewohnerin als Teil der persönlichen Freiheit über die Vornahme der Routinepflege.

An einer **vorsätzlichen** Begehung der Tat ist hier nicht zu zweifeln, da das Pflegepersonal den Sinn der Regelung des Anklopfens kennen muss, der nur dann gewahrt bleibt, wenn auch ein Zeitraum zur Eintrittsaufforderung eingeräumt wird.

- **Nötigung (§ 240 StGB)**
Nötigung liegt in diesem Fall dann vor, wenn entgegen der Eintrittsaufforderung oder ohne Einräumung einer Möglichkeit für diese der Eintritt erfolgt, da dadurch die Duldung des Hausrechtsbruches erzwungen wird. Als physische Gewalt ist dabei das Öffnen der Tür und das Eintreten anzusehen, gegen das sich die berechtigte Person nur mit Anwendung körperlichen Einsatzes erwehren könnte. Im Sinne des zur Rechtswidrigkeit Gesagten gilt dies freilich nur, wenn das Eintreten nicht dringend – etwa zur Wahrung der Gesundheit – erforderlich ist.

Nötigung liegt zudem vor, wenn die Pflege im Intimbereich ohne dringende hygienische Notwendigkeit gegen den erkennbaren Willen der Betroffenen vorgenommen wird. Die physische Gewaltanwendung liegt dabei in der Vornahme der Pflegehandlungen ohne Zulassung einer Gegenwehr oder unter Nichtbeachtung einer ablehnenden Äußerung der Betroffenen.

Mobbing

Fallbeispiel 18 Mobbing Frau S. ist neu im Pflegeteam. Sie stammt aus Kroatien, wo sie bereits die Aufgabe einer Pflegedienstleitung in einem Krankenhaus innehatte. Ihre derzeitige Tätigkeit im Pflegeteam des Seniorenzentrums H. ist geprägt von hoher Akzeptanz bei den Bewohnern und Bewohnerinnen, aber auch von Ablehnung im Team. So berichtet sie der Pflegedienstleitung von schlechter bis fehlender dienstlicher Kommunikation mit der Gefahr, ihre eigenen Dienstpflichten nicht ordnungsgemäß erledigen zu können, von unvollständiger und unzureichender Pflegedokumentation sowie von regelmäßigen Fixierungen, die zwar jeweils nur für Zeiträume von Pflegehandlungen erfolgen, aber nach ihrer Information nicht richterlich angeordnet sind.

Die PDL teilt ihr dazu mit, sie habe erst gestern von solchen Vorgängen gehört, allerdings dahingehend, dass sie, S., mit entsprechenden Äußerungen ungenaue Pflegedokumentation anzuregen versuche, auch deshalb, weil dadurch die durch sie vorgenommenen vorübergehenden Fixierungen als durchaus angebrachte Arbeitserleichterung „unter der Decke blieben". „Wahrscheinlich nehme man es in Kroatien allgemein nicht so genau ...". Man könne sich mit ihr auch schlecht verständigen „bei dem Deutsch ...". Diese Aussagen hätten sie, die Pflegedienstleitung, sehr verwundert, weil ihr das Lob der Bewohner über S. durchaus zu Ohren gekommen sei und die Kommunikation über die deutsche Sprache bisher mit S. völlig problemlos erfolgt sei. Sie müsse nun wohl dringend eine Klärung der Sachlage herbeiführen.

- **Beleidigung (§ 185 StGB)**
Beleidigung ist der rechtswidrige Angriff auf die Ehre durch vorsätzliche Kundgebung der Missachtung. Entscheidende Frage in diesem Zusammenhang ist beim vorliegenden Fall, ob die wiedergegebenen Äußerungen der S. als Kundgebung der Missachtung anzusehen sind. Sie könnten sehr wohl auch an die Vorgesetzte weitergegeben worden sein, um Missstände aufzudecken und notwendige Maßnahmen dagegen in die Wege zu leiten. Geht man davon aus, dass die Mitteilung an die Pflegedienstleitung in der Annahme der Richtigkeit der genannten Fakten erfolgte, ist somit genau auf den Aussageninhalt zu achten. Eine Meldung rechtswidriger Fixierungen ist danach noch keine Beleidigung, weil sonst jede solche Meldung den Tatbestand der Beleidigung erfüllen würde.

Die Aussage, in Kroatien gehe man grundsätzlich nicht so korrekt vor, kann aber bereits eine Diskriminierung und damit Ehrverletzung der S. darstellen, da sie aus Kroatien stammt. Diese Aussage ist so auch als dienstliche Mitteilung nicht erforderlich, das Faktum rechtswidrigen Handelns, die Fixierung, wird dadurch nicht notwendigerweise verdeutlicht. Die Einschränkung des „wahrscheinlich" könnte jedoch als Inschutznahme gesehen werden dahingehend, dass dies eine Erklärung für das Fehlverhalten der S. ergibt, die nicht entsprechend der deutschen Rechtslage informiert ist. Im Zusammenhang mit „unter der Decke bleiben" wird freilich gleichzeitig deutlich, dass S. sehr wohl als kundig bezüglich eines rechtmäßigen Vorgehens bei der Fixierung anzusehen ist. Folglich wird S. in der Gesamtaussage als kundig, aber im Umgang mit rechtmäßigem Vorgehen als Kroatin großzügig dargestellt. Dies ist sehr wohl eine Diskriminierung der S. Die abwertende Aussage zu den Deutschkenntnissen ist dann Ehrverletzung, wenn sie als solche von dem, an den sie adressiert ist, erkennbar ist. Kann man sich also mit S. sehr wohl gut auf Deutsch verständigen, selbst wenn ihre ausländische Herkunft über die Sprache vernehmbar ist, liegt in der Sprachbewertung eine Beleidigung.

Selbst wenn der Botschaftsüberbringer an die Pflegedienstleitung bezüglich der Fixierungen vom Wahrheitsgehalt der Meldung überzeugt war, hat seine Darstellung ehrverletzende Wirkung. Hier ist auch an der Vorsätzlichkeit nicht zu zweifeln, da die Art der Darstellung keine Zweifel an der bewussten und gewollten Wirkung offenlässt.

7 Strafrecht

- **Üble Nachrede (§ 186 StGB)**

Voraussetzung für die **Tatbestandsverwirklichung** der üblen Nachrede ist eine Tatsachenbehauptung, welche eine Ehrverletzung darstellt. Es geht hier somit nicht nur um abwertende Aussagen, sondern um die Behauptung von Tatsachen. Tatsachenbehauptungen liegen vor zum einen zur rechtswidrigen Fixierung, welche S. vorgenommen haben soll, zum anderen zu den Deutschkenntnissen der S., auf Grund derer mit ihr dienstlich nicht kommuniziert werden kann. Beide Aussagen stellen zumindest im dienstlichen Umfeld Ehrverletzungen dar, da sie die Betroffene für ihren Beruf disqualifizieren. Selbst wenn sie die aussagende Person nicht selbst erfahren hat, sind sie dennoch wie wirklich zutreffend dargestellt.

Strafbarkeit tritt dann nicht ein, wenn nachzuweisen ist, dass diese Tatsachenbehauptungen wahr sind. Der Nachweis ist über das befasste Gericht zu führen. Nach der Schilderung des vorliegenden Falles ist davon auszugehen, dass die Tatsachenbehauptungen nicht der Wahrheit entsprechen. Sie sind auch gegenüber einem Dritten („anderen") erfolgt und nicht gegenüber dem Ehrverletzten (Tatbestandsunterschied zur Beleidigung, die auch gegenüber dem Betroffenen erfolgen kann). Der gute Glaube an die Wahrheit der behaupteten Tatsachen bringt noch keine Rechtfertigung der Tat mit sich. Gerechtfertigt ist die üble Nachrede im Wesentlichen über die Wahrnehmung gerechtfertigter Interessen nach § 193 StGB, also etwa durch Äußerungen von Vorgesetzten oder Kollegen als Anzeigen von dienstlichen Missständen. Dies gilt jedoch nur hinsichtlich der Tatsachenbehauptungen, nicht bezüglich der beleidigenden Äußerungen, da Tatsachenbehauptungen nicht zwangsläufig beleidigende Form haben müssen. Sind im vorliegenden Fall also die Schilderungen zu S. gegenüber der PDL erfolgt in der Meinung, sie seien wahr und müssten als dienstliche Defizite gemeldet werden, liegt bezüglich der üblen Nachrede eine Rechtfertigung nach § 193 StGB vor, nicht bezüglich der Beleidigung.

- **Verleumdung (§ 187 StGB)**

Die tatbestandsmäßige Verleumdung ist eine üble Nachrede im Wissen der Unwahrheit der Tatsachenbehauptung. Der Vorsatz muss sich somit auch auf dieses Wissen der Unwahrheit erstrecken. Hat folglich die Person, welche gegenüber der PDL die Tatsache behauptet hat, gewusst, dass diese nicht wahr ist, so ist der Tatbestand der Verleumdung erfüllt. In diesem Fall liegt Beleidigung in Tateinheit mit Verleumdung vor, da neben der bewusst unwahren Tatsachenbehauptung auch beleidigende Äußerungen gegeben sind. Ist Verleumdung nicht nachweisbar, kann lediglich eine Strafbarkeit wegen Beleidigung erfolgen, da dann die üble Nachrede über § 193 StGB gerechtfertigt sein wird.

- **Falsche Verdächtigung (§ 164 StGB)**

Tatbestandsmäßig liegt eine falsche Verdächtigung vor, wenn vor einer Behörde oder öffentlich jemand wider besseres Wissen einer rechtwidrigen Tat verdächtigt wird in der Absicht, ein behördliches Verfahren oder eine behördliche Maßnahme gegen ihn herbeizuführen. Im vorliegenden Fall sind vor allem die Merkmale „öffentlich" und „Herbeiführung eines behördlichen Verfahrens" nicht gegeben. Öffentliche Verdächtigung liegt vor, wenn in einem größeren, nicht durch persönliche Beziehungen zusammengehaltenen Personenkreis die Verdächtigung ausgesprochen wird. Dies ist hier gegenüber der PDL noch nicht der Fall, läge aber wohl in einer Teamsitzung vor. Ein behördliches Verfahren ist nicht die Kündigung oder Abmahnung, wohl aber ein Berufsausübungsverbot, ausgesprochen durch die Heimaufsicht. Die Zielrichtung der Auslösung eines solchen behördlichen Verfahrens muss vom Wissen und Wollen des Täters umfasst sein. Falsche Verdächtigung läge tatbestandsmäßig also etwa dann vor, wenn die Äußerung gegenüber der Heimaufsicht erfolgt wäre und nicht wie hier gegenüber der PDL. Nach der Fallschilderung liegt jedoch keine falsche Verdächtigung vor.

- **Tatbeteiligungen**

Ist die Tatsachenbehauptung von einer anderen Person in den Raum gestellt worden mit dem Ziel einer Ehrverletzung der S., ist zu prüfen, ob diese Person wegen Anstiftung oder Täterschaft (bei Tatherrschaft unter Benutzung der Kollegin als Werkzeug [➔Kap. 5.1.1]) hinsichtlich einer Verleumdung in Frage kommt.

7 Strafrecht

„Frisch gereinigt"

> **Fallbeispiel 19 Körperverletzung und unterlassene Hilfeleistung** In der Spezialrehaeinrichtung für Schenkelhalspatienten in Bad X. macht der Patient Y. große Fortschritte. Das Reinigungspersonal hat die Zimmer- und Gangböden intensiv nass gereinigt. Kurze Zeit danach vernimmt die Pflegekraft E. das Notrufsignal aus dem Zimmer von Herrn Y. Sie lässt sich bewusst Zeit, weil sie glaubt, Y. wolle sie wieder – wie bereits mehrmals – ins Zimmer holen, um ihr lediglich „etwas Nettes zu sagen". Beim letzten Mal hatte er ihr nur kundtun wollen, wie hübsch er sie findet. Als E. schließlich doch das Zimmer aufsucht, stellt sie fest, dass Y. auf dem noch feuchten Boden vom Bettrand gerutscht und auf seine operierte Hüfte gefallen war.

- **Körperverletzung**

Eine Körperverletzung durch Unterlassen liegt hier nur dann vor, wenn es die Aufgabe von E. war, die Patienten auf Station darauf aufmerksam zu machen, dass sie bei feuchtem Boden nicht allein das Bett verlassen sollen. Zu diesem Handeln war sie wohl verpflichtet, da davon auszugehen ist, dass die Patienten nicht mehr generell in der Lage sind, die Gefährlichkeit der Situation abzuschätzen. Ist dieser Hinweis auf Station erfolgt, hat E. nur dann eine Körperverletzung durch Unterlassen begangen, wenn die Körperverletzung dadurch eingetreten ist, dass Y. versucht hat, sich allein wieder aufzurichten, weil die Pflegekraft nicht zu Hilfe kam. Ist die Verletzung jedoch schon durch das Abrutschen vom Bett erfolgt, trifft E. nicht der Vorwurf einer Körperverletzung, wenn der Hinweis bezüglich der Gefahr durch die Reinigung erfolgt ist.

Zudem ist hier wohl nicht von einer Vorsätzlichkeit auszugehen, weil E. die Verletzung des Y. nicht in ihre Überlegungen als gewollt mit aufgenommen hat. Denkbar ist allerdings eine Körperverletzung durch Selbsthilfe des Y. auf Grund unterbliebener Hilfe der E. Sie hat fahrlässig (durch zu spätes Zuhilfekommen mit Körperverletzungsfolge) nicht gehandelt, obwohl sie auf Grund ihrer Garantenstellung als Pflegekraft hätte handeln müssen. Es liegt somit fahrlässige Körperverletzung durch Unterlassen vor (§ 229 StGB). Hat E. geglaubt, zum Nichthandeln berechtigt zu sein, weil Y. sie in ihrem Persönlichkeitsrecht verletzt, indem er sie mit Schmeicheleien belästigt, ist dieser →Verbotsirrtum vermeidbar, da diese Rechtsverletzung im vorliegenden Ausmaß hinter der möglichen Gesundheitsbeeinträchtigung der ihr Anvertrauten zurückstehen muss.

- **Unterlassene Hilfeleistung (§ 323 c StGB)**

Voraussetzung zur Erfüllung des **Tatbestandes** einer unterlassenen Hilfeleistung ist ein Unglücksfall bzw. allgemeine Gefahr oder Not. Als Unglücksfall ist ein Ereignis anzusehen, das eine erhebliche Gefahr für ein Rechtsgut darstellt. Eine solche gesteigerte Gefahr könnte hier vorliegen, wenn durch den neuerlichen Sturz des Y. eine endgültige Disfunktion des betroffenen Hüftgelenks oder andere bleibende Schädigungen denkbar sind und somit ein Merkmal der schweren Körperverletzung (§ 226 StGB) gegeben wäre.

Dabei ist die Möglichkeit einer solchen schweren Körperverletzung entscheidend, nicht der Umstand, dass sie bereits erfolgt ist. Denn es handelt sich bei der unterlassenen Hilfeleistung um ein echtes Unterlassungsdelikt, welches das Nichthandeln unter Strafe stellt.

Allerdings muss die Unterlassung **vorsätzlich** sein, d. h., wer fahrlässig seiner Hilfspflicht nicht nachkommt, ist nicht nach § 323 c StGB strafbar. Wer jedoch eine vorliegende Hilfspflicht in seine Überlegungen als denkbar aufnimmt und dennoch nicht handelt, hat mit bedingtem Vorsatz die Tat begangen. Da ein Notruf die Verpflichtung nach sich zieht, den zu Pflegenden aufzusuchen, lässt sich schwerlich eine Realität konstruieren, in der eine Pflegekraft diese Verpflichtung bei ihrer Entscheidung, dem Notruf nachzukommen oder nicht, nicht in ihre Überlegungen miteinbezieht. Eine Abwägung der denkbaren Wirklichkeiten – Notruf oder weil er der Pflegekraft wieder nur ein unerwünschtes Kompliment machen will – mit der Folge der Entscheidung gegen die Notfallsituation stellt eine Inkaufnahme dieser bei der Entscheidung dar mit der Folge eines bedingten Vorsatzes und damit der Strafbarkeit nach § 323c StGB. Bei Verletzung eindeutiger Dienstverpflichtungen ist deshalb (in der Abgrenzung von bedingtem Vorsatz zu Fahrlässigkeit) nicht grobe Fahrlässigkeit anzunehmen, liegt doch eine Handlungsverpflichtung vor, der bewusst – aus welchen Gründen auch immer – nicht nachgekommen wird.

Auch ist ein **Tatbestandsirrtum** über die Notlage dahingehend, dass E. glaubte, nicht helfen zu müssen, weil Y. nicht in einer Notlage war, hier nicht anzunehmen. Denn E. war die Verpflichtung zum Handeln klar, was auch ihr verspätetes Eingreifen zeigt.

Ein etwaiger →**Verbotsirrtum** ist in jedem Fall vermeidbar. Ihre Dienstverpflichtung zum Handeln bei Notruf ist für sie erkennbar vorrangig vor einer etwaigen Verletzung ihres Persönlichkeitsrechts durch Y.

E. hat sich somit wegen unterlassener Hilfeleistung strafbar gemacht.

7.2.2 Tötungsdelikte

Wenn man von spektakulären Schlagzeilen absieht, dürfte Strafbarkeit wegen eines Tötungsdeliktes allenfalls in der Form der fahrlässigen Tötung (§ 222 StGB) wirklich praxisrelevant sein. Die Fälle einer vorsätzlichen Tötung, die dann als so genannter Totschlag (= Tötung, ohne dass der Täter die Merkmale eines Mörders (§ 211 StGB) erfüllt, § 212 StGB) oder als Mord zu bestrafen sind, werden zwar über die Medien hochgespielt, kommen aber in der Praxis doch selten vor und wenn sie vorliegen, stehen sie wiederum nicht selten in Verbindung mit der Thematik der aktiven Sterbehilfe.

Aktive Sterbehilfe, ein Thema von hoher Brisanz, ist in Deutschland nicht möglich. Handlungen, welche über Todesspritzen oder andere Einwirkungen den Lebenskausalverlauf direkt abbrechen und den Tod des zu Betreuenden direkt verursachen, werden in der Form der Täterschaft oder Beihilfe als Tötungsdelikte verfolgt. Ein Rechtfertigungsgrund für aktive Sterbehilfe besteht nicht. Ein →Verbotsirrtum ist im Regelfall als vermeidbar anzusehen, allerdings sind Pflegekräfte diesbezüglich aufzuklären.

Das Recht der Selbstbestimmung über das eigene Leben ist nicht übertragbar in der Form, dass es ein anderer direkt und unmittelbar beendet. Diese klare Rechtsposition, auch historisch bedingt durch Euthanasie im Nationalsozialismus, enthält eine Werthaltung, welche eigenes Leben grundsätzlich nicht verfügbar für andere macht, auch nicht im Sinne einer Weitergabe der Verfügung an Dritte. Dahinter steht zusätzlich das Wissen um unkontrollierbare Grauzonen selbst im Falle einer genau geregelten Verfügbarkeit.

Wer zu einer selbstbestimmten Handlung nicht mehr selbst in der Lage ist, erfährt dies als individuelle Lebensentwicklung. Diese berechtigt ihn nicht, andere seine Handlungsunfähigkeit ausgleichen zu lassen. Es ist als ein Übergriff in den eigenen Identitätsprozess zu sehen, wenn das Handeln aus der eigenen Hand gegeben wird und ab diesem Zeitpunkt nicht mehr in vollem Umfang selbst kontrollierbar ist. Das Recht auf individuelles Sterben wird durch das Zulassen gewollter Fremdeingriffe in seinen Ausgestaltungsmöglichkeiten verkürzt. Diese Verkürzung zu übernehmen, sollte nicht in die freie Entscheidung eines Dritten gelegt werden. So wie der Betroffene auf sich selbst beschränkt bleibt, sollte auch ein Dritter überhaupt nicht dazu veranlasst werden, zu entscheiden, ob er das Leben anderer beenden darf oder nicht, selbst wenn dieser Wunsch geäußert wird. Die Garantie der Menschenwürde erfordert dies jedenfalls nicht, denn es gibt eine Vielzahl von Möglichkeiten, menschenwürdig das je eigene Sterben zu erleben. In dieser Abwägung sind etwaige Regelungen zur Überschreitung der derzeit bestehenden rechtlichen Grenzen abzulehnen.

Das Resümee dieser Darstellung zur Strafbarkeit ergibt vor allem eine nicht ausreichende Information über Erfordernisse zur Einschränkung der persönlichen Freiheit im Bereich der Pflege, besonders der Altenpflege, bei gleichzeitiger hoher Praxisrelevanz dieses Themas. Die Tatsache, dass bei der Fallprüfung stets der Aspekt des →Verbotsirrtums zumindest in Erwägung gezogen werden muss, zeugt von einer völlig unzureichenden Information zum Stellenwert der Persönlichkeitsrechte.

Dieses Informationsdefizit ist dringend durch einschlägige Fortbildungen auszugleichen, da die Verantwortung für Nichtwissen bei erforderlichem Wissen die Leitungskräfte trifft, welche solche Fortbildungen nicht ermöglichen, ihre Notwendigkeit nicht erkennen oder die Personalentwicklung nicht auf einen Ausgleich dieser Defizite ausrichten – etwa auch dergestalt, dass von Pflegekräften, welche in der Praxis solche Defizite bei sich erkennbar machen, zu solchen Fortbildungen aufgefordert werden, weil sie sonst nicht in der Lage sind, ihre Aufgaben ordnungsgemäß zu erfüllen. Die eingangs erwähnte Zurückhaltung in der Diskussion zweifelhafter Fälle ist deshalb nur dann nicht kontraproduktiv, wenn intern wenigstens die notwendigen Maßnahmen veranlasst werden.

Die Rechtslage zur Überprüfbarkeit von Übergriffen in die Persönlichkeitsrechte ist nicht geeignet, sich auf die hier dargestellte Strafbarkeit allein zu verlassen, denn es gilt auch in der Pflege: wo kein Kläger, da kein Richter!

Aus diesem Grund ist insbesondere auch Wissen zu Regelungen des Betreuungsrechts erforderlich, da dieses im Fall einer fehlenden Einwilligungsfähigkeit den Betroffenen mehr Schutz bietet. Dieser Schutz tritt aber nur dann ein, wenn bei erforderlicher Betreuung diese auch seitens der Pflege angeregt wird und so das Verfahren zur Bestellung eingeleitet werden kann. Dies ist häufig der erste Schritt, auch nicht mehr einwilligungsfähige zu Pflegende in ihrer Menschenwürde ernst zu nehmen und dieser als real vorhanden zur Geltung zu verhelfen.

7.2.3 Freiheitsentziehende Maßnahmen

Zu einer Erstinformation bezüglich der Einschränkung der persönlichen Freiheit durch Fixierung wird hier eine kurze „Checkliste" für die Praxis angefügt:
- Gegen den Willen des einsichtsfähigen [→Kap. 3.1.2] zu Pflegenden ist eine Fixierung nicht zulässig, es sei denn, es liegt Fremdgefährdung vor.
- Die Fixierung muss durch den verantwortlichen Arzt schriftlich angeordnet werden nach in Inaugenscheinnahme des Betroffenen.
- Im Notfall kann die Fixierung auch vom Pflegepersonal vorgenommen werden. Es muss jedoch unverzüglich der Arzt davon unterrichtet werden, der dann nach Inaugenscheinnahme des Betroffenen die Maßnahme genehmigt.
- Während der Fixierung ist der Betroffene in besonderer Weise zu beobachten und zu betreuen. Die Betreuung bedarf einer genauen Dokumentierung.
- Die Fixierung ist nur dann zulässig, wenn ein **Rechtfertigungsgrund** vorliegt. Ein solcher kann sein:
  1. die Einwilligung [→Kap. 7.1.2] des Betroffenen
  2. Maßnahmen nach § 1906 Abs. 1 und Abs. 4 BGB
  3. Nothilfe oder Notstand [→Kap. 7.1.2] ; dabei muss die konkrete Maßnahme der Fixierung geeignet sein, das jeweilige Rechtsgut zu schützen und darf nicht über den erforderlichen Schutz hinaus die Rechte der Betroffenen beeinträchtigen
  4. einschlägige Vorschriften der Unterbringungsgesetze der Länder

Eine nicht nur kurzfristige oder eine regelmäßige Fixierung bedarf stets einer **richterlichen Genehmigung**. Andere freiheitsentziehende Maßnahmen (wie z. B. Bettgitter, medikamentöse Ruhigstellung, Tischsteckbretter, die ein Aufstehen aus dem Stuhl verhindern sollen, das Feststellen der Rollstuhlbremse, das Absperren der Türe oder die Wegnahme der Kleidung oder Gehilfe) sind im Kern analog zu beurteilen.

7.2.4 Vermögensdelikte

> **Fallbeispiel 20 Diebstahl und Unterschlagung** Frau A. lebt in einem Altenheim und hat eine beginnende Demenzerkrankung. Sie beginnt, sich Zuneigung und besondere Pflegezuwendung mit Geschenken zu sichern. So schenkt sie eines Tages der ihr besonders sympathischen Pflegekraft H. eine echte Perlenkette dafür, dass diese immer so nett mit ihr plaudert. Sie habe diese verdient, denn sie sei wirklich eine „Perle". H. nimmt die Kette mit nach Hause. Nach einigen Wochen trägt sie diese zum ersten Mal.

- **Diebstahl (§ 242 StGB)**

Tatbestandsmerkmale des Diebstahls sind Gewahrsamsbruch hinsichtlich einer fremden beweglichen Sache in Zueignungsabsicht. Gewahrsamsbruch bedeutet dabei, dass der Täter eine Sache, die ihm nicht gehört, dem Verfügungsbereich eines anderen so entzieht, dass dieser nicht mehr in der Lage ist, über die Sache zu verfügen.

Im vorliegenden Fall war die Perlenkette im Gewahrsam der Frau A. Sie hat die Kette der Pflegekraft H. übergeben. Somit hat H. den Gewahrsam nicht gebrochen, sondern konnte durch die Handlung der A. eigenen Gewahrsam begründen. Es liegt also kein Diebstahl vor.

- **Unterschlagung (§ 246 StGB)**

Gegenstand der Unterschlagung ist wieder eine fremde bewegliche Sache. Allerdings ist bei der Unterschlagung der Gewahrsam des Täters bereits erfolgt. Er verwirklicht den Tatbestand durch Zueignung der Sache durch eine nach außen erkennbare Handlung. Spätestens im Tragen der Kette kann die Zueignungshandlung gesehen werden.

Fraglich ist im vorliegenden Fall allerdings, ob das Tatbestandsmerkmal der fremden Sache vorliegt. Fremd wäre die Sache dann nicht, wenn hier eine wirksame Schenkung erfolgt ist. Dies ist nicht der Fall, wenn A. nicht in der Lage war, auf Grund ihrer Demenzerkrankung eine gültige →Willenserklärung abzugeben. Dies ist jedoch nach dem Wortlaut des § 104 BGB derzeit bei A. nicht anzunehmen.

Die Schenkung ist jedoch auch nicht wirksam, wenn sie gegen ein gesetzliches Verbot verstößt (§ 134 BGB). Ein solches ist etwa in § 14 Abs. 5 HeimG zu sehen, wonach Heimmitarbeiter keine Leistungen von Heimbewohnern annehmen dürfen, es sei denn, es liegt hierzu eine Genehmigung vor (§ 14 Abs. 6 HeimG). Eine solche liegt nicht vor, somit ist keine wirksame Schenkung erfolgt, was die Sache zur fremden Sache für H. macht.

H. hat sich also die fremde Sache zugeeignet, indem sie sich zur Scheineigentümerin aufschwingt, ohne dazu berechtigt zu sein.

Allerdings könnte sich H. geirrt haben, indem sie glaubte, die Kette sei ihr wirksam geschenkt worden und damit nicht fremd. Dies ist eine Frage des Nachweises, jedoch sind die Pflegekräfte in der Regel darüber aufgeklärt, dass sie Leistungen von Heimbewohnern nicht annehmen dürfen und damit nicht wirksam geschenkt bekommen können. Lässt sich diese Aufklärung nachweisen, ist kein Irrtum anzunehmen. Da hier der Zeitpunkt der Zueignungshandlung erst mit Tragen der Kette deutlich wird, bestand die Möglichkeit, bis zum Tragen der Kette eine Unsicherheit bezüglich der Berechtigung durch Nachfragen auszuräumen. Dass dies nicht erfolgt ist, spricht für ein Inkaufnehmen einer Nichtberechtigung jedenfalls zum Zeitpunkt des Tragens.

Haus- und Familiendiebstahl (§ 247 StGB)

Ein solcher liegt tatbestandsmäßig vor, wenn Täter und Opfer verwandt, über Funktionen eng verbunden (z. B. Vormund oder Betreuer des Täters) oder in häuslicher Gemeinschaft befindlich sind. Hier kommt lediglich Hausgemeinschaft in Frage. Hausgemeinschaft liegt unter Insassen eines Altenheimes vor. Da das Pflegepersonal in der Regel nicht zu den Insassen gehört, ist keine Hausgemeinschaft zwischen Bewohnern und Pflegepersonal gegeben. Der Tatbestand ist damit nicht erfüllt und eine aus § 247 StGB folgende Verfolgung der Tat kommt nicht in Betracht.

8 Berufsrecht

8.1 Berufsausbildung und Aufgaben

Die Aufgaben der Pflegeberufe ergeben sich mittelbar aus dem Berufsrecht, in erster Linie dem Gesundheits- und Krankenpflege- (KrPflG) und dem Altenpflegegesetz (AltPflG). Beide Gesetze weisen gemeinsame Regelungsstrukturen aus, solche zur Ausbildung und zum Berufsbezeichnungsschutz. Es sind bis dato keine vorbehaltenen Aufgaben, wie sie etwa für Hebammen und Entbindungspfleger im Hebammengesetz geregelt sind, dahingehend vorgesehen, dass Aufgaben ausschließlich den Examinierten übertragen sind. Über eine solche Gestaltung wird jedoch hinsichtlich einer Reform des Gesundheits- und Krankenpflegegesetzes seit Längerem diskutiert. Auch wird für die Zukunft mit einer einheitlichen Ausbildung gerechnet, welche im Kern nicht mehr zwischen Kranken- und Altenpflege trennt. Die bisher formulierten Ausbildungsziele bestehen im Wesentlichen in

1. fachkundiger Pflege,
2. Hilfestellung bei Diagnostik und Therapie,
3. Anleitung zu gesundheitsförderndem Verhalten,
4. Beobachtung des zu Pflegenden,
5. Einleitung lebensnotwendiger Sofortmaßnahmen sowie
6. Erledigung von Verwaltungsaufgaben.

und können über diese Zielformulierung im Rahmen der Ausbildung mittelbar auch als Aufgaben der Pflege verstanden werden. Im KrPflG werden dabei die Schwerpunkte in eigenverantwortliche, kooperative und interdisziplinäre zusammengefasst und bei Letzterem über multidisziplinäre Lösungen von Gesundheitsproblemen ein Schlaglicht auf künftige systemische Herangehensweise geworfen, an denen die Pflege beteiligt sein muss. In der Altenpflege werden die genannten Ziele durch die geriatrische Orientierung sowie die Sterbebegleitung ergänzt.

Die fachkundige Pflege als gemeinsamer Kernschwerpunkt richtet sich dabei nach Ausbildung und Erfahrung sowie den jeweils übertragenen Aufgaben. Ausgebildeten Pflegekräften obliegt hier die eigenverantwortliche Grund- und Behandlungspflege. Darüber hinaus gibt es Fachpersonal (über Fortbildungen), z.B. im Bereich Dialyse, Intensivmedizin, Anästhesie, Psychiatrie. Helferinnen dürfen nur unter Aufsicht examinierter Pflegekräfte tätig werden.

Die Hilfestellung bei Diagnostik und Therapie beinhaltet die Beachtung des Arbeitsschutzes – hier vor allem die Regelungen des Medizinproduktegesetzes und damit verbundener Regelungen sowie Unfallverhütungsvorschriften (z. B. Schutzkleidung, Kosten dafür trägt der Arbeitgeber).

Die Beobachtung und Dokumentation des Pflegeprozesses beinhaltet auch gesetzliche Anzeigepflichten. Nach dem Infektionsschutzgesetz (IfSG) haben Einrichtungsleiter und Pflegekräfte (§ 8 Abs. 1 Nrn. 5,7 IfSG) auftretende Krankheiten aus dem Krankheitskatalog des § 6 Abs. 1 Nrn. 1, 2, 5 und Abs. 3 IfSG namentlich dem Gesundheitsamt zu melden.

Die Einleitung lebensnotwendiger Sofortmaßnahmen bis zum Eintreffen des Arztes oder der Ärztin enthält neben der Benachrichtigung dieser die nach den Umständen bestmögliche Hilfestellung für die Betroffenen.

Die Erledigung von Verwaltungsaufgaben hat in erster Linie die gewissenhafte Dokumentation zum Inhalt. Sie soll aus Stamm- (Patientenidentifizierungsdaten), Planungs- (Ärzteblatt mit Verordnungen, Anweisungen, Dienstblatt mit pflegerischen Maßnahmen, z. B. Fixierung, Patientenblatt mit Wünschen des Betroffenen) und Berichtsblättern (Aufzeichnungen der geleisteten Arbeit) bestehen und muss bei Dienstantritt eingesehen werden.

8.2 Berufsausübung – Pflegekammern

Im Unterschied zu den Ärzten fehlen für die Pflege durch Berufskammern erlassene Berufsordnungen. Es bestehen zwar in einigen Bundesländern gesetzliche Regelungen im Bereich der Berufsordnungen für Pflegeberufe (z. B. Hamburg, Bremen, Saarland), eine Verkammerung der Pflege auf sich aus entsprechender Gesetzeskompetenz ergebender Länderebene hat bisher noch nicht stattgefunden. Berufsordnungen existieren auch auf Ebene der Pflegeberufsverbände, zu deren Einhaltung sind jedoch nur deren Mitglieder über freiwillige Mitgliedschaft verpflichtet.

Dies zeigt zugleich eine wesentliche Problemstellung bei der Frage der Verkammerung auf. Während eine Pflegekammer auf Länderebene über Zwangsmitgliedschaft verbindlich solche Regelungen für den gesamten Pflegebereich aufstellen könnte, bleiben die verbandlichen Regelungen in ihrer Wirkung auf die freiwillige Mitgliedschaft, also allein die Mitglieder eines Verbandes beschränkt. Für das System des Pflegeberufes gesamtverbindliche in Selbstverwaltung erlassene Regelungen der Berufsausübung bedürften somit stets der Zwangsmitgliedschaft in einer Pflegekammer.

Eine über gesetzliche Regelung zur Errichtung von Pflegekammern herbeigeführte Zwangsmitgliedschaft ermöglicht erst eine Selbstverwaltung der Pflege (im Unterschied etwa zu landesgesetzlichen Berufsordnungen), somit eine systemische Berufsorganisation und darin eine Gleichstellung zum Heilberuf der Ärzte. Diese Zwangsmitgliedschaft wird politisch derzeit nicht einheitlich, aber tendenziell abgelehnt, weshalb noch in keinem Bundesland eine entsprechende Regelung erlassen ist. Rechtlich scheint sie vor allem über den Aspekt der geschlossenen Selbstverwaltung der Pflege als Garant für einen noch effektiveren und in der Praxis sehr wohl steigerungsfähigen Gesundheitsschutz möglich zu sein. In dieser Argumentation überwiegt das Recht aus Art. 2 Abs. 2 GG gegenüber dem Eingriff in das Persönlichkeitsrecht aus Art. 2 Abs. 1, Art. 12 GG [➔Kap. 9], das durch eine Zwangsmitgliedschaft tangiert wird. Diese Einschränkung erfolgt allerdings nur im Segment der Angehörigkeit zu einem Pflegeberuf, welcher per se eine umfassende Verantwortung für die zu Pflegenden im Bereich der konkreten Berufsausübung beinhaltet. Somit ist in diesem Berufssegment also zudem keine inhaltliche Verdichtung von Pflichten, sondern lediglich das Entscheidungsrecht für oder gegen einen Zusammenschluss zur Selbstverwaltung dieser Fragen im Bereich der Pflege tangiert, also allein eine Freiheitseinschränkung auf organisatorischer Ebene betroffen. Diese Einschränkung dürfte hinter dem Wert beruflicher Selbstverwaltung zur Optimierung des Gesundheitsschutzes im Gemeinwesen zurückzustehen haben.

Das Erfordernis des Selbstverwaltungsrechtes als systemische Gleichstellung gegenüber der Medizin wird auch unter dem Aspekt kritisch betrachtet, dass die Pflegeberufe bisher aus der Sicht des BVerG als Heilhilfsberufe anzusehen sind, also im Feld der Heilberufe eine andere Beurteilung erfahren als der Heilberuf der Ärzte. Allerdings schreitet die Professionalisierung der Pflege vor allem über ihre Akademisierung voran. Dem wird auch die Rechtsprechung Rechnung tragen müssen, welche der Entwicklung von Berufsfeldern nicht statisch begegnen darf. Insoweit ist die bisher festgehaltene Sicht des BVerfG in Ansehung des Professionalisierungsprozesses der Pflege wohl eher der Vergangenheit zuzuordnen, ohne dass dies freilich bisher in weiterer Rechtsprechung Niederschlag gefunden hat. Auch Überlegungen dazu, dass Verkammerung nicht mehr zeitgemäß sei, wird das Argument der Partizipation durch Selbstverwaltung ebenso entgegenzuhalten sein wie eine klare systemische Abgrenzung gegenüber anderen Arbeitsfeldern. Demgegenüber Unzeitgemäßes im Kammerwesen ist durchaus reformierbar. Zudem kann ein bestehendes Kammerwesen kaum Argument gegen die Errichtung einer Berufskammer sein. Insbesondere in Bayern und Rheinland-Pfalz gibt es derzeit maßgebliche Initiativen zur Errichtung von Pflegekammern.

9 Der Kern der Pflege: die Persönlichkeitsrechte

Die Persönlichkeitsrechte alter Menschen haben in vielen Normen (z. B. HeimR) Niederschlag gefunden. Sie basieren auf dem Grundgesetz, dort nicht als spezielle Rechte alter Menschen, sondern als Rechte aller Bürgerinnen und Bürger. Die Tatsache, dass diese bestehenden Garantien bei alten Menschen offensichtlich besonders hervorgehoben werden müssen, liegt im oft altersbedingt zunehmenden Unvermögen alter Menschen, diese Rechte selbst durchzusetzen, sei es auf Grund von Krankheit oder in besonderen Lebenssituationen, wie der Abhängigkeit in einem Heim. Garantien sind jedoch unabhängig von Durchsetzungsvermögen ausgesprochen.

Ausgangspunkt ist die als unantastbar garantierte **Menschenwürde** (Art. 1 Abs. 1 GG), aus welcher sich die daraus folgenden Grundrechte als unmittelbar geltendes Recht gegenüber der gesamten Staatsorganisation ergeben. Eine derartige Garantie ist als Basis im zeitlichen Wandel und im Prozess der Erkenntnisse anzusehen, auf der nach dem Willen der Verfassung die Begegnung mit menschlichem Leben im Gemeinwesen erfolgen soll.

Artikel 1
(1) Die Würde des Menschen ist unantastbar. Sie zu achten und zu schützen ist Verpflichtung aller staatlichen Gewalt.
(2) Das Deutsche Volk bekennt sich darum zu unverletzlichen und unveräußerlichen Menschenrechten als Grundlage jeder menschlichen Gemeinschaft, des Friedens und der Gerechtigkeit in der Welt.
(3) Die nachfolgenden Grundrechte binden Gesetzgebung, vollziehende Gewalt und Rechtsprechung als unmittelbar geltendes Recht.

Die konkrete positive Ausgestaltung beginnt mit Art. 2 und Art. 3 GG, die den Wertanspruch auf Menschenwürde inhaltlich näher präzisieren als Teilrechte auf **Freiheit** und **Gleichheit**, welche sodann in den folgenden Grundrechten weiterentwickelt werden.

Artikel 2

(1) Jeder hat das Recht auf die freie Entfaltung seiner Persönlichkeit, soweit er nicht die Rechte anderer verletzt und nicht gegen die verfassungsmäßige Ordnung oder das Sittengesetz verstößt.

(2) Jeder hat das Recht auf Leben und körperliche Unversehrtheit. Die Freiheit der Person ist unverletzlich. In diese Rechte darf nur auf Grund eines Gesetzes eingegriffen werden.

Artikel 3

(1) Alle Menschen sind vor dem Gesetz gleich.

(2) Männer und Frauen sind gleichberechtigt. Der Staat fördert die tatsächliche Durchsetzung der Gleichberechtigung von Frauen und Männern und wirkt auf die Beseitigung bestehender Nachteile hin.

(3) Niemand darf wegen seines Geschlechtes, seiner Abstammung, seiner Rasse, seiner Sprache, seiner Heimat und Herkunft, seines Glaubens, seiner religiösen oder politischen Anschauungen benachteiligt oder bevorzugt werden. Niemand darf wegen seiner Behinderung benachteiligt werden.

Freiheit und Gleichheit garantieren die anthropologische Grundaussage zu Gleichwertigkeit bei gleichzeitiger Einzigartigkeit eines jeden Menschen. Diese Einzigartigkeit ist im garantierten **Recht auf Leben** (Art. 2 Abs. 2 GG) bis hin zum zeitlichen Tod zu entwickeln. Das Werden jedes Menschen bis zu seinem Tod bedingt das **Selbstbestimmungsrecht**, ohne das die individuelle Entwicklung zur Identität nicht denkbar ist. Insoweit ist die Freiheitsgarantie vorrangig vor der Gleichheitsgarantie, als Letztere lediglich dieses Selbstbestimmungsrecht jedem Individuum als Entfaltungsmöglichkeit zugestehen muss.

9 Persönlichkeitsrechte

Daraus ergibt sich aber auch die Begrenzung des Freiheitsrechts des Einzelnen in eben diesen Rechten anderer, der verfassungsmäßigen Ordnung als Basis der Gemeinschaft im Gemeinwesen und dem Sittengesetz (womit die immanenten ethischen Grenzen jeglicher Freiheit gemeint sind) als dialektisches Verhältnis dieser Rechte und Pflichten der Bürger untereinander. Diese Dialektik wird als eine zwischen **Freiheit** und **Solidarität** zu sehen sein, somit als unmittelbarer Zusammenhang zwischen Eigenentwicklung und Entwicklung der Mitbürger und Mitbürgerinnen. „Dialektisch" bedeutet hier das Fehlen einer Priorität zu Gunsten der Freiheit zur Entwicklung der eigenen Persönlichkeit vor Solidarität mit den Mitmenschen. Vielmehr sind beide Pole des Spannungsverhältnisses stets auf einer Ebene zu sehen und Solidarität mit dem Gegenüber als Teil der eigenen Entwicklungsfreiheit.

Selbstbestimmung in Freiheit hat schließlich auch zur Folge, dass dies auf der Basis eines Bewusstseins um das eigene Handeln erfolgt. Insoweit ist bei Ausübung des Selbstbestimmungsrechts stets auch nach dem Vorhandensein dieses Selbstbewusstseins zu fragen und im Falle eines diagnostizierten Fehlens nach der mutmaßlichen Fortsetzung einer selbstbewussten Lebensgestaltung. Denn das Recht auf individuellen Lebensprozess dauert an, da das zeitliche Leben des Individuums sich trotz Fehlens des Bewusstseins fortsetzt. Ein Recht auf individuell menschenwürdiges Leben endet somit nicht mit dem Verlust dieses Bewusstseins um das eigene Handeln und Verhalten. Vielmehr ist in diesem Fall im Respekt vor der Einzigartigkeit der jeweiligen Person auf einen diesem Individuum entsprechenden Lebensverlauf hinzuwirken im Sinne der Beachtung eines mutmaßlichen (ermittelt, damit aber fiktiv eigenen) **Willens**.

Art. 2 Abs. 1 GG ist als Hauptfreiheitsrecht zu sehen. Die speziellen **Freiheitsrechte des Grundrechtskatalogs** lassen es überall dort zurücktreten, wo diese wirken. Für zu pflegende Menschen sind hier besonders folgende Rechte von Bedeutung:
- Art. 4 GG (Glaubens-, Gewissens-, Bekenntnisfreiheit)
- Art. 5 GG (Meinungsfreiheit)
- Art. 8, 9 GG (Versammlungs- und Vereinigungsfreiheit)
- Art. 10 GG (Brief-, Post-, Fernmeldegeheimnis)
- Art. 11 GG (Freizügigkeit)
- Art. 13 GG (Unverletzlichkeit der Wohnung)
- Art. 14 GG (Eigentum)
- Art. 16 GG (Asylrecht)
- Art. 17 GG (Petitionsrecht)

Art. 2 Abs. 2 schützt die **biologisch-natürlichen Wertvoraussetzungen,**
- das körperliche Dasein,
- das körperliche Sosein und
- die körperliche Bewegungsfreiheit

gleichsam als Voraussetzungen für die generelle Freiheit der Person. Daraus lässt sich allerdings auch eine generelle Verantwortung des Staates für die Gesundheit seiner Bürger ableiten, da diesen Wertvoraussetzungen Gesundsein immanent ist. Eine derartige generelle Verantwortung kann sich allerdings nur auf einen jeweiligen Lebensrahmen in der Gesellschaft beziehen, der die Erhaltung der Gesundheit zum Ziel hat.

> Die hier nur skizzierten Freiheits- und Persönlichkeitsrechte sind Grundlage für die Rechtsordnung und finden sich in den einzelnen Rechtsgebieten und ihren Regelungen wieder. Ihr grundsätzliche Bedeutung – gleichsam als Leitfaden für die Pflege – kann nicht stark genug hevorgehoben werden.

Über Art. 19 Abs. 3 GG gilt das Hauptfreiheitsrecht des Art. 2 Abs. 1 GG in den Grenzen entsprechender Anwendung auch für juristische Personen, somit ebenso für die Leistungserbringer in der Pflege. Dies spielt vor allem bei der Entwicklung einer eigenen Identität solcher Träger etwa im Zusammenhang mit vereinheitlichenden Regelungen (z.B. im Sozialrecht) eine Rolle. Denn eine solche Eigenentwicklung kann – etwa im Bereich der Qualitätssicherung – auch den betroffenen zu Pflegenden zugutekommen.

Wir haben alle die gleichen Grundrechte!

10 Einsichtnahme in die Pflegedokumentation und Datenschutz

Dokumentation in der Pflege ist unverzichtbar. Die Gründe dafür sind vielfältig. So stellt Dokumentation die Grundlage für die Ermittlung der Pflegebedürftigkeit und die Pflegeeinstufung dar, dient zur Grundlage von Leistungsberechnungen, zur Nachvollziehbarkeit einer Therapie, als eine Voraussetzung für Qualitätsbeurteilung, ist denkbar als Beweisgrundlage bei Pflegefehlern mit Schadensfolge (z. B. bei Delegation ärztlicher Aufgaben auf die Pflegekräfte) etc. Deshalb ist die Dokumentation sorgfältig und vollständig zu führen. Die meisten der hier angeführten Gründe berühren Rechte der betroffenen zu Pflegenden in Form von Ansprüchen auf Leistungen. Daneben sind auch Persönlichkeitsrechte dieser Personen als schützenswerte Rechte betroffen, weil die Dokumentationen sehr individuelle Angaben zur Person enthalten.

Rechtlich ist zu unterscheiden, in welchem Bereich Pflege dokumentiert wird und ob die Dokumentation herkömmlich auf Akten oder auf Datenträgern erfolgt. Deshalb wird im Folgenden zu differenzieren sein, wie das Recht auf Einsichtnahme in Institutionen der Pflege zu beurteilen ist und ob datenschutzrechtliche Erwägungen anzustellen sind.

10.1 Einsichtnahme in stationären und ambulanten Pflegeeinrichtungen

Grundsätzlich besteht ein Anspruch für zu Pflegende, teils auch für deren Angehörigen, auf eine Einsicht in die eigenen Akten. Bei herkömmlicher Dokumentation über Akten ist der datenschutzrechtliche Anspruch auf Auskunft nach §§ 1, 83 Abs. 1 SGB X i.V.m. § 35 SGB I nur sehr eingeschränkt eingeräumt, sodass sich die Frage stellt, ob daneben nicht Anspruchsgrundlagen bestehen, die ein umfassenderes Recht auf Einsichtnahme ermöglichen. Ein solcher Anspruch ist zu begründen aus dem Vertrag zwischen dem zu pflegenden Leistungsempfänger und der leistungserbringenden Einrichtung. Der Anspruch besteht, wenn der zu Pflegende seinen Wunsch zur Einsichtnahme kundtut.

Ein solches Einsichtnahmerecht wird in den vorliegenden Fällen außerdem auch aus § 810 BGB (Einsicht in Urkunden) abgeleitet, weil die einzelne schriftliche Pflegedokumentation als Urkunde anzusehen ist, die sich im →Besitz der Pflegeeinrichtung befindet und – zumindest auch – im Interesse der zu Pflegenden errichtet ist. Das Deutlichmachen eines rechtlichen Interesses durch den Antragsteller wird darin gesehen werden müssen, dass die Betroffenen Leistungsüberprüfung oder Persönlichkeitsrechtverletzung benennen. Eine differenzierte Begründung der Einsichtnahme wird häufig mangels Kenntnis des Inhalts der Dokumentation nicht gegeben werden können. Die in der Rechtsprechung sich findende Annahme, pauschale Behauptungen (z. B. „alles ist falsch") könnten die Einsichtnahme nicht begründen, ist kritisch zu sehen, da sich die Antragsteller in der Regel in einer sehr schwachen Position befinden und an die Formulierung ihres Interesses deshalb keine hohen Anforderungen gestellt werden dürfen, da das Recht dadurch vereitelt werden könnte. Eine Verweigerung der Einsichtnahme dürfte somit nicht möglich sein, wenn der Betroffene mit der Möglichkeit der Wahrnehmung seiner Rechte argumentiert.

Vom Umfang her ist zur Einsichtnahme ausreichend Zeit zu gewähren einschließlich der Befugnis, auf eigene Kosten Kopien zu erstellen. Gesundheitsbedingt fehlende Möglichkeit des Einblicks vor Ort stellt einen wichtigen Grund nach § 811 Abs. 1 S. 2 BGB dar, die Dokumentation im Zimmer oder am Bett des zu Pflegenden vorzulegen. Dies gilt auch für die Einrichtung, wenn die Einsichtnahme am Ort der Niederlegung notwendige Abläufe stört oder der Ort ungeeignet ist.

Die Einsichtnahme kann auch durch Dritte erfolgen, sind diese vom Betroffenen beauftragt (z. B. Angehörige, Rechtsanwälte) oder anderweitig berechtigt (z. B. ein Betreuer [→Kap. 11]). Nachweise hierfür können eine schriftliche Vollmacht oder der Betreuungsausweis sein.

All diese Kriterien zur Einsichtnahme dürften ohne Unterschied für stationäre und ambulante Pflege gelten, wobei bei Letzterer vor allem die Frage des Ortes in der Regel hinsichtlich der häuslichen Umgebung der Betroffenen zu beantworten sein wird.

Bei einer Erstellung der Pflegedokumentation auf Datenträgern besteht zudem ein öffentlich-rechtlicher Anspruch auf Auskunft nach bundes- bzw. landesrechtlichen Datenschutzbestimmungen neben dem privatrechtlichen aus dem Heimvertrag.

10.2 Vertragliche Rechte und Datenschutzrechte

Auch bei Dokumentation auf Datenträgern wird das Recht der Betroffenen auf Kenntnisnahme der Inhalte nicht weniger geschützt. Dies einerseits, weil der privatrechtliche Anspruch aus dem Pflege- bzw. Behandlungsvertrag bei datentechnischer Dokumentierung unberührt bleibt. Zusätzlich dazu ergeben sich Datenschutzrechte aus den öffentlich-rechtlichen Normen, etwa dem Bundesdatenschutzgesetz, den Landesdatenschutzgesetzen und den Landeskrankenhausgesetzen (LandesKHG). Im Datenschutzrecht gilt allgemein, dass die speziellen Regelungen (z.B. in den LandesKHG) den generelleren (z.B. Landesdatenschutzgesetze) vorgehen und die generelleren aber überall dort gelten, wo die speziellen keine spezifischen Regelungen zur jeweiligen Fragestellung vorsehen.

Das datenschutzrechtliche Auskunftsrecht dürfte allerdings inhaltlich nicht identisch sein mit dem Recht auf Einsichtnahme aus dem Pflege- bzw. Behandlungsvertrag. Dies ergibt sich aus den Zielrichtungen der Rechtsgrundlagen. Zielt die Einsichtnahme aus Vertrag auf eine Überprüfbarkeit der ordnungsgemäßen Vertragsabwicklung und einen rechtmäßigen Umgang mit dem Selbstbestimmungs- und Persönlichkeitsrecht, so sollen die Datenschutzbestimmungen gewährleisten, dass das Recht des Einzelnen auf informationelle Selbstbestimmung gewahrt bleibt. Dies bedeutet Schutz gegen unbefugtes Erheben, Speichern, Verwenden und Weitergeben der persönlichen Daten. Dementsprechend wird gefolgert werden können, dass das vertragliche Einsichtnahmerecht und die datenschutzrechtliche Auskunftspflicht für den Bereich des Schutzes des Persönlichkeitsrechts vor unbefugter Datennutzung im Kern inhaltsgleich sind und somit insoweit Auskunftspflicht auch Einsicht in die gespeicherten Daten beinhaltet.

Bezüglich der Überprüfung der Leistungsverpflichtung aus Vertrag dürfte nur das vertragliche Einsichtnahmerecht einschlägig sein. Für die Einrichtungen bedeutet dies, dass überall dort, wo Einsichtnahme im Zusammenhang mit der Kontrolle einer leistungsgerechten Vertragserfüllung beantragt wird, vom vertraglichen Einsichtnahmerecht auszugehen ist. Wo Betroffene überprüfen wollen, ob Angaben zu ihrer Person notwendigerweise auf Datenträger gespeichert sind oder etwa an Berechtigte über EDV weitergegeben worden sind, ist das Vorliegen einer datenschutzrechtlichen Auskunftspflicht denkbar.

11 Betreuungsrecht

Das Betreuungsrecht als Teil des Familienrechts im BGB hat die Regelungen der Vormundschaft und Pflegschaft für Volljährige abgelöst. In diesem Zusammenhang war vor allem die Entmündigung volljähriger Menschen abzuschaffen und der verfassungsrechtlichen Gebotenheit des Schutzes der individuellen Identität jedes Menschen in differenzierter Weise Rechnung zu tragen.

Somit ist Ziel des Betreuungsrechts die Möglichkeit, Personen mit psychischer Erkrankung oder körperlicher, geistiger bzw. seelischer Behinderung in ihrer jeweils individuellen Situation differenziert betrachten zu können und ihre vorhandenen Fähigkeiten sowie ihre je eigenen Bedürfnisse im Einzelfall berücksichtigen zu können.

Die Möglichkeiten eines Betreuers sind deshalb rechtlich abgestuft gestaltet, sodass die Teilnahme der betreuten Person am Rechtsverkehr nicht generell eingeschränkt ist und dennoch Maßnahmen zu ihrem Schutz, wo dieser erforderlich und rechtlich geboten ist, in schrittweisem Vorgehen getroffen werden können, etwa entsprechend dem Fortschreiten einer Erkrankung oder einer sich progredient entwickelnden Behinderung.

Damit soll auch einer persönlichen Betreuung der Weg geebnet sein, weil der Betreuer jeweils die individuelle Situation des Betreuten in sein Handeln einbeziehen muss, die von Person zu Person unterschiedlich sein kann und nunmehr auch in ihrer rechtlichen Beurteilung unterschiedlich sein wird, denn bereits bei der Bestellung ist die Ermittlung individuell unterschiedlicher Ausgangslagen erforderlich.

11.1 Voraussetzungen der Bestellung eines Betreuungsverhältnisses

§ 1896 Abs. 1 BGB sieht die folgenden Voraussetzungen für die Bestellung eines Betreuers durch das Vormundschaftsgericht vor:
1. Der zu Betreuende muss volljährig sein.
2. Der zu Betreuende kann seine Angelegenheiten ganz oder teilweise nicht mehr besorgen.
3. Das Unvermögen, die eigenen Angelegenheiten ganz oder teilweise zu besorgen, besteht auf Grund einer psychischen Krankheit (z. B. Psychosen, Neurosen, Persönlichkeitsstörungen, unter bestimmten Voraussetzungen auch Abhängigkeitserkrankungen) oder körperlicher, geistiger (z. B. geburts- oder entwicklungsbedingte Intelligenzdefekte unterschiedlicher Grade, aber auch eher altersbedingte durch Alzheimererkrankung oder andere Demenzerkrankungen) bzw. seelischer Behinderung (dauerhafte psychische Beeinträchtigungen als Folge von psychischen Krankheiten oder Altersabbau).

Bereits daraus ist erkennbar, dass sich ein unterschiedlicher **Betreuungsbedarf** aus der Feststellung der vorhandenen Fähigkeit, die eigenen Angelegenheiten zu regeln, oder aus dem Grad der Behinderung bzw. den jeweiligen Gegebenheiten der Erkrankung ergeben wird, der jeweils individuell festzustellen ist.

Die **Bestellung** erfolgt nach § 1896 Abs. 1 S. 1 BGB auf Antrag oder von Amts wegen. Für die Antragstellung ist Geschäftsfähigkeit [→Kap. 3.1.2] nicht erforderlich (§ 1896 Abs. 1 S. 2 BGB), sondern lediglich die Freiheit zu einer diesbezüglichen Willensbildung. Es können Geschäftsunfähige diesen Antrag stellen, nicht jedoch in der Freiheit der Willensbildung eingeschränkte Personen. In diesem Sinne ist Abs. 1a zu verstehen. Somit kann auch gegen den Willen derart beeinträchtigter Betroffener eine Bestellung erfolgen (s. § 1896 Abs. 1a). Folglich ist die Bestellung von Amts wegen als subsidiär anzusehen für Formen fehlender freier Willensbildungsfähigkeit. Dies wird bestätigt durch § 1896 Abs. 1 S. 3 BGB, wonach für Personen mit Körperbehinderungen, welche die Bestellungsvoraussetzungen erfüllen, in der Regel ausschließlich auf Antrag ein Betreuer bestellt werden kann, es sei denn, die körperliche Behinderung ist Ursache dafür, dass die Person ihren Willen nicht kundtun kann.

Die Betreuung muss des Weiteren erforderlich sein (§ 1896 Abs. 2 BGB). **Erforderlichkeit** liegt dann vor, wenn die Angelegenheiten, die nicht mehr besorgt werden können, durch Bevollmächtigte oder andere Hilfen erledigt werden können. Für die Bevollmächtigung gelten die Regeln zur Stellvertretung, insbesondere der Rahmen der Vollmacht ist entscheidend für ihre Wahrnehmung. Dies gilt verstärkt für die Erledigung höchstpersönlicher Dinge, wie etwa der Einwilligung [➔Kap. 7.1.2] in eine ärztliche Maßnahme.

Ist die betroffene Person nicht mehr in der Lage, diese Dinge vorzunehmen, da etwa die Einsichtsfähigkeit fehlt, liegt eine Bevollmächtigung nur dann vor und ist damit eine Fremdvornahme nur möglich, wenn die Vollmacht zweifelsfrei auch diese Handlungen umfasst. Deshalb werden zur Regelung solcher künftiger Eventualitäten so genannte **Vorsorgevollmachten** erlassen. Für die Vornahme von ärztlichen Maßnahmen können **Patientenverfügungen** [➔Kap. 11.10] erlassen werden, welche Zustimmungen in ärztliche Eingriffe oder Ablehnungen ärztlicher Eingriffe enthalten können.

Allerdings müssen diese Verfügungen die jeweils in Frage stehende Maßnahme ausdrücklich und detailliert bestimmen und dürfen vom Datum ihrer Abfassung und der persönlichen Unterzeichnung her keine Zweifel offenlassen, dass sie gültig sind. Dies kann sinnvollerweise durch Zeugen bestätigt werden. Nur wenn solche Vollmachten und Verfügungen inhaltlich und zeitlich tragfähig sind, ist die Bestellung einer Betreuung nachrangig.

Bezüglich der anderen Hilfen hat der Gesetzgeber hier familiäre, freundschaftliche, nachbarliche und öffentliche Hilfen im Auge. Es kann sich dabei aber nur um faktische Hilfestellungen handeln, d. h., etwa um hauswirtschaftliche Versorgung, pflegerische Versorgung oder Mobilitätshilfen, nicht um rechtsgeschäftliche Unterstützung oder Ersetzung tatsächlicher ➔Willenserklärungen, da diesbezüglich selbst eine Unterstützungsverpflichtung keine ausreichende Rechtsgrundlage ist. Sind jedoch die faktischen Hilfestellungen anderweitig zu gewährleisten, ist insoweit die Betreuung nachrangig.

Die Betreuung ist schließlich nur für die Angelegenheiten einzurichten, die nicht mehr und nicht anderweitig besorgt werden können. Dafür werden **Aufgabenkreise** gestaltet.

11.2 Aufgabenkreise

Die Aufgabenkreise werden den Betreuern nach dem Erforderlichkeitsprinzip zugeteilt. Gemäß dem Ziel des Betreuungsrechts, die individuelle Situation des Betreuten zu erfassen und ihn nicht mehr als nötig fremdzubestimmen, sollten die Aufgabenkreise differenziert zugeschnitten sein. Dies geschieht in der Praxis zu wenig, was aber auch damit zusammenhängt, dass eine individuell differenzierte Definition eines Aufgabenkreises oft schwer in Kürze zu erstellen ist. Stattdessen finden sich standardisierte Aufgabenkreise wie Aufenthaltsbestimmung, Gesundheitsfürsorge, Vermögensverwaltung oder Beaufsichtigung.

Nach § 1901 Abs. 1 BGB hat der Betreuer die Verantwortung für die Umsetzung, er muss aber nicht jede Handlung selbst übernehmen. Andererseits erfordert dies einen sensiblen Umgang des Betreuers mit dem Betreuten, da es sich um ein besonderes Vertrauensverhältnis handelt, in welchem nur im besonders veranlassten Ausnahmefall (s. u. § 1903 BGB, Einwilligungsvorbehalt [→Kap. 11.4.2]) der Betreute die Einschränkung seiner Rechtsstellung erfährt. Somit haben Betreuer und Betreuter rechtliche Gestaltungsmöglichkeit, was konkreter Absprachen zwischen Betreuer und Betreutem bedarf.

Die Trennung von rechtlicher und tatsächlicher Fürsorge könnte sogar zu unerwünschten Ergebnissen führen, da die tatsächliche Beratung des Betreuers erst ermöglicht, dass Betreuer und Betreuter von einer einheitlichen Handlungsebene ausgehen. Auf dieser kann dann auch der Betreute im Rahmen der ihm verbliebenen Befugnisse im Einklang mit dem Betreuer selbst handeln.

Diese Begegnung auf gleichberechtigter Ebene ergibt auch, dass eine Aufsichtspflicht des Betreuers nur dann besteht, wenn diese als Aufgabenkreis angeordnet ist, was wiederum das Vorliegen der Aufsichtsbedürftigkeit als Voraussetzung verlangt.

11.3 Betreuer

11.3.1 Personenkreis

Aus der derzeitigen Rechtslage (§§ 1897 Abs. 1, Abs. 6, 1900 Abs. 1, Abs. 4 BGB) lässt sich eine Rangfolge eines Personenkreises erstellen, die als Betreuer in Frage kommen:
a natürliche Personen
   – ehrenamtlich
   – berufsmäßig
b Vereinsbetreuer
c Behördenbetreuer

Bei b) und c) handelt es sich um Mitarbeiter eines Betreuungsvereins oder einer Betreuungsbehörde, somit auch hier um natürliche Personen als Ansprechpartner der Betreuten. Berufsmäßig Betreuung durchführende Einzelpersonen, Vereinsbetreuer und Behördenbetreuer werden jeweils nur dann mit der Aufgabe betraut, wenn eine geeignete natürliche Person, welche im Ehrenamt die Betreuung übernimmt, nicht gefunden werden kann. Geeignet ist eine Person vor allem dann, wenn sie selbstbestimmt sinn- und kompetenzorientiert tätig sein kann. Der Vorrang der Ehrenamtlichkeit spiegelt die Erwartung engagierter Aufgabenübernahme und die Freiheit von ökonomischer Abhängigkeit durch Betreuungstätigkeiten wider.

Die Bestellung der ehrenamtlichen Personen bedarf darüber hinaus noch genauerer Prüfung. Der zu Betreuende hat **Vorschlagsrecht** (Betreuungsverfügung § 1897 Abs. 4 BGB), dem zu entsprechen ist, wenn der Vorschlag nach Prüfung des Betreuungsgerichts nicht dem Ziel der Betreuung zuwiderläuft, das Wohl des Betreuten sicherzustellen. Erfolgt kein Vorschlag (§ 1897 Abs. 5 BGB), so ist bei der Auswahl der Person auf die verwandtschaftlichen und freundschaftlichen Bindungen des zu Betreuenden Rücksicht zu nehmen.

Diese Rücksichtnahme erstreckt sich jedoch in zwei Richtungen, einmal hinsichtlich bestehender familiärer oder freundschaftlicher Vertrauensverhältnisse, die für eine Betreuung zu nutzen sind. Andererseits können solche Bindungen auch Interessenkonflikte mit sich bringen, welche das Betreuungsgericht zu eruieren hat. Bestehen Bedenken hinsichtlich einer Wahrnehmung der Aufgaben im Sinne des Wohls der zu betreuenden Person, dann ist auf solche bestehenden Vertrauensverhältnisse dennoch nicht zurückzugreifen oder von der Möglichkeit Gebrauch zu machen, daneben eine zweite Person als Betreuer (§ 1899 BGB) zu berufen, welche die Gefahr schädigender Lösung von bestehenden Interessenkonflikten neutralisiert, weil beide Personen nur zusammen den Aufgabenkreis erledigen können.

Durch solche Konstellationen kann einerseits in der jeweiligen Beziehung bestehendes Vertrauen dem Betreuungsverhältnis dienlich sein. Andererseits ist einer sonst nicht ausräumbaren Gefahr zu begegnen, dass schwere Interessenkonflikte nicht im Sinne des zu Betreuenden erledigt werden.

Mitarbeiter einer stationären Einrichtung, in welcher der zu Betreuende wohnt, dürfen nicht als Betreuer bestellt werden (§ 1897 Abs. 3 BGB). Dies gilt nicht für Mitarbeiter ambulanter Dienste, weil das Abhängigkeitsverhältnis nicht vergleichbar ist.

Die Person des Betreuers muss in der Lage sein, sein Gegenüber in der je eigenen Situation und dem sozialen Umfeld sowie den institutionellen Rahmenbedingungen zu erfassen und daraus individuell angemessene Lösungen interaktiv zu gestalten (§ 1901 BGB). Erfolgt demgemäß eine Auswahl und ist Bereitschaft und Zumutbarkeit zur Übernahme bei der ausgewählten Person vorhanden, so ergibt sich eine **Verpflichtung** zur Übernahme der Betreuung (§ 1898 BGB), die über ein Verpflichtungsgespräch durch den Rechtspfleger manifestiert wird. Zum Nachweis für den Rechtsverkehr erhält jeder Betreuer eine Urkunde bzw. einen Ausweis, den er bei Bedarf auch vorzulegen hat.

11.3.2 Pflichten des Betreuers

Betreuung erfolgt zum Wohl des Betreuten (§ 1901 BGB). Es handelt sich somit um Fremdbestimmung im Sinne der Selbstbestimmung. Der Betreuer greift nur ein wenn nötig, getragen vom Willen des Betreuten (wenn es dessen Wohl nicht zuwiderläuft), es geht also um Gestaltung des Lebens des Betreuten nach seinen eigenen Wünschen und Vorstellungen.

Der Betreuer hat die Individualität des Betreuten als Basis des Betreuungsverhältnisses zu ermitteln und anzunehmen. Seine Handlungen sind daraus zu entwickeln im Sinne des Willens des Betreuten zu seinem Wohl. Ihr Ziel ist, Krankheit oder Behinderung – soweit möglich – zu beseitigen oder zu bessern bzw. ihre Verschlimmerung zu verhüten und ihre Folgen zu verringern. Dies soll im Dialog mit dem Betreuten geschehen. Vor allem sind alle wichtigen Angelegenheiten unter Berücksichtigung der Eigenheiten des Betreuten vor Erledigung zu besprechen.

Der Betreuer vertritt den Betreuten in seinem Aufgabenkreis gerichtlich und außergerichtlich (§ 1902 BGB). Der Betreuer hat darin die Stellung eines gesetzlichen Vertreters. Er muss die vormundschaftsgerichtlichen Genehmigungsvorbehalte [➔Kap. 11.5] beachten ebenso wie eine vorhandene Geschäftsfähigkeit des Betreuten und bei höchstpersönlichen Rechten dessen Einsichtsfähigkeit.

11.4 Der Betreute
11.4.1 Rechtsstellung

Die Bestellung eines Betreuers hat zunächst keine Einschränkung der Rechtsstellung des Betreuten zur Folge. Somit ist ein Betreuer weder automatisch geschäftsunfähig (§ 104 Nr. 2 BGB) [➔Kap. 3.1.2] noch deliktsunfähig (§ 827 BGB) [➔Kap. 6.2]. Ob dies vorliegt, bedarf einer Klärung im Einzelfall, die nicht zwangsläufig damit in Verbindung steht, dass für eine Person ein Betreuer bestellt ist. Dies ist nicht zuletzt auch aus § 1896 Abs. 1 BGB zu entnehmen, wonach selbst Geschäftsunfähige einen Antrag auf Betreuung stellen können. Der Gesetzgeber geht somit auch nicht davon aus, dass Geschäftsunfähigkeit Voraussetzung für die Betreuung ist.

Ist also Geschäftsunfähigkeit weder Voraussetzung noch Folge eines gerichtlich veranlassten Betreuungsverhältnisses, ist der Betreute grundsätzlich geschäftsfähig mit allen Folgen (z. B. Eheschließung, Testierfähigkeit), also auch der Wahlberechtigung (§ 13 Nr. 2 Bundeswahlgesetz schließt Wahlrecht des Betreuten nur für den Fall einer Betreuung in allen Angelegenheiten aus).

Geschäftsunfähigkeit, Deliktsunfähigkeit und Einsichtsunfähigkeit in die Entscheidung über die höchstpersönlichen Rechte sind gesondert und individuell über ärztliche Gutachten festzustellen.

11.4.2 Einwilligungsvorbehalt

Eine Einschränkung der Rechte des Betreuten kann durch einen Einwilligungsvorbehalt gerichtlich verfügt werden (§ 1903 BGB). Diese darf aber nur dann erfolgen, wenn erhebliche Gefahr für die Person oder das Vermögen des Betreuten droht und zur Abwendung dieser Gefahr die Anordnung eines Einwilligungsvorbehalts erforderlich ist.

Folge der Anordnung ist eine Rechtsstellung des Betreuten vergleichbar der beschränkten Geschäftsfähigkeit, d. h., der Betreute bedarf zur Gültigkeit einer ➔Willenserklärung, die in den Aufgabenkreis des Betreuers fällt, dessen Einwilligung. Andernfalls ist sie ➔schwebend unwirksam und wird nur durch Genehmigung des Betreuers wirksam. § 110 BGB („Taschengeldparagraf" [➔Kap. 3.1.2, 11.6]) ist in diesem Zusammenhang anwendbar.

Die Rechtsprechung wendet § 1903 BGB nur für Rechtsgeschäfte (z. B. Verträge) an, nicht für tatsächliche Willenserklärungen bezüglich höchstpersönlicher Rechte. Tatsächliche Willenserklärungen (wie z. B. die Einwilligung in eine medizinische Maßnahme) können somit vom Betreuer nur bei vorher festgestellter fehlender Einsichtsfähigkeit des Betreuten vorgenommen werden. Folglich willigt der Betreute ein, und nur im Falle seines Unvermögens übernimmt dies der Betreuer mit dem entsprechenden Aufgabenkreis Gesundheitsfürsorge.

11.5 Genehmigungsvorbehalte

In besonderen Fällen ist zur Rechtsgültigkeit einer Handlung des Betreuers zusätzlich die **Genehmigung des Betreuungsgerichts** erforderlich. Diese Fälle stellen Lebenslagen dar, die einen nachdrücklichen Schutz des Betreuten verlangen. Es sind dies:

- Heilbehandlungen mit Lebensgefahr oder drohenden schweren Gesundheitsschäden (§ 1904 BGB)
- Sterilisation
- Unterbringung und unterbringungsähnliche Maßnahmen (§ 1906 BGB)
- Wohnungsauflösung
- Situationen, die über die analoge Anwendung des Vormundschaftsrechts nach § 1908i BGB die Genehmigung des Vormundschaftsgerichts erforderlich machen (z. B. Grundstücksverkauf, Verhinderung des Betreuers)

Die Regelungen zur **Unterbringung** im Rahmen des Betreuungsrechts sind vom öffentlichen Unterbringungsrecht der einzelnen Bundesländer abzugrenzen. Während die privatrechtlichen Regelungen sich am Wohl des Betreuten orientieren und auf seine Selbstgefährdung abstellen, sind die öffentlich-rechtlichen Regelungen auf das Wohl der Allgemeinheit, also auf Fremdgefährdung gerichtet. Die privatrechtliche Unterbringung ist vorrangig, da die öffentlich-rechtliche nur nach Ausschöpfung aller weniger einschneidenden Mittel angeordnet werden darf.

11.5.1 Genehmigungsvorbehalte aus der Sicht der Pflegepraxis

Im Folgenden nun werden die betreuungsrechtlichen Fallgestaltungen im Bezug zu ärztlichen Maßnahmen aus der Sicht der Pflegepraxis beleuchtet und die hierfür relevanten Genehmigungsvorbehalte mitbetrachtet.

In der täglichen Praxis der Pflege sollte die verantwortungsbewusste Frage gestellt werden, ob der Umgang mit den zu pflegenden Menschen in rechtmäßiger Weise erfolgt. Diese Frage hat vielfältige Ausgangspunkte, wie etwa die folgenden:

- Bedarf die zu pflegende Person der Anordnung einer ärztlichen Maßnahme im Sinne einer Gesundheitsförderung?
- Ist eine ärztliche Maßnahme hinsichtlich der Selbstbestimmung des einzelnen Menschen angebracht?
- Ist Art und Umfang der ärztlichen Maßnahme im Sinne von Selbstbestimmung und Gesunderhaltung angemessen?

Selbst wenn die Pflege solche Maßnahmen in der Regel (Ausnahme: etwaige Notfälle) nicht selbst veranlassen kann, trägt sie im Rahmen ihrer Dienstaufgaben die Mitverantwortung für die anvertrauten Personen und steht ihr die Prüfung rechtmäßigen Vorgehens somit zu, nicht zuletzt da – jedenfalls im Sinne einer ganzheitlichen Pflege – Eingriffe in die Autonomie des zu pflegenden individuellen Menschen der Gesundheitsförderung abträglich sein können. Demzufolge wird am Anfang solcher Überlegungen stets die Frage stehen, ob die betroffene Person in die Maßnahme eingewilligt hat und ob sie dazu überhaupt in der Lage ist.

Da die Pflegekräfte ihnen anvertraute zu Pflegende durch den täglichen Umgang gut kennen, sind sie für die Einwilligungssituation oft Vertrauenspersonen und hinsichtlich einer Einschätzung der Einwilligungsfähigkeit in den meisten Fällen gut geeignet. Für Pflegekräfte sollte deshalb eine strukturierte Kenntnis der rechtlichen Gegebenheiten hinzukommen.

11.5.2 Voraussetzungen für die Durchführung ärztlicherseits angeordneter Maßnahmen

Einwilligung der betroffenen Person bei Einwilligungsfähigkeit
Als ärztliche Maßnahmen kommen Eingriffe somatischer Art (Operationen, medikamentöse Therapien etc.) in Frage, die den Tatbestand einer Körperverletzung [➜Kap. 7.2.1] erfüllen können oder im weiteren Sinne sichernder Art (Unterbringung, Fixierung etc. [➜Kap. 7.2.3]), welche Grundrechtsverletzungen bzw. freiheitsentziehende Maßnahmen darstellen können. Solche Eingriffe bedürfen stets der Einwilligung [➜Kap. 7.1.2] der betroffenen Person, um keine Rechtsgutsverletzungen darzustellen. Aus diesem Grund ist immer vorab zu prüfen, ob eine Einwilligungsfähigkeit vorliegt. Ist diese gegeben, ist die Einwilligung bei der Person einzuholen, für die die Maßnahme gedacht ist.

Liegt die Einwilligungsfähigkeit nicht vor, ist entweder der für diesen Bereich bestellte Betreuer zuständig oder eine Person, die über Vollmacht zur Erteilung der Zustimmung ermächtigt ist. Gibt es solche Personen nicht, ist umgehend ein Betreuungsverhältnis – etwa über die Betreuungsbehörde – zu veranlassen oder, wenn die Zeit drängt, vom Betreuungsgericht die Einwilligung nach §§ 1908i Abs.1, 1846 BGB einzuholen.

Andere Wege, wie die Befragung nicht bevollmächtigter Verwandter, sind – abgesehen vom Notfall zur Klärung des mutmaßlichen Willens – rechtlich nicht in Ordnung. Auch im Notfall ist abzuklären, ob eine Einwilligung des Betreuungsgerichts nach §§ 1908i, 1846 BGB noch möglich ist, sowie unverzüglich für die Zukunft ein Betreuungsverhältnis anzustreben.

Demgemäß sollte die Pflege stets mit im Auge haben, ob Personen entsprechende Einwilligungen noch erteilen können. Gibt es daran Zweifel, sind rechtzeitig Maßnahmen zu ergreifen, damit auch im Notfall Einwilligungsberechtigte vorhanden sind. Der Einwilligungsvorbehalt des § 1903 ist hier nicht anwendbar [➜Kap. 11.4.2].

> Die Feststellung der Einwilligungsunfähigkeit, welche der Arzt vornimmt, ist deshalb besonders wichtig, weil gegen den Willen eines einsichtsfähigen Betreuten keine ärztliche Maßnahme durchgeführt werden kann, selbst wenn der Betreuer zustimmt.

Einwilligung bei fehlender Einwilligungsfähigkeit
Nach dem bisher Gesagten kommt eine Einwilligung Dritter in eine ärztliche Maßnahme nur dann in Betracht, wenn der Betroffene selbst nicht einsichts- und damit einwilligungsfähig ist. Solche Dritte müssen dann eine Einwilligungsberechtigung haben, die vor allem nicht in einer etwaigen **Verwandtschaft** zu sehen ist. Da eine Einwilligungsberechtigung den Schutz der Autonomie des Individuums zum Ziel hat, versteht sich beinahe von selbst, dass dieses Ziel nicht allein dadurch sichergestellt ist, dass ein „Verwandt-Sein" vorliegt.

Diese Einwilligungsberechtigung kann sich folgendermaßen gestalten:
- Sie kann in einer Vollmacht liegen, welche diesen Inhalt umfasst (zu beachten ist dabei die personelle Einschränkung des § 1897 Abs. 3 BGB in § 1896 Abs. 2 BGB, der dann die Betreuung für erforderlich hält, wenn diese personellen Voraussetzungen beim Bevollmächtigten nicht gegeben sind, des Weiteren die §§ 1904 Abs. 2, 1906 Abs. 5 BGB).
- Sie kann in der Bestellung eines Betreuers nach den gesetzlichen Voraussetzungen für einen entsprechenden Aufgabenkreis bestehen (Gesundheitsfürsorge, Aufenthaltsbestimmungsrecht).
- Sie kann beim Betreuungsgericht liegen nach §§ 1908i, 1846 BGB, wenn noch kein Betreuer bestellt ist oder der bestellte Betreuer an der Erfüllung seiner Pflichten gehindert ist.

Nur in unaufschiebbaren **Notfällen**, in welchen weder rechtsgültig Bevollmächtigte noch Betreuer vorhanden sind noch das Gericht rechtzeitig angerufen werden kann, darf die ärztliche Maßnahme ohne Einwilligung bei gleichzeitiger Ermittlung der mutmaßlichen Einwilligung des Betroffenen über erreichbare Zeugen (z. B. Pflegekräfte, anwesende Freunde oder Verwandte) durchgeführt werden (z. B. Notoperation).

Präventiv ist somit vor allem in der stationären und ambulanten Pflege im Sinne des Selbstbestimmungsrechts der Betroffenen spätestens bei fehlender Einsichtsfähigkeit dafür zu sorgen, dass eine einwilligungsberechtigte Person vorhanden und auch erreichbar ist.

11 Betreuungsrecht

11.5.3 Betreuungsrechtliche Fallbeispiele

Im Folgenden wird nun auf betreuungsrechtliche Fragen im Zusammenhang mit einzelnen Fallgestaltungen zu ärztlichen Maßnahmen näher eingegangen, die fast ausnahmslos Gegenstand der aktuellen Rechtsprechung sind.

Betreuungsrechtliche Maßnahmen bei fehlender Einsicht in notwendige stationäre Behandlung

> **Fallbeispiel 21** Frau A. lebt in ihrer Wohnung und wird durch einen ambulanten Pflegedienst u. a. durch Medikamentengabe versorgt. Ihre progrediente Demenz hat zur Folge, dass ihr Verhalten untertags und nachts Kontraindikationen zur Medikamentengabe hervorruft. So nimmt sie u. a. unberechenbar und unkontrolliert Alkohol zu sich ebenso wie andere verfügbare Medikamente, „damit es mit mir wieder aufwärtsgeht". Frau A. hat eine Betreuerin für den Aufgabenkreis Gesundheitsfürsorge. Kann diese eine Einweisung in eine stationäre Behandlung zur Sicherstellung einer geregelten Medikamentengabe veranlassen, wenn Frau A. dem nicht zustimmt, aber wohl dazu auch nicht mehr in der Lage ist?

Fehlt die Einsichtsfähigkeit in eine notwendige stationäre Behandlung, etwa dann, wenn eine notwendige dauerhafte medikamentöse Behandlung nicht mehr ambulant durchzuführen ist, ist ein einwilligungsberechtigter Dritter erforderlich, der der stationären Einweisung zustimmt. Ist der Betreuer für den hierfür erforderlichen Aufgabenkreis Aufenthaltsbestimmung bisher noch nicht bestellt, ist er nicht einwilligungsberechtigt.

Die gutachtlich festgestellte fehlende Einsicht in die erforderliche stationäre Maßnahme macht jedoch die Erweiterung des Aufgabenkreises auf das Aufenthaltsbestimmungsrecht erforderlich, da die Betroffene nicht mehr in der Lage ist, einen Entscheidungswillen unbeeinflusst von der Krankheit zu bilden und nach diesen Erkenntnissen zu handeln. Die Erweiterung des Aufgabenkreises kann deshalb von Amts wegen nach §§ 1896 Abs. 1, 1908d Abs. 3 BGB erfolgen. Über den Aufgabenkreis Aufenthaltsbestimmungsrecht ist dem Betreuer sodann die Einwilligung möglich. Im Zusammenhang mit dem Aufgabenkreis Gesundheitsfürsorge wird nicht selten ein darauf beschränktes Aufenthaltsbestimmungsrecht ausgesprochen, das sodann nicht uneingeschränkt gilt, sondern nur im Zusammenhang mit Heil- und Pflegemaßnahmen.

Einwilligung des Betreuers in ärztliche Heil- und Pflegemaßnahmen

Als ärztliche Heil- und Pflegemaßnahmen sind hier solche zu verstehen, die nicht gleichzeitig eine Maßnahme der Unterbringung nach § 1906 Abs. 1 Nr. 2 BGB oder eine unterbringungsähnliche Maßnahme nach § 1906 Abs. 4 BGB erforderlich machen. Ein diesbezüglicher Behandlungsvertrag ist vom Betreuer im Sinne der Wahrnehmung seiner Aufgabe abzuschließen, also unter Ermittlung des Willens des Betreuten (eine Möglichkeit ist die Patientenverfügung [→Kap. 11.10]. Der Genehmigung des Betreuungsgerichtes bedürfen solche Betreuerentscheidungen im Falle des § 1904 BGB bei lebensbedrohenden medizinischen Eingriffen.

Einwilligung des Betreuers in die Unterbringung und in die unterbringungsähnliche Maßnahme

Im Folgenden ist allein von Unterbringung im Zusammenhang mit der Bestellung eines Betreuers die Rede und nicht von öffentlichem Unterbringungsrecht.

Fallbeispiel 22 D. lebt in seiner Wohnung und leidet an einer chronischen Psychose. Die vom Arzt verordneten Medikamente nimmt er nicht ein und lässt sie sich auch nicht durch den ambulanten Pflegedienst verabreichen. Deshalb treten in gewissen Abständen akute Schübe seiner Krankheit auf. Für die therapeutische Erforderlichkeit der Einnahme fehlt D. die Einsicht. Deshalb ist für die Einwilligung in die Behandlung mit Psychopharmaka ein Betreuer bestellt. Dieser willigt unter Abwägung der Nebenwirkungen dieser Medikamente in eine jeweils vorübergehende stationäre Zwangsmedikation in zweiwöchigen Intervallen ein und beantragt die Genehmigung des Vormundschaftsgerichts.

Unterbringung i.S.d. §1906 Abs. 1 BGB ist die Verwirklichung der Anordnung einer stationären ärztlichen Maßnahme, die mit freiheitsentziehenden Eingriffen verbunden ist (z.B. in einer geschlossenen oder beschützenden Abteilung mit der Folge, dass sich die Person nicht überallhin frei bewegen kann). Dabei unterscheidet §1906 Abs. 2 BGB zwei Alternativen:
1. wenn auf Grund psychischer Erkrankung oder geistiger/seelischer Behinderung erhebliche Selbstgefährdung droht,
2. wenn ärztliche Maßnahmen ohne Unterbringung nicht durchzuführen sind und die Einsichtsfähigkeit des Betroffenen fehlt.

Die Unterbringung kann in diesen Fällen durch den Betreuer erfolgen. Voraussetzungen dafür sind
1. die Erforderlichkeit zum Wohl des Betreuten und
2. die Genehmigung des Vormundschaftsgerichts (§1906 Abs. 2 BGB). Diese darf vor Unterbringung im Notfall unterbleiben, muss aber nachgeholt werden.

Der BGH hat zur Frage der **Zwangsmedikation** über §1906 Abs. 2 Nr. 1 BGB in einem Beschluss von 2012 (20.6.2012, Az: XII ZB 99/12) unter Abweichung von seiner bisherigen Rechtsprechung und in Berücksichtigung der aktuellen Rechtsprechung des BVerfG hierzu entschieden, dass durch Betreuer veranlasste Unterbringungen jedenfalls derzeit nicht genehmigungsfähig sind. Hier wird die Rechtsprechung des BVerfG zugrunde gelegt, die für einen derart intensiven Eingriff in die Persönlichkeitsrechte, hier etwa des Art. 2 Abs. 2 GG, besonders hohe und dabei sehr differenzierte Regelungsanforderungen stellt, welche das derzeitige Betreuungsrecht nicht erfüllt.

Damit ist weder gesagt, dass ein solcher Eingriff grundsätzlich grundrechtswidrig wäre, noch dass §1906 BGB verfassungswidrig ist. Es fehlt lediglich sowohl eine detaillierte, verfassungsadäquate Regelung zur Zwangsmedikation im BGB als auch im FamFG, welche den Grundrechtseingriff verfassungsmäßig macht. Da Grundrechtseinschränkungen von hoher Intensität – soweit sie nicht den Grundrechtskern tangieren – nur über angemessene gesetzliche Regelungen erfolgen können, ist eine über derzeitiges Betreuungsrecht angeordnete Zwangsmedikation **durch kein Betreuungsgericht genehmigungsfähig** bzw. auch durch keinen Betreuer anzuordnen.

§ 1906 ist aber auch nicht verfassungswidrig, weil sowohl Maßnahmen nach § 1906 Abs. 2 N r. 2 als auch nach Abs. 4 BGB dann denkbar sind, wenn der Betreute sich nicht gegen die Medikation wehrt, sie somit keine Zwangsmedikation darstellt. Insoweit ist es also auch sinnvolle Betreueraufgabe, darauf zu achten, dass stationäre Medikationen nicht gegen den Willen des Betreuten durchgeführt werden, insbesondere auch nicht über verborgene oder verschleierte Gewaltanwendung.

Verkannt hat der BGH bei seinem Beschluss nicht, dass es sich um einwilligungsunfähige Personen handelt (andernfalls wäre ein Betreuer nicht erforderlich) und dass sich – wie auch im Beispielfall – Schädigungen der Betroffenen durch wegfallende (Zwangs-)Medikation ergeben können. Insoweit werden die verletzten **Persönlichkeitsrechte höher bewertet** als eine etwaige Gesundheitsgefährdung jedenfalls dann, wenn der Gesetzgeber keine adäquate Rechtsgrundlage für Zwangsmedikationen vorsieht. Dies bedeutet, dass es einer künftigen politischen Entscheidung bedarf, Zwangsmedikationen als Fremdbestimmung hinsichtlich einer akuten Gefährdungsreduktion zu legalisieren oder den ausgedrückten Willen einwilligungsunfähiger Personen als autonome Position zu stärken, wobei Letzteres ohne weitere Gesetzgebungstätigkeit als Status Quo aufrechterhalten werden kann.

Eine derzeitige Lösung des Problems – vielleicht sogar auch die weitere Gesetzgebungsaktivitäten entbehrlich machende zukünftige – kann darin liegen, über sensible Interaktion zwischen Betreutem, Betreuer und Klinikpersonal eine **einvernehmliche Lösung** zur Medikation zu erreichen, was wiederum – i.S.d. § 1906 Abs. 2 Nr. 2 BGB – in der Regel nur stationär erreichbar sein wird, weil es eines kontinuierlichen Aufbaus von Vertrauensbeziehungen unter den Beteiligten bedarf.

Dementsprechend sind auch Medikationen nach § 1904 BGB nicht als Zwangsmedikationen möglich.

Einwilligung des Betreuers in unterbringungsähnliche Maßnahmen

> **Fallbeispiel 23** Frau E. ist auf Grund einer Demenzerkrankung weglaufgefährdet. Sie lebt aber noch in ihrer eigenen Wohnung, weil sie sich gegen stationäre Pflege wehrt und ein derartiger Versuch eine radikale Verschlechterung ihres Gesamtzustandes zur Folge hatte. Die Wohnung liegt an einer auch nachts verkehrsreichen Straße. Der ambulante Pflegedienst schlägt deshalb vor, die Wohnung zwischen seinem letzten Besuch am Abend und dem ersten Besuch am Morgen abzuschließen, sodass Frau E. nachts nicht unbemerkt weglaufen kann. Der Betreuer veranlasst diese Maßnahme. Ist dies durch das Betreuungsgericht genehmigungsfähig?

Nach § 1906 Abs. 4 BGB sind unterbringungsähnliche Maßnahmen solche **in Einrichtungen,** die über mechanische Vorrichtungen (z. B. Einsperren, Fixieren, Bettgitter, Stuhlbrett), Medikamente (z. B. Schlafmittel, Psychopharmaka) oder auf andere Weise (z. B. Hypnose) die Freiheit über einen längeren Zeitraum (nicht nur zu bestimmten Zeitpunkten oder Gelegenheiten, keinesfalls länger als 24 Stunden) oder regelmäßig (z. B. immer nachts) entziehen. Für diese Maßnahmen gilt dasselbe wie für die Unterbringung selbst, nämlich: Erfordernis der Zustimmung des Betreuers und Genehmigung des Betreuungsgerichts. Zwangsmedikationen sind auch über derartige Maßnahmen nicht möglich.

Die Einrichtungen halten dazu eine Übersicht der Maßnahmen für die jeweilig Betroffenen mit Nennung der zuständigen Betreuer und Entscheidung des Betreuungsgerichts vor.

Vor allem im Bereich der ambulanten Pflege stellt sich die Frage nach unterbringungsähnlichen Maßnahmen außerhalb von Einrichtungen, also etwa **in Privatwohnungen.** Wegen des Wortlauts des § 1906 Abs. 4 BGB (dort ist von „einer Anstalt, einem Heim oder einer sonstigen Einrichtung" die Rede) ist dies nur über eine analoge Anwendung möglich. Die Rechtsprechung sieht eine solche Analogie für möglich an, weil sie den Schutz der Betroffenen erweitert, also begünstigt, hätten doch andernfalls in Privatwohnungen lebende mit freiheitsentziehenden Maßnahmen Belastete nicht den Schutz richterlicher Genehmigung.

Das Verbleibendürfen in der eigenen Wohnung als geschützte Rechtsposition soll keine Reduktion des Schutzes Betroffener zur Folge haben. Zudem rechtfertigt die Einräumung größerer Freiheitsrechte durch Verbleiben in der eigenen Wohnung nicht einen reduzierten rechtlichen Schutz. Dieser tritt bei analoger Anwendung des § 1906 Abs. 4 BGB über die gerichtliche Genehmigung bereits bei Anordnung der Maßnahme bzw. der Kontrolle des Vorliegens der Genehmigung durch den durchführenden Pflegedienst ein. Bei Verneinung der Analogie ist ein Schutz erst dann möglich, wenn gegen die Maßnahme strafrechtlich vorgegangen wird, also – wenn überhaupt – erst nach dem Vollzug der Maßnahme. Somit gebietet der Schutz der individuellen Freiheit geradezu diese Analogie, da durch sie in der Regel eine freiheitsentziehende Maßnahme nicht zur Durchführung kommt, wenn die durchführenden Verantwortlichen ohne Genehmigung des Betreuungsgerichts handeln.

> Zu beachten ist somit, dass unterbringungsähnliche Maßnahmen auch in Privatwohnungen nicht ohne Zustimmung des Betreuers und Genehmigung des Gerichts vorgenommen werden sollen.

Unterbringungsähnliche Maßnahmen sind in der Praxis oft deshalb schwer zu handhaben, weil nicht klar ist, ob die zu beurteilende Person einsichtsfähig ist. Ist sie dies, kann sie sich in eigener Entscheidung überallhin frei bewegen, was dann aber oft als gefährlich erscheint. Hier muss die Abwägung nach Selbstbestimmungsrecht vor freiheitsberaubender Sicherheit gelten, wenn die Sicherheit im Regelfall ohne oder mit geringeren Eingriffen noch gewährleistet ist, so wie dies tendenziell stets bei all diesen Fragen gilt. Dies erfordert aber eine genaue Beobachtung und Kenntnis der Person, weil eine als sicher prognostizierte Gefährdung in bestimmten Situationen oder wegen genereller fehlender Einsichtsfähigkeit die Maßnahme dann erforderlich macht. Selbst bei Erforderlichkeit ist aber noch eine genaue Abwägung zu treffen, unter welchen Umständen die Sicherheit bei geringstmöglichem Eingriff in die Freiheit und Selbstbestimmung des Einzelnen zu gewährleisten ist.

Stellung des Betreuers bei freiheitsentziehenden Maßnahmen während der Unterbringung

> **Fallbeispiel 24** F. ist geistig behindert und unter freiheitsentziehenden Maßnahmen (gesicherte Zimmer) auf einer beschützenden Station eines Altenpflegeheimes untergebracht. Nachts verlässt sie periodisch bei entsprechenden Krankheitsschüben ihr Bett, stürzt dabei oder bedroht ihre Mitbewohnerin. Sie wird deshalb in solchen Phasen nachts fixiert. Ist hierzu Zustimmung des Betreuers und Genehmigung des Betreuungsgerichts erforderlich?

Hierbei geht es um die Frage, ob die freiheitsentziehende Unterbringung gleichsam als Basisfreiheitsentzug alle weiteren freiheitsentziehenden Maßnahmen mit einschließt (ob also § 1906 Abs. 1 BGB die Anwendung des § 1906 Abs. 4 BGB entbehrlich macht, wenn während der Unterbringung weitere freiheitsentziehende Maßnahmen [→Kap. 7.2.3] folgen).

Dieser Meinung ist nicht zu folgen. Jede Freiheitsentziehung ist ein erneuter Eingriff in die Autonomie der betroffenen Person. Würde dies nicht so gesehen werden, weil es in der Praxis natürlich unbequem ist, die nötigen Verfahrensschritte einzuhalten, dann könnte sich sehr leicht eine Gewohnheit des Freiheitsentzugs vor allem in den Einrichtungen einschleichen, die das Bewusstsein um das Selbstbestimmungsrecht kranker Menschen am nötigsten brauchen, weil die tägliche Begegnung schwierig ist und ohnehin ein „Abstumpfen" im Umgang dadurch begünstigt wird.

Somit ist jede Freiheitsentziehung nur mit Zustimmung des Betreuers und Genehmigung des Gerichts nach 1906 Abs. 4 BGB möglich, auch wenn dies während der Unterbringung geschieht.

Nur eine restriktive Überwachung kann die Rechte wehrloser Patienten ausreichend schützen. Allerdings sind nur freiheitsentziehende Maßnahmen nach § 1906 Abs. 4 BGB zu behandeln, nicht lediglich freiheitsbeschränkende, d. h., i.S.d. GG weniger in die Freiheit des Einzelnen eingreifende. Somit ist der Betreuer in Zusammenwirken mit dem Vormundschaftsgericht nur dann heranzuziehen, wenn es sich um längere Fixierung, regelmäßige kurze Fixierung in Folge oder regelmäßige Anwendung von Bettgitter und Bauchgurt handelt. Dasselbe gilt bezüglich des Umfangs von medikamenteller oder psychischer Freiheitsentziehung.

11.6 Vermögensverwaltung im Rahmen der Betreuung

Die Vermögensverwaltung ist ein eigener Aufgabenkreis [→Kap. 11.2] im Rahmen der Betreuungsaufgaben. Er umfasst alle geldwerten Güter, das Einkommen und eventuell vorhandene Schulden und hat sich ausschließlich am Wohl des Betreuten unter Beachtung seines Willens und seiner Wünsche zu orientieren. Somit ist nicht automatisch davon auszugehen, dass das Ziel stets die Sicherung bzw. Mehrung des Vermögens ist. Richtschnur für das Handeln im Rahmen der Vermögensverwaltung ist die Garantie der je eigenen artikulierten Lebensqualität des Betreuten. Zu den Pflichten des Betreuers im Rahmen der Vermögensverwaltung gehören die Vermögensermittlung, die Erstellung eines Vermögensverzeichnisses und die Verbuchung von Einnahmen und Ausgaben. In diesem Bereich ist erforderlichenfalls die gesetzliche Vertretung auszuüben, etwa im Rahmen der Verfolgung von Ansprüchen (z.B. Unterhalt, Sozialleistungen, Verträge). Weiterhin ist jedoch auch die Erfüllung von Ansprüchen Dritter ebenso eine Aufgabe wie die Prüfung der Anspruchsberechtigung Dritter. Es hat die Gewährung von Taschengeld (§ 110 BGB [→Kap. 3.1.2], im Rahmen eines Einwilligungsvorbehaltes [→Kap. 11.4.2]) an den Betreuten zu erfolgen zur Wahrung seiner finanziellen Selbstbestimmung. Der Umfang bestimmt sich nach dem individuellen Lebensstandard.

11.7 Kostenersatz

Ein ehrenamtlicher Betreuer kann vom Betreuten Aufwendungsersatz (§§ 1908i, 1835 BGB) oder pauschalierte Aufwandsentschädigung (§§ 1908i, 1835a BGB) verlangen. Bei Mittellosigkeit (§ 1836d BGB) kann die Entschädigung aus der Staatskasse erfolgen (§ 1835a Abs. 3 BGB). Im Rahmen des Aufwendungsersatzes sind auch Kosten einer Haftpflichtversicherung für Schäden bei der Ausübung der Betreuerpflichten zu erstatten, nicht jedoch für die Kfz-Versicherung (§ 1835 Abs. 2 BGB). Für Personenschäden einschließlich der Wegstrecken im Rahmen der Betreuertätigkeiten besteht gesetzliche Unfallversicherung nach § 2 Abs. 1 Nr. 10 SGB VII.

Ein berufsmäßiger Betreuer hat Anspruch auf eine Vergütungspauschale nach dem Gesetz über die Vergütung von Vormündern und Betreuern (VBVG). § 5 unterscheidet dabei zwischen leistungsfähigen und mittellosen Betreuten. Gesetzliche Unfallversicherung für selbstständige berufsmäßige Betreuer besteht nach § 2 Abs. 1 Nr. 9 SGB VII. Aufwendungen und Vergütungen für Betreuungsvereine werden nach § 7 VBVG, für Betreuungsbehörden nach § 8 VBVG vergütet.

11.8 Beendigung der Betreuung

Hier unterscheidet das Gesetz zwischen Entlassung des Betreuers, Aufhebung der Betreuung und Ende durch Tod. Ein Betreuer ist nach §1908b BGB durch das Betreuungsgericht zu entlassen, wenn seine Eignung für die Tätigkeit nicht mehr gewährleistet ist oder ein anderer wichtiger Grund vorliegt. Berufsbetreuer sollen entlassen werden, wenn zwischenzeitlich in Frage kommende ehrenamtliche Betreuer vorhanden sind. Das Vergleichbare gilt für Vereins- oder Behördenbetreuer.

Die Betreuung wird aufgehoben oder verändert, wenn ihre Voraussetzungen wegfallen oder ein Teil davon sich erledigt hat (§ 1908 d BGB). Ist die Betreuung auf Antrag bestellt, so ist sie auf Antrag aufzuheben, es sei denn, eine Betreuung von Amts wegen ist erforderlich. Analoges gilt für die Veränderung, auch hinsichtlich einer Veränderung im Sinne einer Erweiterung.

Stirbt der Betreuer, ist ein neuer Betreuer zu bestellen. Dies gilt auch für die Entlassung (§ 1908c BGB). Endet die Betreuung durch den Tod des Betreuten, hat der Betreuer die Geschäfte, die nicht ohne Gefahr für das Erbe aufgeschoben werden können, bis zur möglichen Übernahme durch den Erben zu besorgen. Mit Ausnahme dieser Notfälle ist der Betreuer nicht berechtigt, die Angelegenheiten des verstorbenen Betreuten weiterzuführen, da die Betreuung mit dem Tod des Betreuten endet.

11.9 Verfahrensregelungen

Für das Verfahren in Betreuungssachen gelten die gesetzlichen Regelungen des FamFG (§§ 271 ff.)

Zuständig ist das Betreuungsgericht bei dem Amtsgericht, in dessen Bezirk der Betroffene zum Zeitpunkt der notwendigen Befassung seinen gewöhnlichen Aufenthalt hat (§ 272 FamFG).

Zur Bestellung eines Betreuers durch das zuständige Betreuungsgericht sind die nach dem FamFG erforderlichen besonderen Verfahrensvorschriften einzuhalten (§§ 274–311 FamFG).

11.10 Patientenverfügung und Vorsorgevollmacht

Regelungen zur Patientenverfügung und Vorsorgevollmacht wurden im BGB unter dem Betreuungsrecht aufgenommen (§§ 1901a ff. BGB), da Betreuer diese Dokumente zur Ermittlung des Patientenwillens heranziehen müssen. § 1901a BGB hält dabei in Abs. 1 die Definition für eine Patientenverfügung (PV) fest als schriftliche, jederzeit formlos widerrufbare Einwilligung oder Untersagung in bestimmte zum Zeitpunkt der Festlegung noch nicht unmittelbar bevorstehende Untersuchungen, Heilbehandlungen oder ärztliche Eingriffe eines einwilligungsfähigen Volljährigen für den Fall seiner Einwilligungsunfähigkeit. Der Betreuer hat in einem solchen Fall dann zu prüfen, ob das in der PV Festgelegte auf die aktuelle Lebens- und Behandlungssituation des Betreuten zutrifft. Wenn dem so ist, hat er entsprechend diesem geäußerten Willen zu handeln.

Treffen die Festlegungen nicht zu oder liegt keine PV vor, hat der Betreuer den mutmaßlichen Willen des Betreuten zu ermitteln und dementsprechend zu entscheiden (§ 1901a Abs. 2 BGB). Der mutmaßliche Wille ist über ergründbare Tatsachen zu erforschen. Dabei sind Äußerungen, Überzeugungen und persönliche Wertvorstellungen des Betroffenen zu berücksichtigen. Bei ausreichend Zeit sind für die Ermittlung des Patientenwillens Angehörige sowie Vertrauenspersonen des Betreuten zu hören (§ 1901b Abs. 2 BGB). Zu letzterem Personenkreis kann auch Pflegepersonal gehören, das engen Kontakt zur betroffenen Person hatte.

11 Betreuungsrecht

Eine derartige Betreuerentscheidung kommt nur in Betracht, wenn der Arzt vorher eine Indikation für heilbehandelndes Eingreifen festgestellt hat. Liegt eine solche nicht vor, ist eine Maßnahme nicht zu veranlassen. Liegt sie vor, hat der Arzt sie mit dem Betreuer zu erörtern. Dabei ist der Patientenwille zu berücksichtigen und in der Folge durch den Betreuer eine Entscheidung nach § 1901a BGB zu treffen. Besteht zwischen Arzt und Betreuer Einvernehmen bezüglich des i.S.d. ermittelten Patientenwillens entschiedenen Vorgehens, ist eine Genehmigung des Betreuungsgerichtes nach Abs. 1 und 2 des § 1904 BGB entbehrlich (s. a. § 1904 Abs. 4 BGB). Andernfalls ist das Gericht hinzuzuziehen, das die Genehmigung erteilt, wenn die vom Betreuer angeordnete Maßnahme aus seiner Sicht dem Willen des Betreuten entspricht (§ 1904 Abs. 3 BGB).

PV, Betreuungsverfügungen oder Vorsorgevollmachten sind unverzüglich dem Betreuungsgericht zuzuleiten, wenn der Besitzer solcher Dokumente von der Bestellung eines Betreuers Kenntnis erlangt. Auch ist die Kenntnis vom Vorhandensein solcher Schriftstücke an das Gericht weiterzugeben. Das Gericht kann eine Abschrift verlangen (§ 1901c BGB). Auch für diese Regelung ist das Pflegepersonal ein potenzieller Adressat.

Nach §§ 1901a Abs. 5, 1901b Abs. 3 und 1904 Abs. 5 BGB gilt das hier für Betreuer Gesagte auch für Bevollmächtigte, wenn die Vollmacht diese Maßnahmen umfasst.

Detaillierte Ausführungen zu den Themen Patientenverfügung und Vorsorgevollmacht mit Mustern und zahlreichen Fallbeispielen finden Sie in Irmgard Hofmann: Patientenverfügung in der Pflege, Cornelsen, Berlin 2011

12 Patientenrechtegesetz

Die hier anhand vielfältiger Rechtsgrundlagen dargestellten Rechtspositionen der Patienten und zu Pflegenden sollen ab 2013 über ein Patientenrechtegesetz neuen Regelungen zugeführt werden. Auf diese Weise soll sich ein verbraucherfreundliches Geltendmachen gegenüber Ärzten und anderen Heilbehandlern im Gesundheitswesen ergeben.

Zu den bedeutendsten dieser Rechte gehören schon bisher die nachfolgend aufgeführten:

- das Selbstbestimmungsrecht, also die erforderliche Einwilligung bei bestehender Einwilligungsfähigkeit, bei Fehlen Letzterer eine Betreuung zur Wahrnehmung dieses Rechts
- das Recht auf sorgfältige Heilbehandlung, also auf Einhaltung des Behandlungsvertrages bzw. der sich daraus ergebenden Vertragspflichten, allerdings ohne einen Anspruch auf Handlungserfolg
- das Recht auf freie Arztwahl, ebenfalls eine Folge des Selbstbestimmungsrechts als Konsequenz aus der Geltung der Persönlichkeitsrechte
- das Recht auf freie Krankenhauswahl mit derselben Rechtsgrundlage wie zur Arztwahl
- das Recht auf Aufklärung, letztlich ein notwendiges Recht für die Selbstbestimmung, weil nur eine umfassende – für Laien nachvollziehbare – Aufklärung über anstehende Entscheidungen selbstbestimmte Entschlüsse zur Sachlage ermöglicht
- das Recht auf Dokumentation, vorrangig der Diagnose und der Therapie, als Ausgangspunkt des Rechtes auf Information und damit auch Aufklärung für einen Überblick über den Stand der eigenen Gesundheits-/Krankheitsentwicklung, bisher vor allem in den Qualitätssicherungsregelungen des SGB verankert
- das Recht auf Einsichtnahme in die Patientenakte, Folge des Dokumentationsrechtes, bisher auch bereits gesetzlich geregelt
- das Recht auf Vertraulichkeit der Behandlung, eine Folge des Datenschutzes und damit der Menschenwürde, bisher über die Schweigepflichtbestimmungen geregelt (§ 203 StGB)
- das Recht auf eine Zweitmeinung als Konsequenz einer möglichst wirklichkeitsnahen Aufklärung, bisher im SGB geregelt
- das Recht auf einen Wechsel des behandelnden Arztes, das sich letztlich aus der freien Arztwahl und damit dem Selbstbestimmungsrecht ableitet sowie auch dem Recht auf körperliche Unversehrtheit, das bei allen Patientenrechten als ein Persönlichkeitsrecht einen rechtlichen Hintergrund darstellt

11 Patientenrechtegesetz

Das zu erwartende Patientenrechtegesetz nun will diesen Rechtekatalog unter dem Aspekt eines verstärkten Verbraucherschutzes in leichter nachvollziehbare gesetzliche Normen gießen, welche sich insbesondere in Neuregelungen des BGB (hier in den geplanten Regelungen zu einem Heilbehandlungsvertrag, §§ 630a ff. BGB) und des SGB V zur Gesetzlichen Krankenversicherung finden werden. Damit wird das Patientenrechtegesetz allerdings nicht das möglicherweise erwartete Nachschlagewerk für Betroffene sein, sondern weiterhin der Normkenntnis hinsichtlich der einzelnen Gesetze bedürfen. Die erforderliche Transparenz über geltende Rechte von Patientinnen und Patienten soll ein erweiterter Katalog des Patientenbeauftragten herstellen, der eine umfassende Übersicht erstellen und sie zur Information auflegen soll.

Diese Rechte bestehen in erster Linie gegenüber den behandelnden Ärzten (so die bisherige Formulierung im Gesetzesentwurf), haben aber auch unmittelbare und mittelbare Auswirkungen auf die Pflege. Unmittelbare, soweit es Aufgaben der Pflege betrifft wie Dokumentation und Aktenführung, aber auch Information der Patienten und Bewohner zu ihren Rechten im Kontext eines bestehenden Vertrauensverhältnisses. Mittelbar wirken sich diese Patientenrechte auf die Pflege aus als Basis für rechtmäßiges Vorgehen gegenüber den zu Pflegenden in den Einrichtungen und dessen Kontrolle.

Zudem stellen sie in dieser Gesetzesform eine Stärkung der Patienten und Bewohner in ihrer eher geschwächten Position vor allem bei stationärem Aufenthalt gegenüber dem Personal, insbesondere den hauptverantwortlichen Ärzten, dar. Dies könnte zu einem ausgewogeneren Machtverhältnis im Gesundheitswesen insgesamt führen. Das wiederum kann ein hoffentlich zunehmend gesundheitsförderndes, damit pflegeunterstützendes Klima in den Einrichtungen beeinflussen, worauf die Pflege ihr Augenmerk richten sollte.

Ob diese Ziele durch das Patientenrechtegesetz erreicht werden, ist allerdings zu beobachten. Der Prozess der Entwicklung der Rechtsordnung zeigt sich auch hier am Fortgang der Praxis. Ein Schritt in die richtige Richtung erfolgt immer mit dem Blick auf den nächsten erforderlichen Schritt hin zu einer ausgewogenen Balance zwischen Betroffenen und Beteiligten an der Heilbehandlung.

13 Erbrecht

Rechtsinhalte der Pflege werden stets Rechtsfragen des Erbrechts beinhalten müssen. Freilich kann hier nicht ein Abriss des 5. Buches des BGB erfolgen. Eine notwendige Beschränkung auf arbeitsfeldrelevante Inhalte sollte aber rechtliche Grundfragen zur Erbfolge und zum Testament enthalten.

Ein Einblick in die gesetzlichen Regelungen der Erbfolge erscheint wichtig, damit in der Pflege Beschäftigte vom Grundsatz her verstehen, wer erben kann. Grundwissen zum Testament ist für die Praxis unabdingbar, weil Pflegepersonal nicht selten Personen sind, die ins Vertrauen gezogen werden oder in Notsituationen Möglichkeiten der Errichtung kennen sollten.

Das Erbrecht kennt zwei Formen der Erbfolge:
- die gesetzliche Erbfolge (§§ 1923 ff. BGB)
- die gewillkürte Erbfolge

Die **gesetzliche Erbfolge** kommt dabei immer zum Tragen, wenn eine gewillkürte Erbfolge vom Erblasser nicht geregelt wurde oder die von ihm getroffenen Regelungen rechtlich nicht gültig sind.

Formen **gewillkürter Erbfolge** sind das Testament (§§ 2232, 2247, 2249 ff. BGB), das Ehegattentestament (§ 2265 BGB) oder der Erbvertrag (§ 2274 BGB). Liegt eine solche Form der Erbfolgeregelung gültig vor, kommt die gesetzliche Erbfolge nicht in Betracht, sondern Erben sind die aus der individuell getroffenen Regelung ermittelten Personen. So erkennen wir auch im Erbrecht das tragende Prinzip des Privatrechts: die Selbstbestimmung [→Kap. 1.2]. Nur für den Fall fehlender selbstbestimmter oder rechtlich nicht geltender Regelungen, weil sie möglicherweise gegen einen Schutzzweck für die Betroffenen verstoßen, bestimmt das BGB die Erbfolge gesetzlich und damit fremd. Somit erklärt sich auch der Begriff „gewillkürte Erbfolge" als Klarstellung dafür, dass es primär dem Gutdünken des Erblassers überlassen bleibt, wen er zu seinem oder seinen Erben einsetzt.

13 Erbrecht

13.1 Die gewillkürte Erbfolge in der Form des Testaments

Von den oben genannten Formen der gewillkürten Erbfolge soll hier im Wesentlichen auf rechtliche Grundfragen zum Testament eingegangen werden. Dies deshalb, weil der Erbvertrag eine eher untergeordnete Rolle spielt, vor allem für die Praxis des Arbeitsfeldes Pflege, ist er doch in jedem Fall vor einem Notar abzuschließen, der dann die rechtliche Beratung vornimmt. Die Kenntnis von der Möglichkeit des Abschlusses eines Erbvertrages reicht deshalb für eine etwaige Beratung in der Pflegepraxis aus.

13.1.1 Testierfreiheit

Erste Voraussetzung für eine selbstbestimmte Erbfolge in der Form des Testaments ist die Testierfreiheit (§§ 2065, 2302 BGB), welche klarstellt, dass von der gesetzlichen Erbfolgeregelung abgewichen werden kann, dass dies aber auch nur höchstpersönlich (§ 2064 BGB) erfolgen darf, d. h., diese Freiheit steht nur dem Erblasser selbst zu und er kann sie sich auch nicht rechtsgültig durch anderslautende Verträge beschneiden. So kann er keine Vereinbarung treffen, eine von ihm genannte Person dürfe bestimmen, wer Erbe sei.

Für den Bereich der Altenheime ist die Testierfreiheit durch die Regelungen des § 14 Abs. 1 und Abs. 5 HeimG tangiert, der Heimträger und Heimmitarbeiter unter bestimmten Voraussetzungen von einer Erbeinsetzung ausschließt.

13.1.2 Testierfähigkeit

Weitere Voraussetzung für eine selbstbestimmte Erbfolge ist die Testierfähigkeit (§ 2229 BGB). Sie schließt auch die spätere Änderung oder Aufhebung des Testamentes in sich. Nicht testierfähig sind Minderjährige vor Abschluss des 16. Lebensjahres sowie Personen, die geistig nicht in der Lage sind, die Bedeutung der Abgabe einer diesbezüglichen →Willenserklärung zu erkennen (§ 2229 Abs. 4 BGB).

Diese Einschränkung der Testierfähigkeit ist für die Pflegepraxis von Bedeutung. Sie liegt dann vor, wenn die Person nicht in der Lage ist, sich über die Tragweite ihrer Anordnungen, insbesondere auch über die Auswirkungen auf die persönlichen und wirtschaftlichen Verhältnisse der Betroffenen ein klares Urteil zu bilden und nach diesem Urteil frei von Einflüssen etwaiger Dritter zu handeln. Nicht jede Bewusstseinsstörung führt zur Testierunfähigkeit, es muss jedoch die geforderte Einsichtsfähigkeit [➜Kap. 3.1.2] bestehen. Folge der Testierunfähigkeit ist wegen der Höchstpersönlichkeit der Testamentsabfassung, dass in diesem Fall von einer selbstbestimmten Erbfolgeregelung nicht Gebrauch gemacht werden kann.

Die Beweispflicht für mangelnde Testierfähigkeit trifft den, der sie im Rechtsstreit behauptet. Sie erfolgt grundsätzlich durch Einholung eines Gutachtens. Im Erbscheinsverfahren erfolgt Amtsermittlung bezüglich der Testierfähigkeit (§ 2358 BGB).

13.1.3 Testamentsformen

§ 231 BGB regelt die ordentlichen Testamentsformen:
- zur Niederschrift eines Notars (§ 2232 BGB)
- das eigenhändige Testament (§ 2247)

Bei der Errichtung durch **Niederschrift des Notars** kann die Erklärung des Erblassers vor dem Notar mündlich oder schriftlich erfolgen. Bei Schriftlichkeit kommt es auf die persönliche Übergabe an, die aber offen oder verschlossen erfolgen kann. Die Schrift muss in diesem Fall nicht persönlich abgefasst sein.

Das **eigenhändige Testament** muss vom Erblasser eigenhändig geschrieben und unterschrieben sein. Es soll den Tag und Ort der Errichtung und bei der Unterzeichnung Vor- und Familiennamen des Erblassers enthalten. Mängel zu diesen Sollbestimmungen beeinträchtigen die Gültigkeit nur dann, wenn sich wegen der Mängel auch aus dem Gesamtzusammenhang keine Eindeutigkeit zu Verfasser, Ort und Zeitpunkt ermitteln lässt, was in der Praxis vor allem bedeutsam ist, wenn mehrere Testamente aufgefunden werden und herausgefunden werden muss, welches tatsächlich der letzte (zeitlich gesehen) Wille des Erblassers ist. Ein eigenhändig errichtetes Testament kann auf Verlangen des Erblassers in amtliche Verwahrung genommen werden (§ 2248 BGB), worüber ein Hinterlegungsschein erteilt werden soll. Für die Verwahrung ist das Amtsgericht zuständig, sie kann durch Boten erfolgen.

Neben den ordentlichen Testamentsformen sind auch Formen von **Nottestamenten** möglich, wenn kein Notar mehr rechtzeitig verfügbar ist. Diese sind

- das Bürgermeistertestament (§ 2249 BGB, Niederschrift durch den Bürgermeister im Beisein von zwei weiteren Zeugen),
- das Seetestament (§ 2251 BGB, auf hoher See vor drei Zeugen) und
- das Nottestament in besonderen Fällen (§ 2250 BGB, drei Zeugen).

Praktische Bedeutung in der Pflege hat faktisch nur das Nottestament in besonderen Fällen. Es ist möglich bei naher Todesgefahr durch mündliche Erklärung vor drei Zeugen (§ 2250 Abs. 2 BGB) mit Aufnahme der Erklärung durch Niederschrift (§ 2250 Abs. 3 BGB). Ein solches Nottestament kann also unter den gesetzlichen Voraussetzungen sowohl im Heim, Krankenhaus als auch anlässlich ambulanter Pflege errichtet werden. Die verfasste Niederschrift muss dabei dem Erblasser vorgelesen, von ihm genehmigt und bei Schreibfähigkeit von ihm unterschrieben werden (§ 2250 Abs. 3 S. 2 BGB i.V.m. BeurkG). Zeugen können nicht der Erblasser selbst, sein Ehegatte und mit ihm in gerader Linie Verwandte sein (§ 2250 Abs. 3 S. 2 BGB i.V.m. BeurkG). Alle Zeugen müssen während der Erklärung, dem Vorlesen der Niederschrift, ihrer Genehmigung und Unterzeichnung durch den Erblasser ständig anwesend sein, da es um die Bezeugung der Authentizität der Erklärung des Erblassers geht.

13.1.4 Inhalte des Testaments

Das BGB sieht in den Regelungen der §§ 2066 ff. eine Vielzahl von Auslegungsrichtlinien zur Ermittlung der Testamentsinhalte vor, klärt die gesetzliche Sichtweise zu Vor- und Nacherbschaft, macht Aussagen zu Auflagen, zum Widerruf und zur Anfechtung des Testaments, zum Testamentsvollstrecker und zum Vermächtnis, das keine Erbenstellung begründet, sondern lediglich einen Anspruch auf Erfüllung des Vermächtnisanspruches gegenüber den Erben. Dabei ist unter Nachlass das gesamte Vermögen des Erblassers zu verstehen, das mit dem Tode als Ganzes auf den oder die Erben übergeht (Universalsukzession, § 1922 Abs. 1 BGB). Mehrere Erben erwerben die Erbschaft als Gesamthandseigentum, dessen Auseinandersetzung in die Erbteile nicht selten mit Schwierigkeiten verbunden ist, etwa wenn Grundstücke zum Nachlass gehören.

Die Ermittlung des Testamentsinhalts ist umso leichter vorzunehmen, je klarer die Testamentserklärungen abgefasst sind. Gesetzliche Auslegungsregelungen kommen nur dort zum Tragen, wo sich Uneindeutigkeiten auftun. Somit muss das Ziel jeder Testamentserrichtung die möglichst klare Darstellung des Willens des Erblassers sein. Deshalb empfiehlt sich eine Errichtung vor dem Notar, der bezüglich der Klärung von Formulierungen beratend hilfreich sein kann, ohne den Willen des Erblassers inhaltlich zu beeinflussen. Notare können zum Zweck der Testamentserrichtung sowohl in Heime als auch nach Hause kommen, wenn der Erblasser nicht mehr in der Lage ist, einen Notar aufzusuchen.

Wie jedes andere Rechtsgeschäft kann auch das Testament wegen Verstoßes gegen die guten Sitten nach § 138 BGB unwirksam sein. Allein der Umstand, dass der Erblasser seine nächsten Verwandten oder den Ehegatten nicht im Testament bedenkt, ist jedoch noch keine Sittenwidrigkeit. Dies würde die Selbstbestimmung zu stark einschränken. Zudem und dementsprechend ist in §§ 2303 ff. BGB über die Pflichtteilsregelungen hier ein gesetzlicher Ausgleich geschaffen.

13.2 Die gesetzliche Erbfolge

Nicht selten gehört zur Frage, ob ein Testament errichtet werden soll, die Vorprüfung einer Notwendigkeit der Abfassung, denn eine solche erübrigt sich, will der Erblasser ohnehin die gesetzlichen Erben einsetzen. Von Interesse ist somit stets auch, wer gesetzlicher Erbe ist. Um erben zu können, muss man erbfähig sein.

Erbfähig ist, wer zum Zeitpunkt des Erbfalles, also zum Todeszeitpunkt des Erblassers lebt (§ 1923 Abs. 1 BGB). Nach § 1923 Abs. 2 BGB gehört zu den potenziellen Erben auch der so genannte „nasciturus" (lat.= der noch zu Gebärende), also eine bereits erzeugte Leibesfrucht, welche dem bereits geborenen Menschen bezüglich des Erbrechts gleichgestellt ist. Erbfähig sind auch rechtsfähige juristische Personen, wie der eingetragene Verein, eine GmbH oder eine AG.

Die gesetzliche Erbfolge ist geregelt in §§ 1924 ff. BGB. Gesetzliche Erben können sein
- Verwandte des Erblassers (§§ 1924–1930 BGB),
- der Ehegatte/die Ehegattin (§§ 1931 ff. BGB) und
- der Staat (§ 1936 BGB).

13.2.1 Gesetzliches Erbrecht der Verwandten

Der Begriff der Verwandtschaft ist in § 1589 BGB geregelt. Verwandt sind danach Personen, die voneinander abstammen. Aus diesem Grund gehört der Ehegatte nicht zu den Verwandten.

Das Erbrecht teilt die Verwandten in Ordnungen ein (erste bis vierte und fernere Ordnungen). Dabei erben stets die erbfähigen Personen der jeweils niedersten Ordnung. Sind somit Erben in der ersten Ordnung vorhanden, kommt eine Erbschaft von Personen aus der zweiten Ordnung nicht mehr in Betracht (§ 1930 BGB).

Die **Verwandten der ersten Ordnung** sind die Abkömmlinge des Erblassers, gleich ob eheliche oder nicht eheliche Kinder (§ 1924 Abs. 1 BGB). Haben erbberechtigte Kinder bereits eigene Kinder, so sind diese von der Erbschaft ausgeschlossen (§ 1924 Abs. 2 BGB). Sind jedoch Kinder des Erblassers bereits verstorben, so erben deren Erbteile eventuell lebende Kinder der Kinder des Erblassers (= seine Enkel). Sie treten somit an die Stelle der bereits verstorbenen erbberechtigten Kinder des Erblassers mit der Folge, dass sie sich deren jeweiligen Erbteil zu gleichen Teilen aufteilen (Erbfolge nach Stämmen, § 1924 Abs. 3 und 4 BGB).

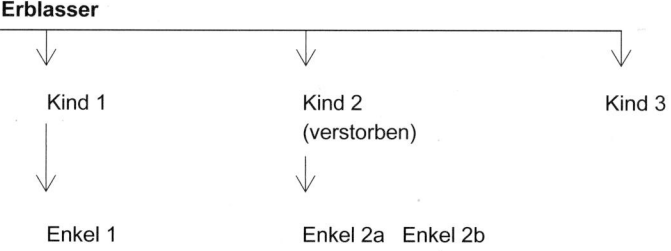

Nach dieser Konstellation in der ersten Ordnung erben Kind 1, Kind 3 und die Enkel (2a und 2b) zu je ein Drittel, d. h., Enkel 2 und 2a teilen sich ihr Drittel zu gleichen Teilen.

Die **Verwandten der zweiten Ordnung** sind die Eltern des Erblassers und deren Abkömmlinge (§ 1925 Abs. 1 BGB). Sie erben nur dann, wenn Erben der ersten Ordnung nicht vorhanden sind, also wenn der Erblasser keine Kinder hatte oder diese bereits verstorben sind und keine Kinder hinterlassen. In der zweiten Ordnung gilt dasselbe Prinzip wie in der ersten Ordnung. Leben beide Elternteile, so erben sie allein. Lebt nur noch ein Elternteil, so treten an die Stelle des verstorbenen Elternteils dessen Abkömmlinge (§ 1925 Abs. 2 und 3 BGB).

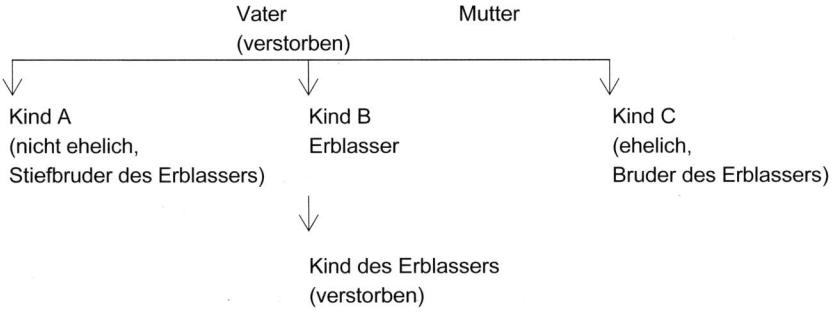

In dieser Konstellation, welche keine Erben der ersten Ordnung aufweist, erben die Mutter des Erblassers, das nicht eheliche Kind A (Stiefbruder des Erblassers) und das eheliche Kind C (Bruder des Erblassers) des Vaters, wobei die Mutter die Hälfte des Erbes erhält, die Kinder A und C jeweils ein Viertel, also die Hälfte der Hälfte des Vaters.

Das hier dargestellte Prinzip gilt auch für die weiteren Ordnungen, wobei die dritte Ordnung die Großeltern des Erblassers und deren Abkömmlinge (§ 1926 BGB), die vierte Ordnung die Urgroßeltern und deren Abkömmlinge einnehmen (§ 1928 BGB). § 1929 BGB trägt der Theorie Rechnung, dass bei Nichtvorhandensein von Erblassern dieser Ordnungen auch noch weitere Ordnungen von weiteren Voreltern denkbar sind, die sodann in die Erbschaft eintreten können (§ 1929 BGB). Wer in der ersten bis dritten Ordnung verschiedenen Stämmen angehört, erhält den in jedem dieser Stämme ihm zufallenden Anteil, da jeder Anteil als besonderer Erbteil gilt (§ 1927 BGB).

13.2.2 Gesetzliches Erbrecht des Ehegatten

Das gesetzliche Erbrecht des Ehegatten ist in § 1931 BGB geregelt. Der Ehegatte erbt neben den Verwandten der ersten Ordnung ein Viertel, neben den Verwandten der zweiten Ordnung oder Großeltern die Hälfte (§ 1931 Abs. 1 BGB). Sind weder Verwandte der ersten oder zweiten Ordnung noch Großeltern vorhanden, erbt der Ehegatte die gesamte Erbschaft. Bei diesen Regelungen ist jedoch stets der Güterstand der Eheleute zu beachten. Lebten die Ehegatten im gesetzlichen Güterstand, so erhöht sich der gesetzliche Erbteil wegen Zugewinnausgleichs um ein Viertel (§§ 1931 Abs. 3, 1371 BGB). Bestand bei Erbfall Gütertrennung, so erben Ehegatte und jedes Kind zu gleichen Teilen.

13.2.3 Gesetzliches Erbrecht des Staates

Nach § 1936 BGB erbt das Bundesland, dem der Erblasser zum Zeitpunkt seines Todes angehörte, wenn kein gesetzlicher Erbe (und auch keine gewillkürte Erbfolge) vorhanden ist.

> **Fallbeispiel 25** Eine Altenheimbewohnerin schildert in einem vertraulichen Gespräch, dass sie die Frage einer Testamentserrichtung beschäftige. Sie habe zwei Töchter, eine sei leider bereits verstorben, habe aber zwei Enkel hinterlassen, eine weitere Tochter lebe in den USA. Dort lebe auch ihr Ehemann, der den Wegzug seiner Tochter nach dem Tod der zweiten Tochter nicht verkraftet habe. Sie selbst habe im Alter nicht mehr auswandern wollen. Sie sei deshalb in der ihr vertrauten Heimat geblieben. Nun stehe die Regelung ihres Nachlasses an. Sie wolle, dass sowohl ihre Töchter bzw. Enkel als auch ihr Ehemann etwas erben. Ihm sei sie nicht mehr böse, dass er die Nähe zu seiner Tochter vorgezogen habe, könne diese doch länger für ihn sorgen. Allerdings wolle sie nicht, dass ihr Ehemann mehr erbe als die lebende Tochter und ihre beiden Enkel der verstorbenen Tochter. Gerecht sei, wenn er so viel erbe wie die Tochter und die Enkel. Sie wisse nicht, ob sie für diese „gerechte" Lösung dem Gesetz vertrauen könne oder ein Testament errichten müsse. Sie lebe immer noch in gesetzlichem Güterstand der Zugewinngemeinschaft, obwohl eigentlich eine Gütertrennung entsprechend dem Getrenntleben angemessen wäre.

Die gesetzliche Erbfolge gestaltet sich in diesem Fall so:

```
Ehemann                    Ehefrau
                           Erblasserin
_____
                              ↓
Tochter A  (verstorben)    Tochter B
Enkel A
Enkel B
```

Der Ehemann erbt nach § 1931 BGB ein Viertel und ein Viertel Zugewinnausgleich nach § 1371 BGB auf Grund des gesetzlichen Güterstandes, also insgesamt die Hälfte. Die Tochter B erhält ein Viertel, die Enkel A und B zusammen ein Viertel, also je ein Achtel.

Somit ist bei gesetzlicher Erbfolge der Wille der Ehefrau nicht verwirklicht, da der Ehemann mehr erhält als die Tochter und die Kinder der verstorbenen Tochter. Es muss also ein Testament errichtet werden, um den Willen der Ehefrau zur Erbfolge umzusetzen. Dabei ist die Pflichtteilsregelung des § 2303 BGB zu beachten, d. h., wird der Ehemann von der gesetzlichen Erbfolge ausgeschlossen, steht ihm nach § 2303 Abs. 2 BGB ein Pflichtteil von einem Achtel und der Zugewinnausgleich nach § 1371 BGB in Höhe von einem Viertel zu, insgesamt also drei Achtel. Die restlichen fünf Achtel könnten dann den beiden Töchtern bzw. den Enkeln zufließen.

Somit müsste ein Testament errichtet werden, das die Tochter B und die Enkel A und B zu Erben einsetzt, und zwar die Tochter B zur Hälfte und die beiden Enkel gemeinsam zur Hälfte. Ergebnis dieses Testaments wäre dann: Tochter B erbt fünf Sechzehntel, die Enkel zusammen fünf Sechzehntel, der Ehemann über Pflichtteil und Zugewinnausgleich sechs Sechzehntel, also in etwa eine Gleichverteilung des Erbes und damit unter Berücksichtigung der gesetzlichen Regelungen eine größtmögliche Annäherung an den Willen der Erblasserin.

Interessant an diesem Ergebnis ist, dass es auch eine Annäherung an das Ergebnis der gesetzlichen Regelung bei Gütertrennung nach § 1931 Abs. 4 BGB darstellt, wonach Ehemann und Töchter je ein Drittel bzw. fünf Fünfzehntel erben würden. Die Vorstellung der Erblasserin ging diesbezüglich auch in eine vergleichbare Richtung, die Erbfolge so regeln zu wollen, dass sie der faktischen Lebenssituation zum momentanen Zeitpunkt entspricht, freilich im Bewusstsein, dass der gesetzliche Güterstand tatsächlich noch besteht und nicht allein durch das Getrenntleben aufgehoben wird, sondern einer entsprechenden Klage bedarf (§ 1385 BGB) mit daran anschließendem Ausgleich des Zugewinns.

Der leichte Vorteil des Ehemanns in Höhe von einem Sechzehntel ist begründet im bestehenden gesetzlichen Güterstand, der in jedem Fall einen Zugewinnausgleich erfordert. Auf diesem Hintergrund ist eine völlige Gleichstellung zum Zeitpunkt nicht möglich. Das Testament dargelegten Inhalts stellt deshalb wohl die beste Annäherung an die Vorstellungen der Erblasserin dar.

13.3 Annahme und Ausschlagung der Erbschaft

Der berufene Erbe hat das Recht, die Erbschaft auszuschlagen (§ 1942 Abs. 1 BGB, Ausnahme Staat § 1942 Abs. 2 BGB), etwa dann, wenn die Erbschaft mit Schulden belastet ist. Dieses Recht ist fristgebunden (sechs Wochen ab Kenntnis vom Erbfall und Ausschlagungsgrund, § 1944 BGB) und muss dem Nachlassgericht gegenüber zur Niederschrift oder in öffentlich beglaubigter Form erklärt werden (§ 1945 BGB). Es ist bedingungsfeindlich, d. h., es darf nicht unter einer Bedingung abgegeben werden (§ 1947 BGB). Wirksam Ausschlagende werden bei der weiteren Beurteilung der Erbfolge wie Verstorbene behandelt (§ 1953 BGB). Wird die Erbschaft nicht fristgemäß ausgeschlagen, gilt sie als angenommen (§ 1943 BGB).

13.4 Erbschein

Als Urkunde über die Erbberechtigung wird vom Nachlassgericht ein Erbschein erteilt (§ 2353 BGB), der auch gegebenenfalls die Größe des Erbteils beinhaltet. Die Erteilung des Erbscheins erfolgt auf Antrag unter bestimmten Voraussetzungen (§§ 2354 ff BGB). Im Erteilungsverfahren gilt der Amtsermittlungsgrundsatz bezüglich der Tatsachen und Beweise zur Feststellung der Erbberechtigung, d. h., das Nachlassgericht hat von sich aus diesbezüglich zu ermitteln und nicht nur die vom Antragsteller angegebenen Beweismittel zu berücksichtigen. Der Erbschein beinhaltet die Vermutung der Richtigkeit der Erbberechtigung (§ 2365 BGB) mit der Folge eines so genannten öffentlichen Glaubens des Erbscheins (§ 2366 BGB), vergleichbar dem Prinzip des gutgläubigen Erwerbs. Ein nachgewiesenermaßen unrichtiger Erbschein kann vom Nachlassgericht eingezogen oder für kraftlos erklärt werden (§ 2361 BGB). Der wirkliche Erbe kann die Herausgabe des unrichtigen Erbscheines an das Nachlassgericht verlangen (§ 2363 BGB).

Fallbeispiel 26 Frau W. ist eine Kunsthändlerswitwe und hat in ihrem Appartement im Altenwohnheim „Sonne am Abend" diverse Antiquitäten – u. a. eine wertvolle Marienstatue –, mit denen sie sich ihren Wohnraum individuell gestaltet hat. Mit ihr befreundet ist Frau S., welche nicht im Heim wohnt, aber W. täglich beim Spaziergang begleitet und auch sonst Unternehmungen macht, wie etwa Ausstellungsbesuche, Kinovorstellungen etc. Frau W. verstirbt überraschend. Da sie keine Verwandten hat, jedenfalls nicht solche, welche dem Heim bekannt sind, stellt sich die Frage nach dem Verbleib der Antiquitäten, wenn das Appartement geräumt wird. Frau S. meldet sich beim Heimleiter und teilt ihm mit, dass sie sich um die Räumung kümmern werde, das habe sie Frau W. zu Lebzeiten versprochen. Dem Seelsorger des Wohnheims teilt sie mit, er solle die Marienfigur in die Kapelle des Heimes bringen. Dies sei sicherlich der Wille der Frau W., die sich dort gerne aufgehalten habe und immer gesagt habe, es fehle in der Kapelle eine schöne Marienstatue.

Wie haben sich Heimleiter und Seelsorger zu verhalten? Die Antiquitäten gehören zum Nachlass der Frau W. Zum Zeitpunkt des Todes tritt der Erbfall ein. Sind tatsächlich keine gesetzlichen Erben vorhanden und kein Testament vorliegend, erbt das Bundesland, in welchem das Altenwohnheim, also der Wohnsitz der W., lag (§ 1936 BGB). Besitzer des Nachlasses – jedenfalls hinsichtlich der Antiquitäten und weiteren Gegenstände der W. in ihrem Appartement – ist der Heimträger. Der Erbe kann nach § 985 BGB vom Besitzer die Herausgabe verlangen.

Es ist somit zu klären, wer Erbe von Frau W. ist. Im Sinne einer rechtmäßigen Abwicklung des Heimvertrages darf der Heimleiter die Nachlassgegenstände an Frau S. nur gegen Vorlage eines Erbscheines herausgeben, der sie als Erbin und damit Eigentümerin legitimiert. Kann S. einen solchen nicht vorlegen, kann nicht davon ausgegangen werden, dass sie verfügungsberechtigt ist. Die Verpflichtung eines ordnungsgemäßen Umgangs mit dem →Besitz der Nachlassgegenstände besteht, obwohl nach Heimrecht (§ 8 Abs. 8 HeimG) das Vertragsverhältnis mit dem Eintritt des Todes, spätestens bei entsprechender Heimvertragsgestaltung zwei Wochen nach dem Sterbetag endet, weil der Besitz in unmittelbarem Zusammenhang mit dem Heimvertrag steht.

Der Heimleiter als Vertreter des Besitzers darf somit die Nachlassgegenstände nur gegen Vorlage eines Erbscheines herausgeben. Selbst wenn Frau S. nachweislich Vermächtnisnehmerin wäre, bestünde ihr Herausgabeanspruch gegen den Erben (§ 2174 BGB), nicht gegen den Besitzer.

So muss auch der Seelsorger handeln. Es besteht somit die Verpflichtung, Nachlassgegenstände nur an die Berechtigten herauszugeben.

Für die Kosten, welche dem Heimträger entstehen, etwa dadurch, dass die Ermittlung der Erben sich in die Länge zieht, weil gesetzliche Erben entfernterer Grade zu ermitteln sind und die Gegenstände in dieser Zeit eingelagert werden müssen, haben die Erben einzustehen, in deren Interesse die Einlagerung erfolgt. Denkbar ist diesbezüglich auch ein Vermieterpfandrecht (§ 559 BGB), weil die Kosten anlässlich einer ordnungsgemäßen Abwicklung eines Mietvertrages entstanden sind.

Würde der Seelsorger in Kenntnis der Situation die Marienfigur in die Kapelle stellen, läge Diebstahl [→Kap. 7.2.3] vor. Hätte diesem Tun der Heimleiter zugestimmt, würde es sich wohl bei ihm um eine Unterschlagung in Mittäterschaft [→Kap. 7.1.1] handeln. Die fahrlässige Überlassung des Nachlasses an Frau S. wäre wohl nicht strafbar, zöge aber Schadensersatzforderungen der Erben nach sich, wenn der Nachlass deshalb nicht mehr an sie übereignet werden könnte oder Wertverluste entstünden.

Pflegerecht von A–Z, ausgewählte juristische Begriffe

Im Folgenden wird eine kleine Auswahl von juristischen Fachbegriffen erläutert:

Besitz
ist die tatsächliche Herrschaft einer Person über eine Sache. Er grenzt sich zum Eigentum dahingehend ab, dass die tatsächliche Herrschaft keine rechtliche Zuordnung begründet (auch der Dieb ist Besitzer, jedoch kein Eigentümer). Es können allerdings Rechte zum Besitz einer Sache begründet werden (etwa durch Miet-, Leih- oder Leasingvertrag).

Gewaltenteilung
ist ein Organisationsprinzip und Merkmal eines Rechtsstaates. Dabei wird die politische Macht im Staat in Bereiche aufgeteilt. Dies geht auf Montesquieu, eine tragende Persönlichkeit der Aufklärung, zurück, der die Allmacht beim Monarchen in ein System gegenseitiger Kontrolle überführen wollte. Gewalten sind üblicherweise die gesetzgebende, die vollziehende und die rechtsprechende Gewalt als Bezeichnung für die zu trennenden Organisationsbereiche. Die Umsetzung dieses Grundsatzes (Art. 20 II S. 2 GG) kann in Deutschland auch im Wege der Verfassungsänderung nicht abgeschafft werden (Art. 79 III GG).

Insolvenz
ist die Zahlungsunfähigkeit von Personen oder Körperschaften mit der Folge des Einsetzens des Insolvenzrechts als Regelungssystem für eine geordnete Gläubigerbefriedigung.

Remonstrationsrecht
wird das Recht auf Gegendarstellung bezeichnet. So ist etwa ein Arbeitnehmer im Rahmen seiner Dienstaufgaben sogar dazu verpflichtet, wenn er bei der Delegation einer dienstlichen Handlung die Sachlage anders beurteilt als der Delegierende. Dies ist insbesondere zur Vermeidung von Schädigungen dadurch betroffener Dritter von Bedeutung. Bleibt es auch nach Hinweis auf drohende Schädigungen bei der Delegation, ist eine Dokumentation der Gegendarstellung als Nachweis erforderlich. Besteht die Möglichkeit der Hinzuziehung Dritter als fachliche Beurteilungsinstanz, ist eine solche vorzunehmen.

Abkürzungen

AG	Arbeitgeber
AGG	Allgemeines Gleichbehandlungsgesetz
AltPflG	Altenpflegegesetz
AN	Arbeitnehmer
AO	Abgabenordnung
ArbZG	Arbeitszeitgesetz
BEEG	Bundeselterngeld- und Elternzeitgesetz
BetrVG	Betriebsverfassungsgesetz
BeurkG	Beurkundungsgesetz
BGBl.	Bundesgesetzblatt
BurlG	Bundesurlaubsgesetz
EFZG	Entgeltfortzahlungsgesetz
EuGH	Europäischer Gerichtshof
EstG	Einkommensteuergesetz
EWG	Europäische Wirtschaftsgemeinschaft (1957–1993)
FamFG	Gesetz über das Verfahren in Familiensachen und in den Angelegenheiten der freiwilligen Gerichtsbarkeit
GewO	Gewerbeordnung
HeimG	Heimgesetz
HG	Handelsgesetzbuch
IfSG	Infektionsschutzgesetz
i.V.m.	in Verbindung mit
KG	Kommanditgesellschaft
KrPflG	Gesundheits- und Krankenpflegegesetz
KSchG	Kündigungsschutzgesetz
LandesKHG	Landeskrankenhausgesetz
LPartG	Gesetz über die Eingetragene Lebenspartnerschaft
MAVO	Mitarbeitervertretungsordnungen
MVD-EKD	Kirchengesetz über Mitarbeitervertretungen in der Evangelischen Kirche in Deutschland
NachwG	Nachweisgesetz
oHG	offene Handelsgesellschaft
PDL	Pflegedienstleitung
PV	Patientenverfügung
PVG	Personalvertretungsgesetze
TVöD	Tarifvertrag für den öffentlichen Dienst
TzBfG	Teilzeit- und Befristungsgesetz
VBVG	Gesetz über die Vergütung von Vormündern und Betreuern
VKA	Vereinigung der kommunalen Arbeitgeberverbände

Schwebend unwirksam
bedeutet, dass die Wirksamkeit eines Rechtsgeschäftes bis zur Entscheidung des Berechtigten noch nicht erfolgt ist, also in der Schwebe bleibt (z. B. Vertrag eines beschränkt Geschäftsfähigen, Handeln eines Vertreters ohne wirksame Vollmacht, Erfordernis einer Genehmigung, etwa im Betreuungsrecht des Betreuungsgerichtes).

Verbotsirrtum
bedeutet, dass der Handelnde glaubt, so handeln zu dürfen. Dabei ist er in unvermeidbarer oder vermeidbarer Unkenntnis darüber, dass derartiges Handeln verboten ist. Im Strafrecht ist der unvermeidbare Verbotsirrtum Schuldausschließungsgrund, der vermeidbare kann strafmildernd sein (§ 17 StGB).

Vermeidbarkeit eines Verbotsirrtums
bedeutet, dass der Handelnde aus Sicht seiner Dienstaufgaben hätte wissen müssen, dass sein Handeln regelwidrig ist.

Willenserklärung
ist die Äußerung eines rechtlich relevanten Willens einer Person. Diese muss dazu in der Lage sein (z. B. Geschäftsfähigkeit), einen Handlungswillen (Wille, eine Willenserklärung abzugeben) und einen Erklärungswillen (Wille, die Willenserklärung nach außen entsprechend zu äußern) zu entwickeln. Nur wenn beides vorliegt, kann von einer vorliegenden Willenserklärung ausgegangen werden. Das Gesetz spricht dabei stets nur von einer Willenserklärung, ohne diese näher zu definieren. Unterschieden werden einseitige (z. B. Kündigung, Testament) und beidseitige Willenserklärung (z. B. Vertrag). Die Willenserklärung ist somit Grundlage und notwendiger Bestandteil eines Rechtsgeschäftes, in der Regel aber nicht mit diesem identisch auf Grund weiterer Erfordernisse für dessen Wirksamkeit (z. B. weitere Willenserklärung, Schriftform, Frist, Zustimmung Dritter etc.).

Peter Obermaier-van Deun

Professor für Recht und Organisation in den Fachbereichen Soziale Arbeit und Pflege an der Kath. Stiftungsfachhochschule München

Prodekan an der Kath. Stiftungsfachhochschule München im Fachbereich Pflege, Studium der Philosophie, Theologie und Rechtswissenschaften (Ass.), Autor in Fachbüchern und Fachzeitschriften u. a. in den Bereichen Kinder- und Jugendhilferecht, Organisationsrecht, Heimrecht, Sozialversicherungsrecht, Haftungsrecht, Arbeitsrecht, Mitherausgeber der Zeitschrift Kita aktuell Bayern sowie Mitbegründer und Herausgeber der Zeitschrift PflegeImpuls (bis zum Auflagenende 2005), ehrenamtliche Vorstandstätigkeit bei Trägern sozialer Dienstleistungen, Verbandstätigkeit.

Pflegiothek

Ethik
978-3-06-455174-9

Qualität
978-3-06-455173-2

Burnout- und Stressprävention
978-3-06-455187-9

Beratung
978-3-06-450530-8

Patientenverfügung
978-3-06-455174-9

Praxisanleitung
978-3-06-455175-6